Osvaldo Poli

WENN MÜTTER ZU SEHR LIEBEN

Erziehen heißt Grenzen setzen

Osvaldo Poli

WENN MÜTTER ZU SEHR LIEBEN

Erziehen heißt Grenzen setzen

SUV

Titel der Originalausgabe:
Osvaldo Poli: Mamme che amano troppo. Per non crescere piccoli tiranni e figli bamboccioni, 2009

Übersetzung aus dem Italienischen: Gabriele Stein

Bibliographische Information der Deutschen Bibliothek

Die Deutsche Bibliothek verzeichnet diese Publikation in der Deutschen Nationalbibliographie; detaillierte bibliographische Daten sind im Internet über http://dnb.ddb.de abrufbar.

Umschlagbild: A. Jüttner-Lohmann – fotolia
Umschlaggestaltung: uv media werbeagentur
Mediengruppe Sankt Ulrich Verlag, Augsburg
Druck und Bindung: Bercker Graphischer Betrieb GmbH & Co. KG, Kevelaer
Printed in Germany
ISBN: 978-3-86744-183-4
www.sankt-ulrich-verlag.de

INHALT

Einleitung

Kann man seine Kinder überhaupt zu sehr lieben?
Ja, viele Mütter lieben sie zu sehr.

Besser gesagt: Sie glauben, daß sie sie sehr lieben, aber in Wirklichkeit lieben sie sie auf eine falsche Weise.

Erst das Gefühl, daß sie es nicht mehr schaffen, daß der Akku leer ist, läßt in ihnen Zweifel aufkommen, ob sie vielleicht etwas falsch gemacht haben. Der Leidensdruck wird unerträglich, und das weckt ihren Argwohn. Allmählich beginnen sie, ihr *Zuviel an Liebe* zu hinterfragen.

Muß man sich denn wie eine ausgequetschte Zitrone fühlen, wenn man Kinder großzieht? Ist das wirklich der Preis der Mutterliebe?

Ihre Erschöpfungszustände bringen sie zum Nachdenken: Waren Sie zu präsent, zu bereitwillig, vielleicht auch dort, wo es gar nicht unbedingt nötig und ratsam war? Waren sie – wie sie es selbst nennen – vielleicht „ein bißchen zu nett"?

Es gibt Mütter und Eltern, die auf die falsche Weise lieben. Ohne das Maß, ohne die Grenze im Blick zu behalten, die die echte Liebe ihnen auferlegt.

Der Erziehungsfehler wird nie durch eine zu große Liebe verursacht. Das „Zuviel" stellt hier eher eine Einschränkung oder Unvollkommenheit dar.

Denn die Liebe hat ihr eigenes Gleichgewicht, ihre eigene Vollkommenheit – genauso wie die Tugenden, die sie charakterisieren.

Jede der vier Kardinaltugenden ist zugleich ein Kriterium für die Authentizität der Liebe. Anhand von Klugheit, Gerechtigkeit, Tapferkeit und Mäßigung können wir beurteilen, ob eine Liebe wirklich Liebe oder nur ein Zerrbild der Liebe ist. Sie sind die Garanten ihrer Echtheit und die Hüter ihres Mysteriums.

Es gibt – und das gilt auch in der Erziehung – zunächst einmal keine Liebe ohne *Klugheit*. Sie ist die Tugend der Objektivität, die uns hilft, Charakter und Motivation unserer Kinder realistisch einzuschätzen. Klug sein heißt, „die Kinder zu sehen, wie sie sind" – mit ihren guten, aber auch mit ihren enttäuschenden Eigenschaften. Das Gute setzt das Wahre voraus, und wer die Verhaltensweisen seiner Kinder falsch deutet, geht in der Erziehung von irrigen Annahmen aus.

Früher oder später fragt sich jeder Vater und jede Mutter: Warum tut mein Kind das? Wie soll ich dieses Verhalten deuten? Wenn man verstehen will, weshalb ein Kind sich beispielsweise in der Schule nicht mehr anstrengt oder nie tut, was man ihm sagt, ist der Interpretationsschlüssel von entscheidender Bedeutung.

Manche Erklärungsansätze dafür, daß ein Kind keine Freunde hat, daß es den Unterricht stört oder daß es immer recht haben will, sind vielleicht deshalb nicht realistisch, weil die Eltern nicht wahrhaben wollen, daß ihr Kind auch einige eher unerfreuliche Eigenschaften hat. Man kann davon überzeugt sein, daß der Lehrer das Kind nicht versteht und nicht zu nehmen weiß. Oder man kann einsehen, daß besagtes Kind seinen eigenen Kopf hat und dazu neigt, sich anderen gegenüber immer durchzusetzen.

Es ist schwierig, seine eigenen Kinder objektiv zu beurteilen und sich ein realistisches Bild von ihnen zu machen – ein Bild, das weder von den eigenen Ängsten gefiltert noch von den eigenen Bedürfnissen verzerrt ist. Die beste Methode, seine Kinder gut zu erziehen, besteht darin, zu wissen, wie sie wirklich sind. Es ist entscheidend, die Dynamik ihrer Gefühlswelt richtig einzuschätzen, denn nur dann ergibt sich für uns ein stimmiges und verständliches Gesamtbild.

Die Klugheit erinnert uns daran, daß es keine Liebe ohne Wahrheit gibt.

Ferner setzt echte Liebe *Gerechtigkeit* voraus, jene Tugend, die den Respekt vor der Gegenseitigkeit erfordert.

Wie kann jemand behaupten, einen anderen Menschen gerne zu haben, wenn er dessen Rechte weder anerkennt noch achtet? Wenn er nur seine eigenen Bedürfnisse sieht und immer nur nimmt, ohne je etwas zu geben? Wenn er nie um Ausreden verlegen ist und Verhaltensweisen, die er bei anderen verurteilt, für sich selber rechtfertigt? Daß diese Respektlosigkeit und Anmaßung sich nicht mit der Fähigkeit, jemanden zu lieben, vereinbaren lassen, leuchtet wohl unmittelbar ein.

Echte Liebe verlangt außerdem Stärke, wenn es darum geht, an erzieherischen Entscheidungen festzuhalten, die wirklich zum Besten des Kindes sind – insbesondere dann, wenn das Kind dies nicht versteht oder man einen harten Kampf gegen seine eigenen emotionalen Schwächen austragen muß. Wenn Mütter oder Väter dem Wohl des Kindes den Vorrang einräumen – vor ihrem eigenen Wunsch, „nett zu sein", vor ihren Schuldgefühlen oder auch vor gewissen Charaktereigenschaften, die sie daran hindern könnten, wirklich im Interesse des Kindes zu handeln –, dann ist dies ein Beweis für die Tugend der *Tapferkeit*.

In manchen Fällen ist es leichter nachzugeben, als nein zu sagen und gegen die eigenen Ängste oder emotionalen Widerstände zu kämpfen, die unsere Fähigkeit, das Richtige zu tun, von innen heraus schwächen. So muß man etwa zum Wohl des Kindes zulassen, daß es seine eigenen Erfahrungen macht, auch wenn man es lieber in seiner Nähe behielte und in Sicherheit wüßte.

Die Tapferkeit ist eine wesentliche Dimension der Liebe. Ohne Tapferkeit wäre die Liebe nicht fähig, den Preis für das Wohl des Kindes (nämlich die psychologische Anstrengung) zu zahlen, und würde die Wurzeln ihrer eigenen Authentizität zerstören. Eltern, die etwas erlauben, was sie eigentlich nicht wollen, weil sie Angst haben, daß ihr Kind sie für „böse" hält oder weil sie ihm gegenüber Schuldgefühle haben, sind ein Paradebeispiel für eine schwache und kranke Liebe.

Man muß einen harten und heimlichen Kampf gegen die eigenen emotionalen Schwächen führen, um wirklich lieben zu lernen.

Doch auch die letzte und unauffälligste der vier Kardinaltugenden ist wichtig: die *Mäßigung*. Wann immer etwas übertrieben oder exzessiv erscheint und die unsichtbare, aber reale Grenze des Angemessenen überschreitet, bringt sie das nötige Maß zur Geltung.

Es ist eine allgemeine Erfahrung, daß viele Dinge „nur bis zu einem gewissen Punkt" ratsam sind. Das Übermaß verändert das innere Wesen der Dinge und beeinträchtigt ihre natürliche Fähigkeit, gut zu sein. Ein Übermaß an Höflichkeit kann zur Schmeichelei ausarten, übertriebene Komplimente werden zu Lobhudelei, und ein ständiges Betonen der eigenen Verdienste wirkt prahlerisch und dumm. Genauigkeit kann sich in Pedanterie verwandeln, Sparsamkeit kann ihren tugendhaften Charakter verlieren und zu Geiz verkommen, und eine übertriebene Sorge um die eigenen Kinder wächst sich schließlich zu einer bedrückenden Glasglocke aus.

Das Maß trennt den Mut von der Tollkühnheit und macht den Unterschied aus zwischen Versorgen und Verhätscheln, zwischen Nähe und lästiger Aufdringlichkeit.

Wenn Eltern „zu" gut sind, deutet dies in der Regel auf eine Unstimmigkeit in ihrer Motivation hin, die sie genau daran hindert, wirklich gut zu sein.

Wenn das rechte Maß fehlt, entsteht ein Mißklang. Dieser Mißklang wird unmittelbar als Unvollkommenheit wahrgenommen und weckt einen instinktiven Argwohn – den Verdacht der Nichtauthentizität.

Liebe ist echt, wenn sie eine Grenze respektiert, über die sie nicht hinausgeht; sie ist echt, wenn sie zum Besten des Kindes sagen kann: bis hierher und nicht weiter.

Sie schreckt vor jenen Formen der Selbsthingabe zurück, die „um jeden Preis" und „ohne Rücksicht auf Verluste" geübt werden – Verluste vor allem im Hinblick auf das Wohl des Kindes.

Die Tugend der Mäßigung wird klassischerweise mit einem zurückhaltenden Gebrauch der Güter (etwa beim Essen und Trinken) in Verbindung gebracht, ist jedoch auch im zwischenmenschlichen Bereich von allergrößter Bedeutung. Ihre – leider allzuoft vergessene – Lehre besagt, daß das *Maß* eine notwendige Voraussetzung für eine gelungene, liebevolle Beziehung ist.

Man muß sich mithin auch in seiner Bereitschaft mäßigen, für die eigenen Kinder dazusein, ihnen zu helfen, ihren Bedürfnissen entgegenzukommen. Viele Eltern ahnen, daß es einen unsichtbaren, aber realen „Punkt“ gibt, der nicht überschritten werden darf. „Ich finde es richtig, das zu tun“, erklären sie oft, „aber ... nur bis zu einem gewissen Punkt“. Der gesunde Menschenverstand hat schon immer gewußt, daß es eine Grenze gibt, eine Wasserscheide, über die man sich nicht hinauswagen sollte.

Es tut Kindern einfach nicht gut, wenn man ihnen *zu sehr* bei den Hausaufgaben hilft. Hier ist Mäßigung angebracht. Wenn Sie Ihrem Sohn zum zehnten Mal die *Odyssee* nacherzählen und seine Augen immer wieder zu dem Zeichentrickfilm abschweifen, den sein kleiner Bruder sich gerade im Fernsehen anschaut, dann hat es offensichtlich keinen Zweck, weiterzumachen.

Wenn man immer bereitsteht, wenn das Kind einen „für nichts und wieder nichts“ ruft und man ihm dennoch die geforderte Aufmerksamkeit schenkt, statt hin und wieder auch einmal zu sagen: „Warte, ich kann gerade nicht!“, dann wird dadurch weder das Kind besser noch die Beziehung ausgeglichener.

Liebe und „Zuviel“ schließen einander also aus. In allen Verhaltensweisen, die sich auf die Liebe berufen, ist das Übermaß in Wirklichkeit ein Warnsignal: Es weist auf einen Mangel und eine emotionale Schwäche hin, deren Ursachen man ergründen muß, um den Sinn für das rechte Maß wiederherzustellen – denn nur das rechte Maß garantiert, daß wir den anderen wirklich gerne haben.

Es gibt keine Mütter, die zu sehr lieben. Jede Mutter, die glaubt, daß sie zu sehr liebt, sollte ihre Motivation überdenken und sich fragen, was sie denn eigentlich dazu drängt, „zu“ fürsorglich, präsent und selbstlos zu sein. Nur so kann sie der Liebe ihr rechtes Maß und damit ihr Echtheitssiegel zurückgeben.

Auch die Art, wie Eltern ihre Kinder lieben, kann von Ängsten und psychologischen Schwächen befallen sein, die sie daran hindern, das zu tun, was alle Mütter und Väter sich am sehnlichsten wünschen: ihre Kinder zu guten, starken und freien Menschen zu erziehen. Doch diese Ängste und Schwächen sind heilbar.

Die Tugend der Mäßigung erinnert uns daran, daß das fehlende Maß wie eine falsche Münze klingt und daß Lieben und Zuviel-Lieben zwei ganz unterschiedliche Dinge sind.

I. Mütter am Rande des Nervenzusammenbruchs

Eine Mutter, die zu sehr liebt, ist niemals glücklich.

„Ich bin völlig erledigt", hört man sie oft sagen. „Ich breche zusammen, ich bin verzweifelt."

Ihr Leid reicht von dem Gefühl, verschlissen zu werden, bis hin zu dem Wunsch, das Kind einmal für eine Woche loszusein. Von totaler Erschöpfung bis hin zu Aussagen wie: „Manchmal sage ich meinem Mann, er soll alle Messer verstecken, weil ich Mordgelüste bekomme. Plötzlich habe ich das Gefühl, ich verstehe die Mütter, die ihre eigenen Kinder umbringen ..."

Andere berichten nicht ohne Selbstironie: „Letzte Woche war ich zu einer Untersuchung im Krankenhaus und wäre am liebsten dortgeblieben. Das war wie Urlaub für mich."

Wieder andere fragen: „Warum dürfen Eltern eigentlich nicht kündigen? Manchmal hätte ich Lust, von meinem Sohn eine Wiedergutmachung für die erlittenen seelischen Schäden zu verlangen ...!"

Oder: „Gestern habe ich mir gesagt: Wenn ich so weitermache, bin ich bald am Ende. Ich bin so was von fertig, daß mir jede Schwangere leid tut, die ich sehe, weil ich weiß, was sie erwartet ..."

Die alltäglichen Szenen der erzieherischen Verzweiflung sehen etwa so aus:

> „Morgens habe ich nur Streß mit meiner Tochter", erzählt eine Mutter. „Immer und immer wieder sage ich zu ihr: ‚Es ist sieben, du mußt aufstehen', aber sie stöhnt nur und bleibt regungslos liegen, bis ich sie buchstäblich aus dem Bett zerre.
> Wenn ich zu ihr sage: ‚Wasch dir wenigstens das Gesicht', sieht sie mich so schläfrig an, daß mir beinahe der Kragen platzt. ‚Hm ...?', macht sie dann, und zieht ihrem Spiegelbild weiter Grimassen.

Danach ist alles nur noch eine hektische Abfolge von ‚Zieh dich an!‘ … ‚Mach schon!‘ … ‚Komm endlich frühstücken, es ist höchste Zeit!‘ Wenn sie dann am Tisch sitzt, hat man den Eindruck, sie sei in stiller Anbetung vor der Teetasse versunken oder zähle die Cornflakes auf ihrem Löffel.
Ich selbst müßte eigentlich eine halbe Stunde später im Büro sein und bin schon am Rand eines Nervenzusammenbruchs.
Dann, in der allerletzten Minute, wenn wir beide aus dem Haus müssen, heult sie los: ‚Wo sind meine Schuhe?‘. Also suchen wir die Schuhe. ‚Wo hast du sie denn zuletzt gehabt?‘, frage ich sie. ‚Hm? … Weiß ich nicht.‘ Ich schaue unters Sofa und unter die Betten, suche überall, nur um endlich fertigzuwerden …
Plötzlich schreit sie verzweifelt: ‚Ich hätte heute morgen unbedingt ein kariertes Heft gebraucht, warum hast du mir keins gekauft?‘ Ungläubig sehe ich sie an: ‚Woher sollte ich das wissen, du hast keinen Ton gesagt!‘ Doch ich habe nicht den Hauch einer Chance, sie von meiner Unschuld zu überzeugen. Also beende ich das Gespräch und sage: ‚Wir fahren noch am Schreibwarenladen vorbei … wenn du dich beeilst!‘
Endlich sind wir in der Garage, wo ihr dann einfällt, daß sie ihr Schulbrot vergessen hat. Also lasse ich ihre kleine Schwester im Auto weiterbrüllen und renne wieder hinauf, um die Tür noch einmal aufzuschließen.
Wenn Sie die Wahrheit hören wollen: Meine Tochter ist so reizend, *daß ich sie manchmal an die Wand klatschen könnte* …“

Ein anderer Bericht klingt noch dramatischer:

„Ich ertrage meine Kinder nicht mehr.
Ich kann die Situation bei uns zu Hause einfach nicht mehr akzeptieren. Ich empfinde nur noch totale Ablehnung. Ich verschließe mich, und mir ist bewußt, daß ich mich immer weiter von ihnen entferne. Eine Situation, wie ich sie jetzt erlebe, habe ich nie gewollt.

Ich will nicht, daß mein Leben nur noch daraus besteht, ihnen hinterherzulaufen, ständig mit ihnen zu schimpfen, während sie einfach gar nichts kapieren …
Ich frage mich: ‚Soll mein Leben etwa so weitergehen, bis sie zwanzig oder dreißig Jahre alt sind?'
Ich schaffe es nicht mehr. Ein solches Leben will ich nicht, ich kann es nicht akzeptieren, und ich kann mich nicht damit abfinden.
Wenn ich es noch einmal entscheiden könnte …" – an dieser Stelle ist ihr Tonfall sehr bitter geworden – „ich weiß nicht, ob ich dann wieder Kinder haben wollte."

Das ist die größte Enttäuschung von allen: diese so ersehnten, so umsorgten, so geliebten Kinder entpuppen sich nicht als der erhoffte Segen, denn ihre Erziehung ist eine übermenschliche Anstrengung. Der Erfahrungsbericht dieser Mutter verweist auf ein neues, dramatisches und grundsätzliches Problem: daß Eltern ihre Kinder nicht mehr ertragen. Die klinische Symptomatik dieses Syndroms ist noch nicht erforscht, und doch spielt es im Leben vieler Mütter bereits eine wesentliche Rolle.

Ist diese völlige Erschöpfung wirklich notwendig? Muß man aus Liebe zu seinen Kindern bis ans Ende seiner Kräfte und darüber hinaus gehen? Die Antwort lautet nein.

Kann man sich davor retten? Ja, wenn man versucht, die Liebe zu ihnen anders zu leben und sie von allen *emotionalen Viren* zu befreien, die zu einer Überforderung der Eltern führen, ohne die Erziehung der Kinder zu verbessern.

Es ist einfach nicht normal, daß man sich wieder und wieder bei dem Gedanken ertappt: „Wenn ich so weitermache, werde ich noch heiliggesprochen …"

II. Sich aufgeben oder Opfer bringen?

Liebe kann viele Opfer mit sich bringen, aber *sie verlangt keine Selbstaufgabe.* Nur eine kranke Vorstellung von Liebe hält die Selbstaufgabe des Liebenden für erforderlich.

Sich selbst aufzugeben heißt, als Person zu „verschwinden", die eigenen Bedürfnisse und Wünsche zu verleugnen, in der Beziehung zu den Kindern auf die Erfordernisse der Gegenseitigkeit und den Respekt vor der eigenen Person zu verzichten.

Zwar ist es oft nötig und vernünftig, die eigenen Bedürfnisse hintanzustellen, aber aufzuschieben heißt nicht, daß man sie ganz und gar verleugnet. Den Bedürfnissen der Kinder den Vorrang einzuräumen bedeutet nicht, sich so zu verhalten, als gäbe es überhaupt nur ihre Bedürfnisse – es sei denn, es handelt sich um einen echten Notfall (wenn das Kind zum Beispiel noch sehr klein ist). Das ist der Unterschied zwischen Selbstaufgabe und der Bereitschaft, für seine Kinder Opfer zu bringen.

Die eigenen Ansprüche für eine gewisse Zeit zugunsten der Kinder beiseite zu schieben, wenn die Situation dies objektiv erfordert, ist ein Zeichen großer psychologischer Reife und echter Liebesfähigkeit. Gerechter und vernünftiger Verzicht hat keine schädlichen Auswirkungen auf die Persönlichkeit eines Vaters oder einer Mutter: Er wird relativ leicht verschmerzt, auch wenn er schwerfällt.

Das sind die sogenannten „Opfer, die man gerne bringt", und schon die Formulierung läßt erahnen, daß solche Opfer auf eine geheimnisvolle Weise irgendwie auch glücklich machen. Sie kosten Mühe, aber sie zerstören nicht, sie ermüden, aber sie treiben niemanden zur Verzweiflung.

Etwas anderes ist es, so zu leben, „als ob es mich gar nicht gäbe" (wie viele Mütter es ausdrücken) – und das nicht nur in dem eher banalen

Sinne, daß man nie auch nur einen Moment Zeit für sich selber hat (um ein Buch zu lesen, Sport zu machen, sich mit Freundinnen zu treffen ...), sondern auch in dem Sinne, daß man auf tiefere Bedürfnisse verzichtet: zum Beispiel das Bedürfnis, seinerseits von seinen Kindern beachtet, respektiert und geliebt zu werden.

Selbstaufgabe bedeutet, daß man seinen Kindern etwas erspart, was man eigentlich mit gutem Recht von ihnen verlangen kann: daß auch sie ihren Beitrag zu einer „guten" Eltern-Kind-Beziehung und einem harmonischen Zusammenleben in der Familie leisten.

Woran erkennt man, daß eine Mutter an jenem selbstzerstörerischen Syndrom der Selbstaufgabe leidet? Hier einige typische Äußerungen:

„Für mich kommen die Kinder immer an erster Stelle."
„Ich neige dazu, mir ihre Probleme aufzuhalsen und mich für sie zu ‚opfern', auch wenn das gar nicht richtig oder nötig ist."
„Ich neige dazu, die Kinder und ihre Bedürfnisse ‚ein kleines bißchen' über mich selbst zu stellen."
„Ich komme mir ‚grausam' vor, wenn ich nein sage oder sie weinen lasse, auch wenn ich gute Gründe dazu hätte."
„Ich fühle mich verpflichtet, immer für sie dazusein."
„Ich bitte sie nie, auch einmal meine Bedürfnisse oder Wünsche zu berücksichtigen."
„Ich bin zu sehr daran gewöhnt, für die anderen dazusein und einfach nur zu funktionieren."
„Mich selbst gibt es eigentlich gar nicht."
„Ich kann mich nicht durchsetzen. Auf meine Rechte nimmt niemand Rücksicht."
„Ich bin es nicht gewohnt, Ansprüche zu stellen."
„Ich gehe davon aus, daß mir niemand etwas schuldet."
„Ich neige dazu, immer Opfer zu bringen, damit es den anderen gutgeht."

Was an diesen Aussagen auffällt, ist zum einen das *fehlende Maß* (das machen auch die Adverbien deutlich: *zu sehr, immer, nie)* und zum anderen die Tatsache, daß der emotionale Druck stärker ist als das, was Vater oder Mutter selbst für richtig oder nötig halten.

Eltern sind reif, wenn sie dem eigentlichen Wert (nämlich dem Wohl des Kindes) Priorität einräumen, sich nicht von den Neigungen ihres eigenen Charakters leiten lassen und die Emotionalität, die diesem Wert zuwiderläuft, unter Kontrolle halten.

Das fehlende Maß in der mütterlichen Hingabe ist also kein unwesentliches Detail, sondern eine Zutat, die den Geschmack des ganzen Gerichts erheblich verändert.

Die echte Liebe ahnt, daß es eine rote Linie gibt, die man nicht überschreiten darf, und sie vermag instinktiv zu sagen: „Bis hierher und nicht weiter." Diese Linie trennt beispielsweise die sinnvolle Hilfe bei den Hausaufgaben von der Bereitschaft, sich von seinen Kindern ausnutzen zu lassen.

> „Wenn mein Sohn einen Aufsatz schreiben soll", erzählt eine Mutter, „sagt er immer zu mir: ‚Was soll ich schreiben? Mir fällt einfach nichts ein.' Dann gebe ich ihm ein paar Anregungen, aber das reicht nicht; de facto ist es so, daß ich ihm den Aufsatz diktiere und er ihn nur noch aufschreibt. Gestern habe ich zu ihm gesagt: ‚Schreib einfach nichts hin. Sag deiner Lehrerin, daß dir nichts eingefallen ist.' Sie werden es nicht glauben: Er hat in kürzester Zeit einen tadellosen Aufsatz zu Papier gebracht!"

Hilfe zu brauchen ist etwas ganz anderes, als den Unfähigen zu spielen. Es geht darum, das eine vom anderen zu unterscheiden, denn auch die Heilmittel, die angewandt werden müssen, sind grundverschieden. Es klafft ein Abgrund zwischen Helfen und Sich-ausnutzen-Lassen, zwischen Aufmerksamkeit und ständiger Verfügbarkeit.

Wenn Ihr Kind von Ihnen erwartet, daß Sie seinen Kommentaren zum Tagesgeschehen ununterbrochen Gehör schenken; wenn es, während

Sie fernsehen, regelmäßig verlangt, daß Sie mit ihm spielen, weil es sich langweilt; wenn es, sobald Sie ein Buch aufschlagen, ununterbrochen auf Sie einredet, bis ihm nichts mehr einfällt; wenn es, sogar während Sie unter der Dusche stehen, angelaufen kommt, um Sie zu fragen, wo der grüne Filzstift ist, den es nicht finden kann; und wenn Sie sich immer wieder bei dem Gedanken ertappen: „Womit habe ich das eigentlich verdient?“ …, dann ist es wohl an der Zeit, ihm klarzumachen, daß es ihnen nicht so auf die Nerven fallen darf. Die Verfügbarkeit hat eine Grenze; und jenseits dieser Grenze beginnt die Vereinnahmung.

Liebe muß maßvoll sein, denn sonst erleidet sie eine genetische Veränderung, die sie bis in den Kern ihres Wesens hinein verändert. Doch woran liegt es, daß wir die Grenze zwischen dem, was richtig und ratsam und dem, was maßlos ist, nicht erkennen?

Was es bedeutet, seine Kinder zu lieben

Es ist hilfreich, die psychologische Beschaffenheit einer Liebesbeziehung zu klären und sie von kulturellem Ballast zu befreien, der unseren Blick trübt und unser Gesichtsfeld einschränkt.

Man muß kaum eigens erwähnen, daß die Liebe für unsere heutige Gesellschaft etwas „Sentimentales“ ist. Das kulturelle Virus, das unser Verstehen lenkt, läßt uns die Liebe vor allem, wenn nicht ausschließlich als ein Gefühl wahrnehmen. Eine Emotion.

Diese Überzeugung ist heute allgegenwärtig und übermächtig; und unter dem Tarnumhang des Offensichtlichen ist sie zudem unsichtbar, so daß es beinahe unmöglich ist, sich ihr entgegenzustellen.

In Wirklichkeit besteht das Wesen des Liebeserlebens nicht im Gefühl. Man kann vernünftigerweise sagen, daß die Liebe aus psychologischer Sicht nicht einmal ein Gefühl ist. Um so weniger ist das Gefühl ihr Wesen. Die Intensität der Emotionen ist nämlich nicht das Kriterium für die Echtheit eines Wertes (des Wertes der Liebe in diesem Fall). Wenn dem so wäre, müßte man, um sicherzugehen, daß man liebt, ständig sehr intensive Emotionen verspüren und ununterbrochen erschüttert sein, was sowohl in einer Paarbeziehung als auch in der Beziehung zu den Kindern völlig unvernünftig wäre.

In der Liebe haben die Gefühle eher eine *dienende* Funktion. Ihre Aufgabe besteht darin, uns das richtige Handeln zu erleichtern, aber sie sind nicht das Wesen der Liebe selbst.

Das Wesen der Liebe hat eher etwas mit dem Willen als mit Emotionen zu tun.

Die Aktienmehrheit der Firma „Liebe & Co." hält der Wille, und das Ziel der Gefühle, die natürlich ihr Gutes haben, besteht darin, das, was der Wille notwendig von uns verlangt, zu „erleichtern".

Das ist zwar nicht so romantisch, aber dafür realistisch.

Die Liebe definiert sich über den Willen, zum Besten des anderen zu handeln: also im Fall der Kinder das zu tun, was im Hinblick auf ihr erzieherisches Wohl erforderlich ist. Seine Kinder lieben heißt, zu ihrem Besten zu handeln – und das ist im Grunde relativ unabhängig davon, ob einem dies auch in psychologischer Hinsicht leichtfällt, weil es vom emotionalen Liebesüberschwang getragen wird.

Doch es fällt ja gar nicht immer leicht: Viele Akte der Liebe werden unter psychologischen Schwierigkeiten, ohne erhebende Emotionen und im Kampf gegen irgendwelche Neigungen des eigenen Charakters vollbracht.

Ein eifersüchtiger Vater muß gegen diese krankhafte Neigung ankämpfen, um seinem Kind den nötigen Grad an Freiheit zuzugestehen und zuzulassen, daß es auch mit anderen Personen ernstzunehmende Beziehungen eingeht.

Eine überängstliche Mutter muß sich bemühen, diese Eigenschaft unter Kontrolle zu halten, denn das Wohl ihres Kindes verlangt, daß sie es nicht mit all ihren Ängsten ansteckt, damit es nicht so unsicher und ungeschickt wird wie sie selbst.

Etwas, das man aus Liebe tut, ist, wenn es schwerfällt, häufig authentischer, als wenn es im Liebesüberschwang geschieht. Echte Liebe entscheidet sich bewußt für das wirkliche Erziehungswohl des Kindes und läßt sich nicht unkritisch von Gefühlen hinreißen.

Der Kult der Emotionen, der heute sehr in Mode zu sein scheint und unsere Gefühle zum Maßstab für Gut und Böse macht, führt letztlich in die Orientierungslosigkeit.

Lieben heißt, in relativer Unabhängigkeit von einer psychologisch angenehmen Emotionslage all das zu wollen, was den anderen als Person verwirklicht.

Der emotionale Überschwang entscheidet nicht darüber, was richtig und was falsch ist, sondern kann es uns allenfalls leichter machen, das Richtige zu tun.

In diesem Sinne sind die Emotionen ein Glücksfall, ein wirklicher Segen, wenn sie uns das Gute gleichsam schmackhaft machen und uns auf diese Weise motivieren, es zu tun.

Heimliche Elterntränen

Jeder Vater und jede Mutter weiß aus Erfahrung, daß man, um seine Kinder gut zu erziehen, den einen oder anderen Aspekt seines eigenen Charakters unter Kontrolle haben muß. Nicht alle emotionalen Impulse der Eltern sind wertkonform. Wenn Eltern sich ihre „Schwachpunkte" nicht bewußtmachen und kontrollieren, kann sich das negativ auf ihr erzieherischees Handeln auwirken.

Die Entscheidung, zu lieben, „begradigt" nach und nach auch das „Fühlen" und befähigt den Menschen, wirklich zum Wohl des anderen zu handeln.

Nicht selten trifft man Eltern, die aus Liebe zu ihren Kindern gegen Ängste ankämpfen oder Schwierigkeiten überwinden, mit denen sie sich sonst sicher nicht auseinandergesetzt hätten. Die Liebe zu seinen Kindern und der Wunsch, sie zu guten Menschen heranwachsen zu sehen, sind für einen Menschen normalerweise die bestmögliche Motivation, einige Aspekte seines eigenen Charakters zu „überwinden“ – Aspekte, die er normalerweise wohl einfach toleriert und niemals in Frage gestellt hätte.

Erst wenn man sich bewußtmacht, wie sehr diese Charakterzüge den Kindern schaden können, gewinnt man auch den Mut, dagegen anzugehen. Daß man seinem Kind mit seinem eigenen Charakter unbewußt Schaden zufügt, ist eine Erkenntnis, mit der sich kein Vater und keine Mutter abfinden kann. Aus ihr erwächst eine geheimnisvolle Kraft, die die Entscheidung trägt, auch das zu tun, was schwerfällt, weil es den verfestigten Tendenzen des eigenen Charakters zuwiderläuft.

Das Unbehagen, mit dem ein Mensch seine eigenen Fehler wahrnimmt, ist sogar ein Indikator für seine Liebe zu seinem Kind. Dieses Unbehagen ist aber nicht mit dem Schuldgefühl im Sinne eines unrealistischen und krankhaften Sich-schuldig-Fühlens zu verwechseln.

Ein solches Unbehagen ist gesund, denn es bezieht sich darauf, daß man sein Versprechen, das eigene Kind zu lieben, nicht gehalten hat – ein Versprechen, das man in dem Moment abgibt, in dem man dieses Kind ins Leben ruft. Anders als das Schuldgefühl ist dieses Unbehagen nicht destruktiv, sondern verleiht unserem Wunsch, dieses Versprechen zu halten, eine neue Intensität. Deswegen schmerzt es zwar, gibt aber gleichzeitig auch Kraft.

Gerade dadurch, daß wir uns wieder neu auf diesen aufrichtigen Wunsch einlassen, unser Liebesversprechen zu halten, finden wir die Kraft, einige Aspekte unseres Charakters zu „resetten“, weil sie dem, was wir in der Verborgenheit unseres tiefsten Innern wirklich wollen, im Wege stehen.

Charakter ist nicht alles. Wir sind nicht ganz und gar in unserer unvollkommenen emotionalen Dynamik oder eindeutig falschen Verhaltensweise gefangen. Das eigentliche Wesen des Elternseins ist der Wunsch, sich aus Liebe zu verausgaben. Diese gesunde Spannung bringt die Psychodynamik ins Gleichgewicht, mildert die weniger angemessenen Charaktereigenschaften ab und gibt dem erzieherischen Handeln Anmut, Gewandtheit und Maß.

Sie befähigt Eltern dazu, ausgewogen zu urteilen, Gespräche zu führen und mit rätselhafter und überraschender Leichtigkeit Entscheidungen zu treffen. Sie läßt sie spüren, wenn „Sand im Getriebe" ist, und stellt jenes Maß wieder her, das dem erzieherischen Tun seine Schönheit verleiht: die Schönheit eines Tuns, das von der Liebe zur Wahrheit und Gerechtigkeit getragen ist.

Keine echte Liebe besteht ohne das Wahre und Gute. Ohne den inneren Respekt vor der Wahrheit und der Gerechtigkeit, den unsere Intelligenz und unser Gewissen uns eingeben, gibt es kein authentisches Liebeshandeln. Die Liebe schreibt uns ja nicht vor, auf unsere Intelligenz zu verzichten oder so zu tun, als könnten wir Dinge, die falsch sind, ganz einfach akzeptieren. Wenn wir feststellen, daß wir gegen unsere Intelligenz und unser Gewissen handeln, sollten wir uns fragen, welche Angst uns treibt und welches Virus unser erzieherisches Denken infiziert hat.

Es steht außer Zweifel, daß die Liebe zu unseren Kindern uns die Anstrengung abverlangt, uns unsere eigenen Unzulänglichkeiten bewußtzumachen und uns nicht von ihnen beherrschen zu lassen.

Das ist eine unsichtbare, aber reale Anstrengung, die viele Eltern zum Wohl ihrer Kinder auf sich nehmen.

Dank dieser heimlichen Tränen ihrer Eltern wachsen diese Kinder zu starken und freien Menschen heran.

Nun, ich dachte, daß er bei mir schlafen wollte, doch das eigentliche Problem war vielleicht (oder sogar sicher), daß ich das eben nur dachte und daß ich ihn auf diese Weise daran hinderte, „groß“ zu sein und in seinem eigenen Bett zu schlafen.
Ohne allzugroßes Aufhebens habe ich ihm also eines Abends gesagt, daß er ab sofort in seinem eigenen Bett schlafen würde, und zu meiner gewaltigen Überraschung hat er meine Entscheidung anstandslos akzeptiert. Jetzt schläft er allein, er wacht nachts nicht mehr auf, und ich habe morgens endlich keine Rückenschmerzen mehr.“

Die irrige Vorstellung, daß das Kind es nicht alleine schafft, ermüdet die Mutter unnötig und hindert das Kind daran, sich selber anzustrengen. Außerdem wird es auf diese Weise um das befriedigende Gefühl betrogen, schon groß zu sein.

Ein Kind, „das könnte, wenn es nur wollte“, braucht diese Art der Hilfestellung nicht.

Es kostet nur ein wenig Aufmerksamkeit, die Situation richtig zu beurteilen.

Das Virus „Der arme Kleine“

Das vom Virus „Der arme Kleine“ infizierte Programm läuft unter dem Namen „Er tut mir so leid“ und wird von einem tiefen Mitgefühl mit dem betreffenden Kind in Gang gesetzt. Das Kind wird als benachteiligt empfunden, als unschuldiges Opfer eines ungerechten Schicksals, das ihm ein Gut vorenthalten hat, das ihm eigentlich zugestanden hätte.

Eine Krankheit, ein traumatisches Erlebnis oder häufige Krankenhausaufenthalte in der Kindheit können die „Sicht auf das Kind“ verändern: Die Eltern nehmen es mit gutem Grund als anfällig und besonders schutzbedürftig wahr. Doch es gibt auch schmerzhaftere und tieferliegende Gründe, ein Kind für benachteiligt zu halten. Eine Mutter erzählt:

> „Manchmal sehe ich ihn an und denke daran, daß sein Vater ihn nicht gewollt hat und daß ich entschieden habe, ihn gegen seinen Willen zu behalten, und jedesmal, wenn er ihn anschreit, denke ich: Das liegt daran, daß er ihn nicht will.
> In diesen Augenblicken wird in mir irgendein Hebel umgelegt: Ich habe das Gefühl, daß er anders ist als die anderen Kinder und mehr Liebe braucht.

In dem Versuch, die Benachteiligung des Kindes auszugleichen, wird die Mutter unweigerlich nachgiebiger, bereitwilliger, das Kind zufriedenzustellen und dabei wichtige Aspekte der Erziehung zu vernachlässigen.

Hinzu kommt, daß das „Unglück" des Kindes in manchen Fällen eher auf Einbildung als auf der Realität beruht und daß die Gründe, die dafür ins Feld geführt werden, eher irrelevant sind. Überlegungen wie die, daß „dieses Kind im Unterschied zu seinem älteren Bruder seine Großeltern nicht mehr gekannt hat, daß es nicht so kompetente und gute Lehrer und nicht dieselben sportlichen Erfolge gehabt hat und daß es vielleicht auch nicht ganz so süß aussieht ...", reichen oft aus, um ein Kind emotional als „benachteiligt" zu erleben. Wenn diese Sichtweise sich einmal verfestigt hat, tut die spontane Neigung zur Wiedergutmachung ein Übriges.

Eine Mutter berichtet:

> „Mir fällt auf, daß mein Mann nicht so lieb zu seiner Tochter ist, er hat sich immer einen Sohn gewünscht und bevorzugt den Kleinen". „Wie reagieren Sie darauf?", frage ich. „Ich gebe dem Mädchen das, was es von seinem Vater nicht bekommt."

Tatsächlich ist es wohl eher zweifelhaft, daß eine doppelte Dosis Zärtlichkeit seitens der Mutter geeignet ist, das Verhältnis zwischen Vater und Tochter zu verbessern ...

In solchen Fällen müssen Eltern stark sein: Sie dürfen sich nicht vom Mitleid hinreißen lassen und müssen verhindern, daß ein allzu nachgiebiger Erziehungsstil die vermeintliche Benachteiligung des Kindes womöglich noch verschlimmert.

Wenn man sein Kind beispielsweise verwöhnt, weil es seinen Vater nicht gekannt hat, macht man seine Probleme dadurch nur größer. Gerade weil es keinen Vater hat, muß es zu einem besonders starken Menschen erzogen und darauf vorbereitet werden, sich den Schwierigkeiten des Lebens zu stellen. Die gute Absicht, „ihm den Vater zu ersetzen", läßt sich nicht dadurch verwirklichen, daß man ihm eine doppelte Dosis Mutter verabreicht, sondern dadurch, daß man tut, was dem Vater vermutlich leichter gefallen wäre: das Kind mit seinen Verantwortungen zu konfrontieren, es zur Auseinandersetzung mit seinen Problemen zu ermutigen, und es dort, wo es sinnvoll ist, auch die Konsequenzen seiner Fehler tragen zu lassen.

„Ich hatte immer das Gefühl", erzählt eine Mutter, „daß dieses Kind den anderen unterlegen ist, und ich habe mich immer schuldig gefühlt, weil ich früher Alkoholprobleme hatte.
Ich habe zu ihm gesagt: ‚Mein Kleiner, laß nur, ich mach das schon', oder ‚Ich frag den Papa, ob er dir das kauft.' Und wenn er mich um vier Uhr auf der Arbeit anrief, um mir zu sagen, daß er müde ist, dann bin ich ihn holen gefahren."
Ich nehme den Sohn beiseite: „Wie behandelt deine Mutter dich?", frage ich ihn.
„Meine Mama", so die Antwort, „behandelt mich wie ein kleines Kind. Sie hilft mir immer, auch wenn ich etwas alleine kann.,
Da ist immer jemand, der zu mir sagt: ‚Du machst das falsch, tu das nicht, mach es so, wie ich es dir sage ...' Aber ich merke das schon selber, wenn ich etwas falsch mache.
Das ist einerseits sehr bequem, aber andererseits nervt es mich, und deshalb behandle ich sie schlecht."

Und noch ein mütterlicher Erfahrungsbericht:

„Als ich begriff, daß mein ältester Sohn eifersüchtig war, habe ich ihn immer ‚in Schutz genommen', weil ich dachte: ‚Der Arme, er leidet so ...!', und deshalb bin ich ihm immer entgegengekommen.
Aber das ist ihm gar nicht bewußt: Er wirft mir noch heute vor, er habe nie genug Kind sein dürfen, und ist überglücklich, wenn er mit mir einkaufen gehen darf und wir nur zu zweit sind."

Wie immer verschärft das Medikament „Der Arme" die Probleme eher, als daß es sie heilt.

Hier ein Beispiel dafür, wie dieses erzieherische Virus langfristig wirkt:

„Ich bin völlig am Ende", berichtet eine verheiratete Frau. „Mein Mann nimmt immer noch Kokain. Er bleibt jede Nacht bis drei Uhr weg, und man weiß nicht genau, wo er ist; er arbeitet nur unregelmäßig und nimmt alles mögliche zum Vorwand, um sich Urlaub zu nehmen und zu Hause zu bleiben. Wir haben keinen roten Heller mehr, ich bin verzweifelt: Ich muß drei Kinder großziehen und weiß nicht wie.
Das hindert ihn nicht daran, den Gärtner kommen zu lassen, damit er selbst sich ausruhen kann, und dann beschwert er sich, daß wir zuviel Geld ausgeben. Er hat schon zwei Wohnungen verkauft, die sein Vater ihm geschenkt hatte, und ich weiß nicht, was mit dem Geld passiert ist (das heißt, eigentlich weiß ich es schon).
Seine Verwandten sagen mir, ich solle Geduld haben, immer lieb und nett sein, den Mund halten. Aber in ihren Augen war er immer ein guter Junge. ‚Der Arme', haben sie immer gesagt und sich alles von ihm bieten lassen."

Man kann sein Kind auch zärtlich lieben, ohne in diese Falle zu gehen: ohne die vermeintlichen und tatsächlichen Widrigkeiten seines Lebens immer und unbedingt ausgleichen zu wollen. Man muß sein Mitleid unterdrücken, es im Stillen ausleben, ohne sich davon hinreißen und vor allem ohne sich darüber hinwegtäuschen zu lassen, was wahr und richtig ist.

Das Virus „Ich habe Angst, die Böse zu sein"

„Ich habe das Gefühl", erzählt eine Mutter, „daß ich diesem Kind zuviel gegeben habe.
All die Zeit, die ich mit ihm verbracht habe. Er hat nie alleine gespielt, immer nur mit mir, ich habe die Hausarbeit immer erledigt, wenn er schlief.
Morgens wecke ich ihn zuerst, vor seinem kleinen Bruder, ich massiere ihn, ich küsse ihn, ich sage zu ihm: ‚Wir haben dich lieb, wir werden immer bei dir sein.'
Dann wecke ich seinen Bruder, kuschle auch mit ihm, mache das Frühstück, ich muß ihn anziehen, weil er sich immer bedienen läßt, und wenn er aus der Schule kommt, sorge ich dafür, daß ich seine Lieblingssüßigkeiten im Haus habe, koche sein Lieblingsessen ... Im Kindergarten ist er nie zurechtgekommen, und er hat immer nur zu Hause gegessen.
Er hängt viel zu sehr an mir: Wenn ich arbeite, ruft er mich tausendmal.
Er schläft noch immer bei uns im Bett. Ich schlafe in seinem Bett ein, dann gehe ich in meins, in der Nacht kommt er zu uns ins Ehebett. Ich bringe ihn zurück, er kommt wieder, mein Mann zieht um, um bei dem Kleinen zu schlafen. Wir laufen nachts kilometerweit. Seit acht Jahren haben wir nicht mehr richtig geschlafen.
Wenn ich in die Pizzeria gehen will, muß ich ihn um Erlaubnis fragen, weil er sonst weint und untröstlich ist.
Er wird wütend, wenn er mich und den Papa zusammen sieht; dann sagt er zu mir: ‚Schick ihn weg!'
Wenn wir beide uns unterhalten, mein Mann und ich, dann brüllt er, so laut er kann, damit wir aufhören."

Ein Paradebeispiel für die Folgen des Zuviel: zuviel Aufmerksamkeit, zuviel Kuscheln, zu viele Blicke, ein übertriebenes Bemühen, dem Kind alles zu ersparen, damit es nur ja auf nichts verzichten, sich nicht anpassen, sich nicht begnügen muß. Das Ergebnis ist besorgniserregend: Die Mutter ist am Boden, und das Kind ist unreif, anmaßend und unsicher. Wenn sie ihre emotionale Schwäche – die Ursache ihrer übertriebenen Bereitwilligkeit – nicht bald in den Griff bekommt, muß man um sie fürchten.

> „Wie würden Sie Ihren Charakter beschreiben?", frage ich die Dame. „Vielleicht ist mir die Zufriedenheit der anderen zu wichtig", antwortet sie, „ich kann einfach nicht nein sagen. Vielleicht will ich nicht, daß sie denken, daß ich eine dumme Kuh bin. Streitereien und Meinungsverschiedenheiten belasten mich sehr, und ich tue alles, um nicht in jeder Hinsicht als ‚Spielverderberin' verschrien zu werden."

Die Angst, sich unbeliebt zu machen, ist der emotionale Hauptantrieb ihrer Persönlichkeit und drängt sie dazu, immer allzu bereit zu sein, sich keinerlei Verärgerung anmerken zu lassen, niemals nein zu sagen und damit ihr eigenes Empfinden für das, was richtig und ratsam wäre, zu unterdrücken und zu verändern.

Diese Neigung prägt auch die Beziehung zu ihrem Kind: Damit es nicht schlecht von mir denkt – so könnte man die emotionale Logik in Worte fassen, die dieser Mutter-Kind-Beziehung zugrundeliegt –, tue ich alles und noch mehr für mein Kind. Ich verleugne meine eigenen Bedürfnisse, und vor allem verleugne ich meinen Gerechtigkeitssinn.

Ich tue auch Dinge, die ich für falsch, ungerecht oder übertrieben halte – daß ich zum Beispiel immer seine Forderungen erfülle.

Eine solche Neigung bringt Verhaltensweisen hervor, die nur teilweise von der Liebe inspiriert sind. In Wirklichkeit will die Mutter in erster Linie sich selbst vor den negativen Urteilen der anderen schützen.

Das Zuviel macht die Kehrseite einer solchen übertriebenen Hingabe deutlich. Es enthüllt ihre Schattenseite, die weniger von der Liebe als vielmehr von einem subtilen Egoismus bestimmt ist. Hinter der Maske der Übertreibung verbirgt sich das Gegenteil dessen, was man an der Oberfläche zu sehen vermeint. Solche Verhaltensweisen nützen der Mutter, doch sie schaden dem Kind, denn es hat keine Chance, sich der Wirklichkeit anzupassen.

In den Augen der Lehrer ist es kindisch und schwer lenkbar, die Mitschüler finden es langweilig, der kleinere Bruder hält es für unerträglich. Ein unerträgliches Kind zu haben, ist in der Tat kein gutes Erziehungsergebnis.

Der Wendepunkt? Die Entscheidung, „weniger zu kuscheln", es weniger vor den Anforderungen des Lebens zu beschützen. Wie im folgenden Beispiel:

> „Gestern habe ich endlich zum ersten Mal allein geschlafen!
> Ich habe zu ihm gesagt: ‚Ich bin mit dem Papa verheiratet, nicht mit dir, und deshalb schläfst du jetzt in deinem Zimmer bei deinem Bruder.'
> Ich habe in seinem Beisein einen seiner Freunde gefragt, ob er Angst habe, allein zu schlafen, und er hat mir gesagt, das sei kein Problem. Mein Sohn hat sich ein bißchen geschämt.
> Bisher haben wir ihm bewußt mehr Aufmerksamkeit geschenkt, mehr mit ihm gekuschelt, damit er nicht eifersüchtig ist auf seinen kleinen Bruder, wir haben alles getan, um ihn nicht zu verletzen.
> Er hat zu mir gesagt: ‚Ich habe Angst, daß du weggehst und mich alleinläßt.' Ich habe ihm geantwortet: ‚Entschuldige, aber wann habe ich dich in deinem Leben schon mal alleingelassen? Wie oft bin ich weggegangen? Nie! Und jetzt denk mal nach!'
> ‚Es reicht jetzt mit dem Mitleid', habe ich zu mir gesagt.

Man kann nur staunen über die instinktive Klugheit, mit der diese Mutter reagiert: Sie versetzt ihren Sohn in die Lage, sich nicht nur mit seinen Verlassensängsten, sondern „mit der Realität auseinanderzusetzen" (ich habe dich nie alleingelassen). Erstaunlich ist auch der Appell an seine

Vernunft: „Denk nach!", mit dem sie ihn nicht wie ein kleines Kind, sondern wie einen „großen Jungen" behandelt. Dann hält sie ihm die Tatsache vor Augen, daß sie nicht mit ihm, sondern mit dem Papa verheiratet ist und er folglich keinen alleinigen Anspruch auf sie hat. Die Entscheidung, kein Mitleid mehr zu haben, rückt schließlich den entscheidenden Punkt in der Verhaltensänderung der Mutter ins Licht: Sie zwingt sich, ihn nicht mehr vor den Mühen des Lebens zu beschützen, das heißt vor dem, was er auf sich nehmen muß, um größer, anpassungsfähiger und ein besserer Mensch zu werden.

Wenn eine Mutter sich in dieser Weise verändert, hat sie das Gefühl, „böser zu werden" – tatsächlich aber hat sie die Beziehung zu ihrem Kind nur von einer dicken Zuckerschicht befreit und sich dazu durchgerungen, es nicht mehr „mit ihrer Zärtlichkeit zu ersticken".

> „Meine Tochter ist zweieinhalb Jahre alt", berichtet eine andere Mutter, „und sie ist stur und dickköpfig. Wenn sie sich über irgend etwas ärgert, wird sie bockig, weint, brüllt und läßt sich einfach nicht beruhigen. Wenn ich versuche, ihr Einhalt zu gebieten, behandelt sie mich, als wäre ich ein böser Mensch. Die Szenen der Verzweiflung, die sich in unserem Treppenhaus abspielen, sind so perfekt gespielt, daß die Nachbarn herauskommen und zu ihr sagen: ‚Was hast du denn nur, du süße Kleine, du armes Mädchen, hier ist ein schönes Spielzeug für dich …' Und mich sehen sie böse an.
> Ich will ihr dann beweisen, daß ich nicht so böse bin, wie sie denkt; deshalb leide ich, laufe ihr nach, versuche ihr alles zu erklären, vernachlässige andere Dinge, lasse mich auf endlose und sinnlose Diskussionen ein.
> Ich glaube sowieso schon, daß ich einen schlechten Charakter habe, und jetzt kommt auch noch meine Tochter und gibt mir zu verstehen, daß sie sich von mir nicht geliebt fühlt … das macht mich kaputt."

Die Überbelastung, die diese Mutter zu Boden drückt, stammt nicht in erster Linie aus der Liebe zu ihrer Tochter, sondern aus einer Kombination zweier verschiedener Viren: der Angst, für böse gehalten zu werden, und der erschreckenden Vorstellung einer Tochter, die sich nicht geliebt fühlt.

Das erste Virus findet eine Angriffsfläche, weil die Mutter ein ungelöstes Problem psychologischer Abhängigkeit mit sich herumträgt: Das, was andere für wahr und richtig halten, erscheint ihr immer glaubwürdiger als das, was sie selbst für wahr und richtig hält.

Immer wieder hat sie sich dem Urteil anderer gebeugt: zunächst dem ihrer Eltern, dann dem ihres Ehemannes und schließlich dem ihrer eigenen Tochter.

Damit verzichtet sie auf den reifsten und authentischsten Teil ihrer selbst. Sie „überschreibt" ihr eigenes moralisches Bewußtsein – zugunsten der Launen eines kleinen Mädchens, das natürlich noch so unreif ist, daß es gar nicht anders kann, als die Befriedigung seiner momentanen Wünsche einzufordern.

Eines Tages, als seine Mutter ihm etwas verboten hatte, sagte das kleine Mädchen in vorwurfsvollem Ton: „Böse Mama!" Und sie daraufhin instinktiv: „Das ist wahr. Versuch es dir zu merken!" Von diesem Moment an besserte sich das Verhalten des Mädchens spürbar.

Es ist müßig, das Erfolgsgeheimnis einer solchen Antwort unter technischen oder sprachlichen Gesichtspunkten ergründen zu wollen. Der Erfolg beruht vielmehr darauf, daß eine innere Bedingtheit überwunden wird, die die Mutter zuvor daran gehindert hatte, so zu reagieren, wie sie es für angemessen hielt. Das Erfolgsgeheimnis besteht darin, daß sie die Angst überwindet, für böse gehalten zu werden.

Es ist kein Zufall, daß Menschen, die sich innerlich befreit haben, zu ihrem eigenen Erstaunen plötzlich schlagfertige, wirkungsvolle und vor allem ironischere Antworten geben können. Wohlwollende Ironie ist ein zuverlässiges Anzeichen von Reife, denn sie setzt die Freiheit voraus, aus Liebe zur Wahrheit auch „unangenehme Dinge zu sagen", und fordert gleichzeitig die Fähigkeit des Kindes ein, dies nicht „in den falschen Hals zu kriegen" und übelzunehmen.

Die Ironie motiviert den Menschen dazu, die Wahrheit nicht einfach deshalb abzulehnen, weil sie unangenehm ist. Das ist ein Schritt zum

Erwachsenwerden: die Erkenntnis, daß nicht nur das wahr ist, was Spaß macht.

Eine in emotionaler Hinsicht freie Mutter ist eine Naturgewalt: Ihre Antworten sind erfrischend schlagfertig. Sobald ihre Intelligenz nicht mehr von affektiven Viren lahmgelegt ist, brillieren Mütter in einer Weise, die sie sich vielleicht selbst nicht zugetraut hätten.

„Wieviel gibst du mir", fragt das Kind, „wenn ich den Tisch abräume?" Antwort: „Halb soviel, wie du mir fürs Tischdecken gegeben hast". Treffer, versenkt – für Vorwürfe, Wehgeschrei, „Nervensägerei" und zermürbendes Immer-wieder-Versuchen ist kein Raum mehr da. Eine schlagfertige Antwort ist sehr viel lehrreicher als endlose Reden, die ernst und wichtig daherkommen: Die Forderung des Kindes, für eine kleine Geste der Hilfsbereitschaft bezahlt zu werden, wird ohne Einspruchsmöglichkeit als völlig inakzeptabel zurückgewiesen, weil sie einen der größten Werte des Familienlebens beschädigen würde: die Pflicht zur Gegenseitigkeit.

In einem weiteren Fall schildert eine Mutter, wie sie sich die Freiheit erkämpft hat, zu ihrem Sohn zu sagen: Deck den Tisch ab, räum die Spülmaschine aus:

> „‚Ich bin doch nicht dein Sklave', hat er eines Tages zu mir gesagt. ‚Und ich nicht deine Sklavin', habe ich geantwortet. ‚Außerdem willst du ja irgendwann auf eigenen Füßen stehen, und bis dahin mußt du eine Menge lernen.'
> ‚Aber mir geht es gut hier', sagte er zu mir, ‚ich will gar nicht ausziehen.'
> ‚Aber mir geht es nicht gut mit dir hier, und ich will, daß du groß wirst und dein Leben alleine auf die Reihe kriegst.'
> ‚Aber das ist mein Zuhause', war die Antwort.
> ‚Das stimmt nicht, mein Schatz, dieses Haus haben dein Vater und ich mit unserer Arbeit bezahlt. Bis zum Beweis des Gegenteils hast du nicht einen einzigen Euro verdient. Bisher hast du von unserer Güte gelebt. Das ist unser Haus, nicht deins.'

Ein anderes Mal schnaubte er: ‚Ich bin es leid, immer den Tisch zu decken.'
Darauf ich: ‚Gut, dann decke ich ab sofort den Tisch, und du kochst. Wo ist das Problem?'"

Eine andere Mutter sagte eines Tages zu ihrem Sohn, der immer nur auf dem Sofa lag: „Setz dich doch mal in den Sessel, dann können die Polster ein bißchen auslüften!" Humor ist ein Anzeichen dafür, daß man sich nicht verunsichern läßt, daß man keine übertriebene Angst davor hat, dem Kind wehzutun, wenn man es mit seinen eigenen Widersprüchen konfrontiert, und daß man es seinem Kind zutraut, zu verstehen, was richtig ist, und nicht zu „kneifen".

Sagen wir nein zu den wehklagenden, zermürbten Müttern, die in Diskussionen immer den kürzeren ziehen, weil gerade die, die selbst im Unrecht sind, ihnen regelmäßig das Gefühl geben, ungerecht zu sein!

Und sagen wir ja zu den freien, humorvollen und intelligenten Müttern, die sich nicht an ihren „kleinen Macken", sondern an Werten orientieren.

Das Virus „Vielleicht bin ich keine gute Mutter"

Dieses Virus versteckt sich in vernünftigen und allgemein akzeptierten Überlegungen wie: Das Kind ist der Spiegel der Familie oder: Die Eltern sind verantwortlich für ihre Kinder. Wer wollte eine solche Auffassung ernsthaft in Frage stellen?

Doch das emotionale Virus verzerrt ihre tiefe und eigentliche Bedeutung und verbiegt sie zu Aussagen wie: „Das ist alles die Schuld der Eltern" (wenn etwas „schiefgeht").

Viele Eltern machen die Erfahrung, daß das Fehlverhalten ihrer Kinder „natürlich" ihnen in die Schuhe geschoben wird. „Man weiß doch, wie so etwas läuft", beschreibt eine Mutter dieses Vorurteil lapidar, „wenn die Kinder etwas tun, was nicht richtig ist, dann sagen immer schnell alle: Wo sind ihre Eltern?"

Eine andere Mutter schildert eine Unterredung mit dem Lehrer ihres Sohnes, der in die dritte Mittelstufenklasse geht:

„‚Ihr Sohn hat acht Fünfen. Er ist hochintelligent, aber er lernt nicht. Man müßte einmal versuchen, ihn etwas mehr zu beaufsichtigen ... Wir werden uns in den nächsten Monaten häufiger sehen müssen.'
Er hat mir das Gefühl gegeben, daß ich mich nicht genug um meinen Sohn kümmere, und ich habe ihm geantwortet, daß ich arbeiten muß, weil ich alleinerziehend bin, und daß viele andere Kinder auch zur Nachmittagsbetreuung gehen und trotzdem gute Noten schreiben. Im übrigen habe ich alles, aber auch wirklich alles versucht, aber er will es einfach nicht begreifen.
Der Lehrer sagte zu mir: ‚Es wäre wirklich eine Schande, wenn ein so intelligentes Kind ein Jahr wiederholen müßte', und dann machte er Anspielungen auf meine familiäre Situation; ihm mußte zu Ohren gekommen sein, daß ich mich von meinem Mann getrennt habe.
Ich fragte ihn: ‚Haben Sie meinem Sohn gesagt, daß er sitzenbleibt, wenn er so weitermacht?'
‚Nein', war die Antwort, ‚wir haben es ihm nicht gesagt, um ihn nicht zu entmutigen; wenn wir es ihm sagen, dann besteht das Risiko, daß er sich gar nicht mehr anstrengt.'"

Kommentar: Geschickt injiziert der Lehrer der Mutter das giftige Gefühl, ihr Kind vernachlässigt zu haben – für ein Mutterherz die unerträglichste Unterstellung überhaupt. Der Vorwurf wird nicht explizit erhoben, sondern in scheinbar wohlwollendem Ton suggeriert, doch das Unterbewußtsein reagiert auf das, was der Lehrer wirklich meint.

Solche Unterredungen mit der unterschwelligen Botschaft „Kümmern Sie sich mehr um ihr Kind" haben schon viele Mütter aus dem Gleichgewicht gebracht. Mütter haben eher als Väter das Gefühl, daß ein Urteil über sie gefällt wird – ein Pauschalurteil, das die eigenständigen Entscheidungen und Verantwortlichkeiten des Kindes grundsätzlich nicht berücksichtigt.

Manchmal ist es die Schule, die mit dem Finger auf die Mütter zeigt, manchmal auch der Ehemann, die eigene Familie, die Schwiegermutter ... Letztere geht zuweilen mit ausgeklügelter Bosheit zu Werke, um der Schwiegertochter zu suggerieren, sie sei eine Rabenmutter: Wo warst du gestern abend, als dein Kind die Erkältung hatte? Ich habe der Kleinen die Schühchen saubergemacht, du bist ja erst so spät nach Hause gekommen ...

> „Gestern", erzählt eine Mutter, „ist meiner Schwiegermutter etwas herausgerutscht. ‚Man muß sich nicht wundern', hat sie gesagt, ‚wenn die Kinder drogenabhängig werden, bei den Eltern heutzutage!'
> Wenn das Kind hinfällt, ist sie immer schneller als ich, hilft ihm auf und tröstet es, wenn es sich wehgetan hat. Wenn ich mit ihm schimpfe, sagt sie zu mir: ‚Du behandelst es falsch, du traumatisierst es ja!'. Wenn ich es bitte, einen Moment auf das Baby aufzupassen, sagt sie zu mir, daß ich ihm zuviel Verantwortung aufbürde, daß es Kind sein und unbeschwert spielen dürfen muß ...
> Wenn es den Hund am Schwanz zieht, um ihn zu ärgern, schimpfe ich instinktiv mit meinem Sohn, aber die Oma sagt ‚armer Kleiner' zu dem Kind und schimpft mit dem Hund."

Eine Intensivbehandlung auf der Grundlage solcher subtiler Einflüsterungen ist imstande, den gesunden Menschenverstand praktisch jeder Mutter zu zerrütten. Hier ein weiteres aufschlußreiches Beispiel:

Während einer Elternversammlung für die erste Klasse sagt die stellvertretende Rektorin: „Ich warne Sie: Wir Lehrer merken es sofort, ob die Eltern ihre Kinder beaufsichtigen oder nicht." Die anwesenden Mütter verstummen und werden sichtbar kleiner auf ihren Stühlen, denn die Aussage läßt an Deutlichkeit nichts zu wünschen übrig: Wenn die Kinder keine guten Noten schreiben, gehen wir davon aus, daß das ihre Schuld ist ...

Diese einseitige Betonung der elterlichen Pflichten und der ständige Hinweis auf ihre Verantwortung geben einer Mutter im allgemeinen das Gefühl, sie stehe unter permanenter Videoüberwachung.

Die Angst davor, daß andere sie für pflichtvergessen halten oder glauben, sie vernachlässige ihre Kinder, führt zu einem Übermaß an Kontrolle: Die Mutter ist zu präsent und sorgt sich zu sehr um ihre Kinder. Sie ist Gefangene des fatalen Prinzips: „Gute Mutter, braves Kind" und seiner Umkehrung: „Schlechte Mutter, böses Kind", und das setzt in ihr ein vorinstalliertes und leistungsfähiges Schutzprogramm in Gang. Wie dieses Programm sich auswirkt, beschreibt folgender Bericht:

> „Von der ersten Grundschulklasse an habe ich mir, kaum, daß das Kind zu Hause war, sein Heft geschnappt, um die Einträge der Lehrer zu kontrollieren, und, ganz ehrlich: wenn ich darin so etwas las wie: „Ihr Sohn hat dieses oder jenes nicht gemacht ...", dann habe ich ihn angeschrien und mit ihm geschimpft. Ich hatte das Gefühl, daß der Tadel eigentlich für mich gedacht war, daß man mir vorwarf, ich sei keine gute Mutter.
> Im Grunde fühle ich mich beobachtet, immer dem Urteil der anderen ausgesetzt, und wenn ich für die Personen, auf die es ankommt, nicht einwandfrei bin, dann gerate ich in eine Krise. Es ist so, als ob man mich für jeden Fehler meiner Kinder verantwortlich machen könnte.
> Deswegen kann ich es auch nicht akzeptieren, daß er sitzenbleibt, das wäre so, als hätte ich selbst versagt, als wäre ich nicht in der Lage gewesen, ihn ausreichend zu beaufsichtigen. Dann würde ich zu mir sagen: Ich bin nicht fähig gewesen, ihn zum Lernen zu motivieren.
> Außerdem, wenn ich lockerlasse, dann denkt er vielleicht, daß ich mich nicht für ihn interessiere, und dann fühlt er sich einsam."

Wenn der Verweis auf die erzieherische Verantwortung der Eltern vom Virus „Es ist immer die Schuld der Eltern" infiziert und nicht mit der gebührenden Vorsicht gehandhabt wird, kann dies gefährliche Folgen haben, weil die Verantwortung der Eltern nicht von der des Kindes unterschieden wird. Die Frau im folgenden Fall ist, ohne es zu wissen, mit dem genannten Virus infiziert:

„Ich bin mit einer Freundin zur Schule gegangen, um die Zeugnisse unserer Kinder abzuholen", erzählt eine junge Frau, „und als wir aus der Schule herauskommen, fragt sie mich: ‚Was hat deiner in Englisch?' ‚Eine Drei', antworte ich. ‚Liebes, weißt du', sagt sie daraufhin zu mir, ‚man muß schon ganz schön hinter ihnen hersein, wenn sie eine Eins bekommen sollen.'"

Wenn eine Mutter nicht über die Antikörper der Ausgeglichenheit verfügt, die ihr helfen, in einer solchen Situation das Richtige zu denken (vor allem über den Charakter der Freundin ...), und die Wirkung einer solchen Aussage entkräften, breitet sich die Infektion sehr rasch im Denken einer Mutter aus und wird dort zu einem mächtigen Zauberbann, der die Betroffene nachhaltig beeinflussen kann.

Die heute vorherrschende Ideologie des pädagogischen Determinismus ist der perfekte Nährboden für dieses Virus und scheint wie geschaffen, um das Räderwerk der mütterlichen Angst in Gang zu setzen. Der erzieherische und emotionale Einfluß der Eltern wird überbewertet, während die Veranlagung (das Temperament) und die Freiheit des Heranwachsenden, bestimmte Werte zu übernehmen, völlig aus dem Blickfeld geraten. Beide Faktoren sind von der Qualität der Beziehung zur Mutter und von den erzieherischen Bemühungen der Eltern weitgehend unabhängig.

Wenn man die Eltern-Kind-Beziehung zur einzigen entscheidenden Variable erklärt, bürdet man den Eltern eine zu große Verantwortung auf – und ihre Angst, etwas falsch zu machen, wächst ins Maßlose.

Es ist weitaus befreiender zu wissen, daß man bei der Erziehung der Kinder eine zwar wichtige, aber nicht entscheidende Rolle spielt (was erwiesen ist) und daß man nicht allein für ihr Schicksal verantwortlich ist.

Paradoxerweise werden die Kinder gerade in unserer Zeit, wo ihnen soviel Aufmerksamkeit zuteil wird, nicht in ihrer Fähigkeit wahrgenommen, selbst zu entscheiden und Verantwortung für ihr Leben zu übernehmen.

In Wirklichkeit ist es so, daß aus Kindern ein bißchen dank und ein bißchen trotz der erzieherischen Bemühungen der Eltern hervorragende Erwachsene werden können.

Wenn Eltern das Prinzip der begrenzten Verantwortung akzeptieren, heißt das nicht, daß sie sich deswegen zurücklehnen und gar nicht mehr engagieren; es führt vielmehr dazu, daß sie ihr Bestes tun, ohne Angst zu haben und ohne ihre Gelassenheit zu verlieren.

Das Virus „Alles dreht sich um dich"

Eine Mutter erzählt:

> „Ich und mein Mann haben schon seit Jahren kein Wochenende mehr miteinander verbracht. Der Samstag und der Sonntag sind komplett unserer zwölfjährigen Tochter gewidmet: Wir müssen sie zu ihren Freundinnen fahren, sie wieder abholen, dann ins Schwimmbad, shoppen ... Mir ist bewußt, daß sie meine Tage völlig mit Beschlag belegt: Ich investiere einen Großteil meiner Zeit ausschließlich in sie, in ihre Hausaufgaben, in die Probleme, die sie mit ihren Freundinnen hat, in ihre Unarten. Mein Mann hat zu mir gesagt: ‚Vergiß nicht, daß unsere Familie aus vier Personen besteht.' Er hat recht, habe ich mir gesagt. Ich habe noch ein zweites Kind, um das ich mich sehr viel weniger kümmere und das sich paradoxerweise besser entwickelt."

Diese Situation der Beinahe-Sklaverei ist vielen Eltern vertraut. Sie ziehen Kinder groß, die daran gewöhnt sind, immer im Mittelpunkt zu stehen, und denen vorgegaukelt wird, daß sich „alles nur um sie dreht", wie es in der Werbung heißt.[1]

Das folgende Beispiel veranschaulicht, welche emotionalen Prozesse in Gang gesetzt werden, wenn eine Mutter diesem Virus nichts entgegenzusetzen hat. Die betreffende Frau hat der Welt einen 25jährigen Sohn geschenkt, der eine Beziehung nur als symbiotische Verschmelzung gestalten kann. Ihm ist das Problem bewußt, und er schildert es folgendermaßen:

> „Mein Fehler ist, daß ich meiner Freundin gegenüber immer ‚Herr der Lage' sein will. Ich will, daß der Mensch, mit dem ich zusammen bin, mir das Gefühl gibt, daß ich absolut unentbehrlich bin, und sobald sie sich ein bißchen legitime Freiheit nimmt, verliere ich die Kontrolle über die Situation und bin völlig verunsichert. Dann werde ich unruhig und denke, daß sie mich nicht mehr will, ich belagere sie regelrecht und überschütte sie mit einer so übertriebenen Aufmerksamkeit, daß es nur noch lästig ist und ich ihr auf die Nerven gehe.
> Ich will sie ganz für mich allein, und sie wehrt sich zu Recht dagegen.
> Meine Überempfindlichkeit läßt ihr keine Luft zum Atmen, weil ich einfach diese Sicherheit brauche: Ich muß wissen, daß ich total wichtig für sie bin. Wenn ich diese Sicherheit nicht habe, werde ich wütend, und sie wird wütend, weil sie das Gefühl hat, zu ersticken. Ich muß wissen, daß da immer jemand in meiner Nähe ist, der von mir abhängt und von dem ich abhänge. Es macht mir Angst, wenn ich weiß, daß sie mit jemand anderem ausgeht, weil ich dann fürchte, an Einfluß zu verlieren, weil ich fürchte, daß ein anderer den Platz einnimmt, der nach meiner Vorstellung mir, mir ganz allein gehört. Wenn ich niemanden habe, der mich oft anruft und mir zuhört, dann habe ich das Gefühl, für niemanden ‚wichtig' zu sein."

Diesem jungen Mann hat offenbar nie jemand geholfen, seinem Geltungsbedürfnis Grenzen zu setzen und zu verstehen, daß sein Recht auf Liebe keinen Ausschließlichkeitsanspruch beinhaltet. Die in der Beziehung zur Mutter erlernten emotionalen Dynamik wird nun unbewußt zum Maßstab all seiner emotionalen Beziehungen. Das „Muttersöhnchen" würde seine Freundin am liebsten in eine Schachtel sperren, damit sie nicht weglaufen und sich seiner Forderung entziehen kann, für ihn – und nur für ihn! – zu leben.

Hinter einer scheinbar harmlosen emotionalen Forderung verbirgt sich eine subtile Gewalt, ein offensichtlicher Mangel an Respekt gegenüber dem anderen und damit eine grundlegende Unfähigkeit, wirklich zu lieben. Die Maske der Liebesbedürftigkeit kaschiert die Grausamkeit eines kindlichen Anspruchsdenkens, das die eigenen Interessen über alles andere stellt. Wer einen Menschen in diesem Denken bestärkt, bürdet sich eine schwere Verantwortung auf.

Ist es wirklich nötig, daß ein Kind, das seine Hausaufgaben machen soll, die Mutter komplett mit Beschlag belegt und verlangt, daß sie stundenlang neben ihm sitzt? Ist es sinnvoll, daß sie sich verpflichtet fühlt, bei ihm zu bleiben, bis er auch noch das allerletzte Blättchen in seinem Baum-Bild ausgemalt hat?

Sich in allem nach den Bedürfnissen des Kindes zu richten, ist gefährlich für die Eltern, die auf diese Weise zu Sklaven werden, aber vor allem ist es gefährlich für die Kinder, die sich nie von der süßen Illusion haben befreien müssen, sie seien das einzige Objekt der Liebe und der einzige Mittelpunkt der Interessen des anderen.

Wenn man nicht wahrnimmt, daß die Mutter beinahe in der Bügelwäsche erstickt, daß sie eine Familie versorgen muß und daß sie außerdem auch noch ein eigenes Leben hat, wie soll man dann in der Lage sein, andere Menschen zu verstehen, ihnen entgegenzukommen und mit ihnen eine Beziehung der Gegenseitigkeit zu pflegen? Wie soll man dann in der Lage sein, einen anderen Menschen gerne zu haben?

Das Virus „Du bist mein ganzes Leben“

„Mein Sohn ist zehn Jahre alt“, erzählt eine Mutter, „und schläft immer noch bei mir, ich habe mich nie getraut, ihn in sein eigenes Bett zu schicken, weil er sagt, daß er soviel Angst hat, obwohl er, wenn er mit seiner Fußballmannschaft zu einem Auswärtsspiel fährt, immer alleine schläft, ohne sich zu beklagen. Aber jetzt ist das Ganze noch schlimmer geworden. Im Bett küßt er mich ständig … aber nicht mehr wie ein Kind, dafür sind seine Gesten zu eindeutig, er faßt mich auf eine herausfordernde Weise an und sagt zu mir: Du bist meine Verlobte. Ich habe ihm erklärt, daß ‚man das nicht macht‘, aber er scheint es nicht zu verstehen und macht einfach weiter. Manchmal spielt er auch den Macho und sagt zu mir: ‚Bind mir die Schuhe zu!‘, obwohl er das selber kann.
Ich habe für dieses Kind auf alles verzichtet: Ich glaube, er leidet darunter, daß sein Vater nicht da ist, und deshalb bin ich nicht mehr mit meinen Freundinnen ausgegangen. Letzte Woche habe ich auf ein Arbeitsessen verzichtet, damit er nicht bei den Großeltern schlafen und eine Stunde früher als sonst aufstehen mußte, um rechtzeitig in der Schule zu sein.
Ich lebe in einer 50-Quadratmeter-Wohnung und habe einen Hund, drei Katzen, ein Kaninchen und einen Wellensittich. Er liebt Tiere … aber ich drehe durch, weil ich sie alle versorgen muß.
Ich sage oft zu ihm: ‚Ich habe nur dich, du bist mein Leben.‘“

Genau auf dieser emotionalen Anfälligkeit beruht die Schwäche der Mutter, die jetzt endlich, angesichts eines Tabus, nämlich des drohenden Inzests, die Notwendigkeit verspürt, ein erstes wirklich unverrückbares Nein auszusprechen.

Klar ist auch, daß eine Frau, die sich wie eine Sklavin verhält, den natürlichen Feind ihrer Psyche geradezu herausgefordert: ihren Sklaventreiber. Der Sohn tyrannisiert seine Mutter mit demütigenden Forderungen und verlangt ihr unnötige Anstrengungen ab, weil er es genießt, seinen Willen durchzusetzen.

Doch niemand hat ein Recht darauf, eine Mutter zu quälen: nicht einmal die Kinder. Allerdings hat die Mutter diesen kleinen Tyrannen, über den sie sich beklagt, selbst inthronisiert: Weil sie dachte, er habe bereits genug und unverdient (unter der Trennung) gelitten, hat sie auch jedes vernünftige und notwendige Leiden (zum Beispiel den Verzicht auf das eine oder andere Haustier) von ihm ferngehalten. Sie hat nur für ihn gelebt und selbst auf alles verzichtet (sie hat keine Freundinnen mehr, sie hat kein eigenes Leben).

Diese Art der Selbstverleugnung ist keine notwendige Bedingung für das Wohl des Kindes (und damit keine mütterliche Pflicht!), sondern erwächst aus der unbewußten Angst, seine Zuneigung und damit das einzige zu verlieren, was ihr im Leben noch geblieben ist. Nicht der Sohn hat Angst, das Wohlwollen der Mutter zu verlieren (wie es sein müßte), sondern die Mutter hat Angst, die Zuneigung des Sohnes zu verlieren. Weil sie ein Opfer dieser Angst ist, erlaubt sie dem Sohn Dinge, die sie bei anderen ganz sicher nicht dulden würde.

Man braucht seine Kinder nicht anzubeten (nur Gott gebührt unsere Anbetung) – es reicht völlig aus, wenn man sie liebt.

Wenn der Sohn das „Ein und Alles“ und die einzige (die einzige wohlgemerkt, nicht die wichtigste!) Daseinsberechtigung ist, entsteht eine Situation, in der man ihn auf einen Sockel stellt und ihm tatsächlich suggeriert, er sei so etwas wie ein kleiner Gott. Er wird dann unbewußt versuchen, auch alle anderen Beziehungen nach diesem Muster zu gestalten, doch das wird ihm nur Unverständnis und Konflikte eintragen, denn ein normaler Mensch kann ein derartiges Verhalten natürlich nicht akzeptieren.

Vielleicht wird ihn später einmal eine Frau ertragen, die ein Helfersyndrom hat oder davon überzeugt ist, daß sie nichts Besseres verdient hat – doch jede seelisch ausgeglichene Person wird ihn freundlich auf Abstand halten, damit er keinen Schaden anrichten kann.

Die idealen Lebensbedingungen findet dieses Virus in Müttern, die nichts anderes haben als ihren Sohn. Er ist für sie die einzige Chance auf Befriedigung und Selbstverwirklichung, und deshalb erwarten sie alles von ihm. „Außer meinem Sohn und meinem Haus habe ich nichts", erzählt eine Mutter; „ein Leben ohne meinen Sohn gibt es für mich nicht." Das Syndrom ist bekannt: Man lebt nur für seine Kinder. Die Betroffenen sind oft Väter oder Mütter, die mit ihrem eigenen Leben unzufrieden sind und sich deshalb auf ihre Kinder „stürzen" – um die Leere in ihrem eigenen Leben mit dem Leben ihrer Kinder zu füllen.

Diese Neigung, in den eigenen Kindern eine Befriedigung zu suchen, die einem in anderen Bereichen verwehrt bleibt, führt unweigerlich dazu, daß man nur noch durch seine Kinder lebt, sich in ihren eigenen Erfolgen selbst zu verwirklichen sucht und verzerrte oder übertriebene Erwartungen an sie stellt. Nicht selten ist auch eine unglückliche oder fehlende Paarbeziehung die Ursache dafür, daß das Kind allzusehr im Mittelpunkt steht: Dann wird der Sohn oder die Tochter zur einzigen Quelle der emotionalen Belohnung und persönlichen Befriedigung.

Hier die Äußerung einer Mutter: „Ich muß sagen, daß ich von meinem Mann inzwischen gar nichts mehr erwarte; meine Tochter ist mein größtes Glück." Besagter Tochter ist durchaus klar, daß ihre Mutter sie sehr gerne hat, doch sie verspürt auch ein eigenartiges Bedürfnis, sich von ihr freizumachen. Bei der Auswahl der Universität hat sie ein geheimes Kriterium: möglichst weit weg von zu Hause.

Ein Kind, das nicht nur für sein eigenes, sondern auch noch für das Leben seines Vaters oder seiner Mutter verantwortlich ist, trägt ganz sicher eine schwere Last auf seinen Schultern.

Eine ungebührliche Verabsolutierung des Kindes findet sich auch im „Erlöserkind-Syndrom", das heißt in Fällen, wo die Erfahrung der Mutterschaft entscheidend dazu beigetragen hat, daß Probleme wie Depressionen, Drogenabhängigkeit, ein persönliches Scheitern oder ein schwieriger Lebenslauf überwunden werden konnten. Die für dieses Syndrom typische Bewußtseinslage läßt sich in einem Satz zusammenfassen: „Meine größte Angst ist, daß ich ihn verliere und wieder alles so wird wie früher." Hat man das Gefühl, das eigene Wohl dem Kind zu verdanken, entsteht eine ganz besondere Abhängigkeit: Das Kind spielt eine so zentrale und wichtige Rolle, wie sie nur einem Erlöser gebührt.

Doch all diese Lebenssituationen gewinnen ihre Kraft aus dem Verlust einer wesentlichen Wahrheit, die eher spiritueller als psychologischer Natur ist und, wenn man sie offen ausspricht, schon beinahe skandalös anmutet. Diese verlorengegangene Wahrheit besagt, daß die Kinder nicht der Sinn des Lebens sind und dies auch gar nicht sein können. Wer nicht mehr an eine Botschaft glaubt, die dem Leben ein persönliches transzendentes Ziel und eben damit seinen Sinn gibt, ist leicht bereit, die Erfahrung der Fortpflanzung mit dem Absoluten – das natürlich darin gegenwärtig ist – gleichzusetzen.

In Wirklichkeit tragen die Kinder durchaus dazu bei, unserem Leben einen Sinn zu geben, aber dieser Sinn erschöpft sich nicht in den Kindern, und die Kinder füllen unser Leben auch nicht gänzlich aus. Der Sinn des Lebens muß anderswo gesucht werden, doch der Pfad, der dorthin führt, ist schon lange nicht mehr in Benutzung und von Dornen überwuchert. Die spirituelle Verirrung beeinflußt die psychologischen Strukturen dahingehend, daß man überall nach *der entscheidenden* Werterfahrung sucht. Das geht so weit, daß sogar die Kinder nicht mehr nur als eine wichtige – vielleicht die wichtigste – Erfahrung, sondern als der Sinn des Lebens schlechthin betrachtet werden. Diese spirituelle Orientierungslosigkeit und das Fehlen des Absoluten wirken zwangsläufig auf die psychologischen Strukturen zurück.

Die übermäßige Bedeutung des Kindes wird Eltern häufig in Form von pädagogischen Überzeugungen suggeriert, die schon in frühen Stadien von einem Virus befallen worden sind. Eine Mutter hat eine solche Überzeugung folgendermaßen verinnerlicht: „Man hat mir beigebracht, daß eine gute Mutter verschwinden muß, sobald die Kinder geboren werden. Von diesem Augenblick an darfst du nur noch für sie dasein, mußt ihnen das Gefühl geben, im Mittelpunkt zu stehen, mußt ausschließlich für sie leben, sie spüren lassen, daß sie das einzige sind, was zählt." Dahinter verbirgt sich ein unbestimmtes, aber bedrohliches „Sonst leiden sie"

... Das ist das perfekte Rezept für die unvermeidliche Katastrophe: die Mutter am Boden, das Kind unreif und tyrannisch.

Die Kinder haben ein Recht darauf, geliebt zu werden – geliebt, aber weder angebetet noch betrogen. Denn es ist ein Betrug, wenn man ihnen suggeriert, nur sie hätten Rechte!

Übermäßige Belohnung verfestigt und verstärkt bekanntlich die natürliche Egozentrik der Kinder und behindert ihre Entwicklung. Sie zieht den Ehemann von morgen heran, der es seiner Frau übelnimmt, wenn sie von einer Geschäftsreise zurückkommt und zuerst die Kinder begrüßt. Der schmollt, wenn sie den Kindern etwas mitgebracht hat und ihm nicht. „Wenigstens einen Schlüsselanhänger ...", jammert der Arme dann beleidigt und gekränkt. „Hast du wieder nicht an mich gedacht?"

Wenn seine Frau ihm tagsüber nicht hin und wieder eine SMS schickt, um ihn ihrer Liebe zu versichern, dann gerät er in eine Krise oder ärgert sich oder beides. Wenn man den Abend mit Freunden verbringt, scheint er die Zeit zu stoppen, um zu kontrollieren, ob seine Frau mehr mit den anderen als mit ihm spricht, und sie muß ihm soviel Aufmerksamkeit schenken, wie er verlangt (und das ist immer zuviel), weil er ihr sonst den Abend verdirbt oder sie auf andere Weise büßen läßt. Wie ein Kind. Andererseits hat niemand ihm jemals beigebracht, sich mit dem zu begnügen, was ihm zusteht, ohne den anderen ihr Leben zu rauben.

Wenn ein solcher kleiner König selbst Vater wird, packt ihn immer wieder eine unterschwellige Eifersucht auf sein Kind, das er sich doch so sehr gewünscht hat (wenn auch nur mit dem Kopf). Er müßte es akzeptieren, daß er nun an zweiter Stelle steht, daß seine Frau jetzt in erster Linie Mutter, daß sie abends müde und nicht immer für ihn verfügbar ist, aber ... er versteht es nicht, fühlt sich alleingelassen, ist überzeugt, daß man ihn vernachlässigt und konkurriert mit seinem eigenen Kind. „Die Mama gehört mir!", heulen dann beide in einem Ton, der nicht mehr zum Lachen ist. „Es ist eine Qual, sie so zu sehen ...", so die Aussage der Ehefrau.

Hier der Bericht eines Zwanzigjährigen, der noch nicht gelernt hat, daß er „nicht allein auf der Welt ist":

„Wenn meine Freundin mal mit ihrer Mutter aus dem Haus geht, um einzukaufen, bin ich eifersüchtig und mache Theater.
Wenn sie in den Pausen zwischen den Schulstunden nicht zu mir kommt oder mir eine SMS schickt, nehme ich ihr das übel.
Wenn ich nicht bei ihr bin und den Eindruck habe, daß sie gutgelaunt ist, dann nehme ich ihr das übel, weil ich will, daß sie niedergeschlagen ist und mich vermißt.
Sie war einen Monat lang in England, und als sie wiederkam, weinte sie, weil sie ihre Freunde dort zurückgelassen hatte; das hat mich sehr traurig gemacht, weil ich den Eindruck hatte, daß ich ihr gar nichts bedeute …
Ich will immer hören, daß sie mich liebt, daß sie an mich denkt, daß ich wichtig für sie bin, sonst habe ich keine Ruhe."

Bis seine Verlobte ihm ein T-Shirt mit der Aufschrift schenkte: „Gott existiert, aber du bist es nicht, also entspann dich."

Das nächste Beispiel zeigt, daß auch die Zeit dieses Bedürfnis, immer im Mittelpunkt zu stehen, nicht völlig heilen kann:

„Einmal", so erzählt ein Mann von 35 Jahren, „machte eine kleine Gruppe von Freunden einen Ausflug und ließ mich im Hotel zurück, weil es mir nicht gutging. Zum Mittagessen waren sie noch nicht wieder zurück, und ich habe mich aufgeregt wie ein Verrückter, weil ich glaubte, sie hätten mich vergessen. Doch mir ist bewußt, daß ich überreagiert und die Ereignisse überbewertet habe.
Wenn ich spüre, daß meine Frau „mit den Gedanken woanders" ist, ärgere ich mich und mache ihr absurde Szenen. Es ist so, als würde ich von ihr verlangen, daß sie sich immer nur um mich kümmert.
Kürzlich haben uns Verwandte zu einer Hochzeit eingeladen, und obwohl ich weiß, daß sie uns wirklich gerne haben, bin ich ausgerastet und habe ihnen das Fest verdorben. Heute schäme ich mich dafür, aber ich hatte das Gefühl, nicht beachtet und vernachlässigt zu werden."

Wenn bei seiner Frau ein Karzinom diagnostiziert wird, sagt ein solcher unreifer Ehemann in vorwurfsvollem Ton zu ihr: „Wie soll ich mich denn um das Kind kümmern, ich mache Schichtarbeit!" Oder er fragt sich mit lauter Stimme und in vorwurfsvollem Ton: „Wie soll ich das nur schaffen, wenn ich alleine zurückbleibe?" – ohne sich auch nur im geringsten um das Drama zu kümmern, das sich direkt neben ihm abspielt.

„Nach der Geburt kam er mich abholen", erzählt eine junge Mutter, „und machte sich noch im Krankenhaus Sorgen darum, wie ich denn jetzt möglichst schnell die überflüssigen Pfunde wieder loswerden würde. Kein Wort darüber, wie es mir geht oder was mich vielleicht beschäftigt."

Das kommt dabei heraus, wenn man nie zu seinem Kind gesagt hat: Es dreht sich nicht alles um dich. Wenn Eltern ihr Kind in der Illusion wiegen, es sei der Nabel der Welt.

Das Virus „Ich lebe sein Leben"

Einige Mütter haben in psychologischer Hinsicht nie entbunden, sie sind vom Kopf her sozusagen dauerschwanger. Immerzu stellen sie sich Fragen wie: „Wo ist er jetzt gerade?", „Was fühlt er?", „Wie geht es ihm?", „Was macht er wohl gerade?", und ihr Radar ist keine Sekunde lang abgeschaltet.

Das programmatische Manifest einer solchen massiven Identifikation wird in den folgenden Beobachtungen einer Mutter sehr gut formuliert:

> „Ich habe den Eindruck, durch meinen Sohn zu leben – als ob seine Erfahrungen meine Erfahrungen wären. Wir stehen uns so nahe, daß wir ‚dasselbe Leben leben' und alle Empfindungen, Gefühle und Erlebnisse miteinander teilen.
> Wenn ihm etwas zustößt, ‚geht es mir schlechter als ihm'. Wenn ihm etwas wehtut, ‚fühle ich das am eigenen Leib'.

Ich beobachte ständig, in welcher Stimmung er ist", sagt sie abschließend, „jede noch so kleine Veränderung seines Gemütszustands. Mein Wohlergehen hängt von ihm ab; wenn er gutgelaunt ist, bin ich es auch, wenn er traurig ist, werde ich ebenfalls traurig. Mein Tag hängt davon ab, wie der seine verläuft."

Der Sohn ist dauerhaft im Kopf der Mutter verankert. Sie ist nicht an seiner Seite – sie ist *in* ihm. Sie lebt nicht ihr eigenes Leben, sondern seins. Wenn er in der Schule geprüft wird, fühlt sie sich, als müsse sie selbst eine Prüfung ablegen. Und wenn er nachts in seinem Bettchen liegt, möchte sie ihm am liebsten sogar beim Atmen helfen. Es ist ein anschauliches Bild, wenn man sagt, daß beide, Mutter und Sohn, dieselbe Luft atmen.

Dieses Virus wird von zwei scheinbar harmlosen Sprachgewohnheiten übertragen: einerseits dem übertriebenen Gebrauch des sogenannten Dativus ethicus („mein Kind ist *mir* mit einer guten Note nach Hause gekommen ... es hat *mir* eine gute Prüfung abgelegt ...") und andererseits einer außergrammatikalischen affektiven Pluralvariante: Beim Kinderarzt sagt die Mutter zu ihrem Sprößling: „Zeig dem Doktor mal, was für geschwollene Mandeln *wir haben*." Die Atemwege der Mutter sind natürlich völlig heil, aber ihre Anteilnahme ist so stark, daß sie die Mandelentzündung ihres Kindes wie ihre eigene empfindet. Eine Mutter zur anderen: „Hast du gesehen, wie viele Hausaufgaben *wir* für morgen *aufhaben?*"

Und hier der perfekte Cocktail aus beiden Zutaten: „Meine Tochter war zwei Tage krank. Dann ist sie wieder in die Schule gegangen und ist *mir* mit einer Note nach Hause gekommen, die *wir* nicht erwartet *hatten.*"

Die Mutter geht mit ihrem Mann ins Restaurant, und es gibt nur ein Gesprächsthema: „Michele hat dies gesagt, Michele hat jenes getan, Michele sollte das nicht tun ...". Und das schon seit Jahren. Der Ehemann hält es nicht mehr aus. Wenn sie auf Reisen sind, ist sie noch zwei Tage lang mit ihren Gedanken zu Hause und fragt sich, was Michele wohl in diesem Augenblick gerade tut. Am dritten Tag erst nimmt sie die Kamele und die Pyramiden wahr, doch dann ist es schon zu spät.

Sie traut sich nicht, ihn loszulassen, ihm das rechte Maß an Freiheit zuzugestehen, sie interpretiert ihre Rolle so, daß sie den Jungen daran hindern muß, Fehler zu begehen. Im Grunde setzt sie damit voraus, daß er ohne sie, ohne ihren Rat, ihre Hilfe, ihre warnenden Hinweise nichts richtig macht. „Ich traue ihm nichts zu", gesteht eine Mutter. „Wenn er mit dem Mofa wegfährt, muß ich Tropfen nehmen, sonst werde ich verrückt vor Sorge."

Die Beziehung zwischen Mutter und Sohn gestaltet sich dadurch unnötig kompliziert, denn jeder Moment der „Trennung" ist für die Mutter emotional kaum zu ertragen. Um erwachsen zu werden, wird Michele gegen sie ankämpfen und ihr zeigen müssen, daß sie ihn nicht daran hindern kann, das zu tun, was er will. Letztlich – das ist leicht vorauszusehen – wird er sich sogar gezwungen sehen, Dinge zu tun, die er eigentlich gar nicht will, nur damit sie ihn nicht wie ein kleines Kind behandelt. Wie im folgenden Fall:

„Meine Tochter ist 16 Jahre alt, und ich gebe zu, daß ich zu besorgt bin", berichtet eine Mutter.
„Ich will sie immer vor Fehlern und schlechten Einflüssen beschützen. Wenn sie zum Beispiel aus der Schule kommt – das muß eine Qual für sie sein –, dann öffne ich ihren Ranzen, nehme alles heraus, kontrolliere, ob alles gut war, sehe nach, was sie für den nächsten Tag aufhat, und sorge dafür, daß sie sich gut vorbereitet.
Wenn sie ausgeht, rufe ich sie ständig an, weil ich denke, daß sie noch genug zu tun und keine Zeit zu verlieren hat. Ich setze mich aufs Fahrrad und fahre ihr nach, um zu sehen, mit wem sie sich trifft und was sie tut.
Man hört doch immer wieder, daß man sich vor diesen Jungs in acht nehmen muß.
Wenn endlich die Sommerferien anfangen, bin ich fix und fertig …
Neulich hat sie ihre Geburtstagsparty geplant, und ich habe mir

Sorgen gemacht, was die Eltern ihrer Freundinnen sagen würden, wenn sie in einem Lokal feiert, wo auch ältere Jungs hingehen. Ich hatte Angst, daß sie schlecht von meiner Tochter denken könnten. Also habe ich mich eingeschaltet und ihr das Ganze verboten.
Ich bin am Ende, aber meine Tochter kann auch nicht mehr. Sie sagt zu mir: ‚Laß mich doch einfach in Ruhe, warum mischst du dich immer ein? Sobald ich 18 bin, ziehe ich aus.'
Wenn ich ehrlich sein soll, haben mich meine Eltern auch unter einer Glasglocke großgezogen, bis ich 17 war: Da habe ich den Erstbesten geheiratet, der mir über den Weg gelaufen ist."

Der Loslösungsprozeß ist in solchen Fällen unweigerlich traumatisch und nicht allmählich und im wesentlichen schmerzlos, wie er es eigentlich sein sollte. Die Mutter selbst hat sich auf traumatische Weise – durch die Hochzeit mit einem X-Beliebigen – von ihren Eltern abgenabelt. Die Tochter wird ihre Protesthaltung wahrscheinlich noch verschärfen und die Ratschläge oder sogar das gesamte Wertesystem der Mutter ablehnen – und alles nur, um dem Sauerstoffzelt zu entkommen, in das die mütterliche Sorge sie einsperrt.

Die Eltern gehen in die Kirche? Der Sohn wird mit 15 Atheist. Die Mutter befürwortet den Pluralismus? Der Sohn zersticht die Autoreifen von Einwanderern und äußert sich abfällig über Farbige. Sie ist gegen Piercing? Er nutzt das Sonderangebot: zwei Piercings plus ein Gratis-Tattoo, nur um ihr einen Denkzettel zu verpassen. Doch sie versteht es immer noch nicht, und so schraubt sich die Spirale höher und höher.

Dieselbe Mutter erzählt: „Seit letztem Jahr ist mein Sohn mit einem Mädchen zusammen, das mir gar nicht gefällt, weil sie eine so negative Ausstrahlung hat: Sie hat einen stärkeren Charakter, sie ist selbständiger, und sie macht mit ihm, was sie will. Sie ist das genaue Gegenteil von meinem Sohn, der eigentlich ein lieber Junge ist. Er ist wie behext von ihr, ich verstehe einfach nicht, was er an ihr findet." Dabei ist es eigentlich ganz einfach: Wer einen Menschen mit einer eigentlich negativen Ausstrahlung so irrational idealisiert, tut dies in der Regel aus rückhaltloser Bewunderung einer Eigenschaft, die ihm selber abgeht. Fast immer ist dies die Freiheit.

Die übertriebene mütterliche Fürsorge strukturiert die klassische Beziehung der Haßliebe: Der Sohn gerät in die (unglückliche) Situation, seine Mutter „zu töten", auch wenn er das nicht will, das heißt ihr Sorgen zu bereiten, ihr wehzutun, sie zu enttäuschen, um zu sich selbst und zu seinen persönlichen Überzeugungen zu finden. Denn die Wahl der Werte ist entweder frei und persönlich oder unmöglich.

Werte müssen verinnerlicht werden, man muß sie sich aneignen können und sie aus eigener Motivation für gut und erstrebenswert halten. Werte können nur geschätzt und geliebt, nicht ertragen werden. Und lieben kann man nur, wenn man frei ist.

Die Frau, die nie um etwas bitten darf

Für das mütterliche Empfinden ist Geben einfacher als Nehmen, doch diese Großmut ist anfällig für hinterlistige Virenattacken, die sogar eine so eindeutig positive Eigenschaft entarten lassen können.

Die Fähigkeit, zu lieben kann durch willkürliche emotionale Bewegtheit so verzerrt werden, daß ihr wichtige Bestandteile wie der Sinn für das rechte Maß und der Respekt vor der Gegenseitigkeit verlorengehen.

Deshalb muß der Fluß der Selbsthingabe vor Zuflüssen geschützt werden, die ihn mit ihrem verschmutzten Wasser trüben und verunreinigen könnten.

Einer dieser verschmutzten Zuflüsse ist hinreichend bekannt. Er nennt sich: „Ich bin es gewohnt, gut zu sein."

„Ich war es schon immer gewohnt, ‚die anderen zu verstehen'", erzählt eine Frau, „nachzugeben und mein eigenes Leid für unwichtig zu halten. Ich habe gelernt, meine guten Gründe zu verschweigen und so zu tun, als ob nichts wäre, wenn ich mit etwas nicht einver-

standen war. Ich kremple einfach die Ärmel hoch und mache weiter, ohne mich allzusehr zu beklagen.
Das war für mich immer das Idealbild einer Frau: verständnisvoll und gut zu sein, zu verzichten, sich um alle zu kümmern und nie zu verlangen, daß jemand sich um mich kümmert."

Allgemein bekannt ist auch die Variante „Ich mache alles selbst".

„Das war schon bei uns zu Hause so: Ich war immer die Starke, die nichts und niemanden braucht, und ich habe es gelernt, den anderen nicht zur Last zu fallen, viel zu geben und wenig zu verlangen. Mein Motto heißt: ‚Laß stehen, ich mach das.' Mir ist bewußt, daß ich mich auch und vor allem den Kindern gegenüber so verhalte."
Das Ergebnis? Der Kleine schreit: „Wo ist meine Jacke?", und sitzt darauf; er jammert, daß er die Hausaufgaben nicht finden kann, die er abgeben soll, aber er sucht nicht danach. „Er sagt zu mir: ‚Sie sind nicht da, wo du gesagt hast', und dann sehe ich selber nach und finde sie genau dort. Er hätte nur ein Blatt Papier zur Seite schieben müssen, das heißt, er hat gar nicht wirklich gesucht, sondern nur so getan. Er verliert seine Busfahrkarte, aber er macht sich nicht einmal die Mühe nachzudenken, wo er sie zuletzt gehabt hat. Ich bin dann diejenige, die sie findet."

Auch die *Angst, nie genug zu tun,* ist einer dieser Nebenflüsse: Sie äußert sich in der Tendenz, zu denken, daß man nie genug für die anderen tut, daß man immer noch mehr tun muß. „Ich habe das Gefühl, daß die anderen immer mehr tun als ich und immer besser sind", berichtet eine Frau. „Das bringt mich dazu, mir viel zu viel aufzuhalsen, mir unnötige Arbeit zu machen und Dinge zu tun, die niemand von mir verlangt."

Es ist wie eine Art innerer Zwang: Man wird unruhig und fühlt sich unbehaglich, wenn man nicht mehr tut als nötig. Den Betroffenen fällt es auch schwer, ihrer eigenen Anteilnahme Grenzen zu setzen und ihren Kindern nicht immer alles abzunehmen. „Es passiert mir oft, daß ich meine eigenen Bedürfnisse zurückstelle", erzählt eine Mutter, „um Ansprüche der Kinder zu erfüllen, zu denen ich genausogut nein sagen könnte."

Diese Neigung, es zu übertreiben und sich selbst mit den „Krümeln" zu begnügen, erwächst oft aus einem zu geringen Selbstbewußtsein: Das eigene Leid wird unterbewertet und ist eigentlich schon immer eher als Ausdruck unangemessener Ansprüche denn als berechtigtes Empfinden interpretiert worden. Das führt dazu, daß man sich anpaßt, sich auch mit dem abfindet, was nicht in Ordnung ist, und niemals sagt: „Das kann ich nicht akzeptieren!" „Für mich ist es ganz normal", erzählt eine Mutter, „gar nicht beachtet zu werden, wenn ich etwas sage; ich beklage mich ein bißchen, aber dann füge ich mich in mein Schicksal. Wenn ich meine Ansprüche geltend mache, habe ich das Gefühl, den anderen eine unzumutbare Last auf die Schultern zu laden, und wenn ich etwas für mich selbst verlange, habe ich Angst, egoistisch zu sein."

Hier wirkt ein emotionaler Druck, der die Mutter in übertriebenem Maße verfügbar macht – bis diese Verfügbarkeit zuletzt sogar in Unterwürfigkeit ausartet. Dann überschreitet sie die Grenze zwischen Geduld und Duldsamkeit, einer scheinbar tugendhaften Haltung, die jedoch zur Quelle eines verborgenen Grolls gegen andere werden kann.

Dieser emotionale Druck hat nichts mit Gerechtigkeit zu tun. Um des familiären Klimas und des lieben Friedens willen werden die Kinder von der Pflicht entbunden, das zu tun, was sie eigentlich tun sollten.

In vielen solchen Fällen fehlt der Mutter die innere Freiheit, Gegenseitigkeit „einzufordern". Diese psychologische Schwäche ist der Nährboden, auf dem Kinder zu Parasiten heranwachsen. Eine Mutter schildert, wie sie ihre Ängste überwunden hat:

> „Ich habe keine Schuldgefühle mehr, weil ich der einen Tochter vielleicht ein kleines bißchen mehr Aufmerksamkeit, Zärtlichkeit oder Rücksicht geschenkt habe als der anderen; und ich fühle mich auch

nicht mehr verpflichtet, immer beiden ein Geschenk zu kaufen; ich habe keine Angst mehr, die eine Tochter zu verletzen, weil ich nicht so ‚an sie gedacht' habe wie an die andere …
Und ich habe noch etwas geschafft (aus reinem Selbsterhaltungstrieb): Seit einiger Zeit habe ich festgelegt, daß ich die Zentner an Wäsche, die sie täglich wechseln, zwar wasche, daß sie sie aber selber bügeln müssen. Ich habe die Menge der Blusen, Jeans, Sweatshirts usw. drastisch reduziert. Früher haben sich die Wäscheberge in Lichtgeschwindigkeit angehäuft. Giorgia zieht jetzt ganz zerknitterte Kleider an, weil es angeblich ‚in' ist. Alessandra hat sich den Finger am Bügeleisen verbrannt, aber sie lernt es allmählich; das hält sie nicht davon ab, ihre Klamotten mehrmals am Tag zu wechseln, aber jetzt … ist es wunderbarerweise ganz allein ihr Problem!"

Fazit: Auch Mütter müssen leben. Der Überlebensinstinkt ist in vielen Fällen vernünftiger als ihre besten erzieherischen Absichten.

Nur schade, daß sie zuerst an ihre Grenzen gelangen müssen, ehe sie wirklich ihr Bestes geben.

IV. Das wilde Küken

Ziehen Mütter, die zu sehr lieben, gute Kinder groß? Nein, sie ziehen wilde Küken groß! Dieser scheinbar paradoxe Begriff bringt die Mischung aus Unreife, Grausamkeit und mangelnder Sensibilität, die solche Kinder kennzeichnet, perfekt zum Ausdruck.

Das Sternbild Wildes Küken besteht aus vielen Sternen. Verbindet man sie mit einem Bleistift, entsteht ein besorgniserregendes Bild: die Umrisse eines unerträglichen Kindes, mit dem es sich nicht in einer gelassenen und normalen Beziehung leben läßt.

Das Phänomen der wilden Küken breitet sich in den „normalen" Familien vornehmlich der städtischen bürgerlichen Oberschicht immer weiter aus – in einem Milieu mithin, wo offensichtlicher Wohlstand herrscht, es keinerlei Integrationsprobleme gibt und die traditionellen Indikatoren des Unbehagens nirgends zu erkennen sind.

Doch lassen Sie uns die hellsten Sterne dieser Konstellation betrachten.

Der Anspruch, immer im Mittelpunkt zu stehen

„Mein zehnjähriger Sohn", erzählt eine Mutter, spricht ununterbrochen, wenn wir miteinander zu Abend essen, und schneidet seiner Schwester das Wort ab, sobald sie etwas zu sagen versucht.
Wenn ich es wage, ihn zu unterbrechen, nachdem er zum dritten Mal dasselbe erzählt hat, rastet er aus.
Wenn ich mit ihm zusammen bin und ans Telefon gehe, nimmt er mir das übel."

Unverkennbar beansprucht der Sohn sämtliche Aufmerksamkeit. Was die emotionalen Beziehungen betrifft, verlangt er für sich eine Monopolstellung, wie es für die Eifersucht typisch ist. Jede noch so kleine Zuwendung gegenüber der jüngeren Schwester löst Mißstimmung aus – so, als wollte er seiner Mutter zu verstehen geben: „Du hast gefälligst für mich dazusein und für niemanden sonst ...!"

Eine solche Haltung spricht den Geschwistern das Recht ab, „geliebt" zu werden oder überhaupt nur zu existieren, und verlangt auch von der Mutter, daß sie sich völlig zurücknimmt: Sie darf in Anwesenheit ihres Sohnes nicht einmal einen Anruf entgegennehmen. Unterdrückt die Mutter ihre instinktive Anwandlung, sich gegen ein solches Verhalten zur Wehr zu setzen, und findet sie nicht die Kraft, von ihrem Sohn zu verlangen, daß er auf seine Ansprüche verzichtet, werden diese nur immer größer.

Solche Züge, die in der kindlichen Psychologie als strukturell und physiologisch betrachtet werden, können pathologisch werden, wenn sie über das betreffende Stadium hinaus bestehenbleiben.

> „Meine 20jährige Tochter", berichtet eine Mutter, „haßt ihre Oma – und das schlicht und einfach deshalb, weil ich sie einmal in der Woche besuchen gehe. ‚Für die alten Leute', sagt sie immer, ‚wäre die Euthanasie eine gute Sache.'
> Wenn ich mich um die Oma kümmere, wird sie ärgerlich und zahlt es mir heim. Wenn die Oma zu uns kommt und mir von ihren gesundheitlichen Problemen erzählt, wird meine Tochter ärgerlich und sagt, die Oma belege mich mit Beschlag. Wenn ich mit einer Freundin weggehe, ruft sie mich regelmäßig an, um mir zu sagen, daß es ihr schlecht geht und daß ich sofort nach Hause kommen soll. Wenn ich das dann wirklich getan habe, hatte sie meistens nichts Ernstes: Es ging ihr nur darum, meine Beziehungen zu anderen zu hintertreiben. Sie will, daß ich mich immer und ausschließlich um sie kümmere."

Was ist wohl richtig, frage ich mich: daß eine Mutter praktisch gezwungen ist, sich eine Ausrede einfallen zu lassen, damit sie die Oma besuchen kann, ohne ihre Tochter zu verärgern, oder daß die Tochter sich damit abfindet, daß sie nicht die einzige ist, die ein Anrecht auf eine emotionale Beziehung zu ihrer Mutter hat? Natürlich letzteres. Man kann ja schlecht die Oma umbringen, nur um der verwöhnten Tochter eine kleine Unannehmlichkeit zu ersparen.

Doch in einer Mutter, die zu sehr liebt, spricht der gesunde Menschenverstand nur noch mit schwacher Stimme. Sie wird, auch wenn sie die eigene Mutter nicht vernachlässigen will, dennoch zugunsten der Tochter die erste Option wählen. Dadurch verstärkt sie in der Tochter die Neigung, ihr mit völlig übertriebenen Ansprüchen das Leben Tag für Tag schwerer zu machen.

Die Mutter aus dem folgenden Beispiel hat einen Ausweg gefunden:

> „Wenn mein 13jähriger mich pfeifen oder singen hört, wird er entsetzlich nervös, weil er dann denkt, ich hätte ihn vergessen, und weil er merkt, daß die Spannungen, denen er mich aussetzt, mein Leben nicht vollkommen ruinieren.
> Und wenn ich mit meinem Mann rede, unterbricht er uns und fragt genervt: ‚Was redet ihr da?' ‚Das sind unsere Angelegenheiten', antworte ich dann, ‚das geht dich nichts an'. Ich kann meinen Sohn doch nicht um Erlaubnis bitten, mich mit meinem Mann zu unterhalten, wie ich es früher getan habe!"

Diese Mutter verabreicht ihrem Sohn die richtige Medizin: Sie weist ihn in seine Schranken und zeigt ihm, daß sie nicht nur für ihn dasein und daß er nicht immer im Mittelpunkt stehen kann.

Diese Neigung prägt – vorausgesetzt, sie ist nicht von äußeren Sachzwängen diktiert – auch viele vermeintlich erwachsene Beziehungen, die in Wirklichkeit von kindlichen Bedürfnissen bestimmt sind. Eine Frau berichtet:

> „Mein Mann hat immer das Bedürfnis, im Mittelpunkt zu stehen, er braucht ständig Aufmerksamkeit, Lob und Zärtlichkeit. Bei der

Geburt unserer ersten Tochter war das erste, was er im Krankenhaus zu mir sagte: ,Wann können wir beide wieder alleine ausgehen?' Ich war ehrlich gesagt ein bißchen fassungslos.
Bei der Geburt unserer zweiten Tochter hatten wir sechs Monate lang eine Hebamme, die die Kleine versorgte und ihr nachts das Fläschchen gab, weil er mich für sich haben wollte (und nicht, um mir Arbeit zu ersparen, wie er behauptete).
Er bezahlt mir auch eine Frau, die unsere ganze Wäsche bügelt, damit ich mehr Zeit für ihn habe."

Diese Fürsorge erwächst nur scheinbar aus der Liebe des Mannes zu seiner Frau: Tatsächlich verbirgt sich dahinter das nicht überwundene Bedürfnis, immer im Zentrum ihrer Aufmerksamkeit zu stehen. Zwischen einem Kleinkind und seiner Mutter ist dieser Anspruch gerechtfertigt. Doch zwischen Partnern kann er zu schwerwiegenden Beziehungsproblemen führen.

Es gibt nur mich

Eine Mutter schreibt mir:

„Vor einigen Abenden machte meine 20jährige Tochter sich fertig, um zum Volleyballtraining zu gehen, und ich sah, daß sie den Fön in ihre Tasche steckte, um sich die Haare zu trocknen. Sie wollte nach dem Training duschen und gleich anschließend noch tanzen gehen. Ich erinnerte sie daran, daß ich mit meinen Freundinnen Pizza essen gehen wollte (das mache ich zweimal im Jahr) und den Fön ebenfalls brauchte. Wissen Sie, was sie mir geantwortet hat? ,Also entschuldige, Mama, wer ist wichtiger, du oder ich?' Ich traute meinen Ohren nicht, und plötzlich hörte ich von irgendwoher eine Stimme sagen: ,Der Fön bleibt zu Hause!' Diese Stimme von irgendwoher war meine eigene, ich hatte gesprochen! Nachdem meine Tochter ungläubig das Haus verlassen hatte, habe ich mir vor dem Spiegel die Haare geföhnt. Mein Spiegelbild hat mich stolz angelächelt, und ich war sehr zufrieden mit mir."

Wie soll man diese Episode kommentieren? Für viele Kinder sind nur ihre eigenen Bedürfnisse real und haben den Status von Rechten, die eingefordert werden können. Die der anderen existieren nicht wirklich, und wer mit solchen Kindern zusammenlebt, ist gehalten, ihnen nicht mit seinen eigenen Ansprüchen zur Last zu fallen.

„Ich hatte meinem Sohn gesagt", berichtet eine Mutter, „daß ich an jenem Vormittag keine Zeit hätte, und er schickt mir eine SMS: ‚Wir treffen uns um zwei Uhr da und da, ich brauche einen Pullover' ... als ob nichts gewesen wäre, als ob ich ihm überhaupt nichts gesagt hätte! Seine Bedürfnisse", so ihr Fazit, „kommen immer vor denen der anderen, besser gesagt, sie sind das einzige, was zählt."

Eine andere Mutter erzählt vom Gejammer ihres Sohnes:

„‚Der Papa kümmert sich überhaupt nicht um mich, der will abends nie spielen!' Ich sage zu ihm: ‚Der Papa ist müde', aber er schmollt weiter. ‚Der Papa hat immer eine Ausrede!', antwortet er."

Das ist das typische Verhalten eines kleinen Jungen, dem die Anstrengung erspart worden ist, auf die Bedürfnisse der anderen Rücksicht zu nehmen, und der immer in dem Glauben hat leben dürfen, daß es „nur ihn auf der Welt gibt". Die übertriebene Liebe der Mutter hat es versäumt, ihm die Mühe der Gegenseitigkeit abzuverlangen und einen Mittelweg zwischen seinem Wunsch, zu spielen, und der Müdigkeit seines Vaters zu finden.

Der andere wird nur im Hinblick auf die eigenen Bedürfnisse wahrgenommen und zählt nur so viel, wie der Nutzen, den man aus ihm ziehen kann. Das Küken liebt seine Körner, aber nicht die Frau, die die Körner ausstreut. Wird diese psychologische Veranlagung nicht rechtzeitig überwunden, kann sie sämtliche Beziehungen im Leben des Betreffenden dauerhaft und unumkehrbar beeinflussen – wie im folgenden Fall:

> „Meine Mutter", erzählt eine junge Frau, „hat die Nachricht, daß ich ein Baby erwartete, als Unglücksbotschaft aufgenommen, weil sie sich jung fühlen und noch nicht Oma werden will. Sie ist fast siebzig, aber trägt noch rote Schuhe mit Absätzen, fährt einen Sportwagen, und die Männer drehen sich nach ihr um. Deswegen hat sie mir zu einer Abtreibung geraten. Auch heute noch muß ihre Enkelin sie Tante nennen, und wenn sie statt dessen Oma sagt, wird sie wütend. Es wäre ihr lieber gewesen, sie wäre nicht auf die Welt gekommen, als daß sie sich von ihr Oma nennen lassen muß."

Langsam, aber sicher trocknen die Viren den Fluß der Liebe aus, der nur weiterfließen kann, wenn die entsprechenden psychologischen Strukturen vorhanden sind. Im Lauf der Jahre vertrocknet der Geist in Kleinlichkeit und Egoismus.

Aufschlußreich ist auch der folgende Bericht einer Mutter, der es gelungen ist, die Ansprüche ihres Sohnes einzudämmen:

> „Seit ich mein Verhalten verändert habe", erzählt sie, „verfolgt mich mein Sohn mit wachsamen Blicken, er macht mich darauf aufmerksam, daß „ich nicht mehr lächle", und dann antworte ich ihm: ‚Worüber sollte ich mich auch freuen, so wie du dich in der Schule und zu Hause benimmst …?'
> Ich frage ihn nichts mehr, obwohl er den Eindruck macht, daß er mir gerne etwas erzählen würde.
> Ich bleibe kühl und distanziert, und er umarmt mich und sagt dann in vorwurfsvollem Ton: ‚Klar, es ist dir egal, daß ich dich umarme.'
> Ich schweige. Früher hätte ich mich beeilt, ihm zu versichern, wie sehr ich mich über seine Zuwendung freue, damit er bloß nicht denkt, daß er mir egal ist.

Neulich habe ich nein gesagt, als er irgend etwas haben wollte, und daraufhin hat er trotzig geantwortet: ‚Dann esse ich eben nichts.' ‚Gut', habe ich gesagt, und das Thema war für mich erledigt. Ich habe sein Gedeck auf dem Tisch stehenlassen, und ehe es Abend wurde, hat er sich hingesetzt und gegessen. Ich habe ihn nicht beachtet, sondern einfach in meinem Buch weitergelesen. Daraufhin sagt er ärgerlich zu mir: ‚Was bist du für eine Mutter, dir ist dein Sohn völlig egal!' Ich bin nicht darauf eingegangen. Früher hätte ich bis zur Erschöpfung mit ihm diskutiert, um ihm zu beweisen, daß er sich irrt. Ich habe ihm erzählt, daß ich daran denke, das Haus zu verkaufen und an einen Ort zu ziehen, der mir besser gefällt, und er hat geantwortet: ‚Na toll, und was wird dann aus deinem Sohn?' Ich habe ihm keine Antwort gegeben, aber zum ersten Mal habe ich gedacht, daß es gar nicht so übel wäre, allein zu sein, und daß es viele Dinge gibt, die ich in meinem Leben gerne noch machen würde; daß es noch etwas anderes für mich geben könnte als immer nur meinen Sohn und daß es nicht richtig ist, wenn die Sorge um ihn mich komplett ausfüllt …

Früher hätte ich mich gefragt: ‚Wer weiß, wie er gelaunt ist, wenn er aus der Schule kommt?', denn wenn er schlechtgelaunt gewesen wäre, hätte er mir auch den ganzen Tag verdorben. Heute sage ich mir: ‚Ich habe keine Lust, mir von seinen Launen den Tag verderben zu lassen, das geht vorbei.'

Ich habe ihm klar und deutlich gesagt: ‚Wenn du so weitermachst, dann ertrage ich dich, bis du 18 bist, denn das muß ich, aber dann suchst du dir eine kleine Wohnung und führst dein eigenes Leben.' Daraufhin er: ‚Stell dir vor, ich müßte in zwei Zimmern leben, und du hättest das ganze schöne Haus!' Ich mußte ihm klarmachen, daß es mein Haus ist und nicht seins und daß ich darin wohnen lassen kann, wen ich will. Darauf er in forderndem Ton: ‚Warum überschreibst du es mir nicht?' ‚Dieses Haus habe ich von meinem selbstverdienten Geld gekauft', habe ich ihm geantwortet, ‚und du solltest das ebenso machen.'

Anderntags kommt er aus der Schule und sagt in herausforderndem Ton: ‚Du wirst es nicht glauben, aber heute habe ich keinen einzigen Eintrag kassiert!' Ich antworte: ‚Dafür hast du in zwei Monaten so viele Einträge kassiert, daß es für zwei Jahre reicht.' Dann lasse ich das Thema fallen und verzichte auf die üblichen Diskussionen.
Er erwartet wie üblich, daß ich ‚wieder lieb bin' und gönnt mir noch die kleine Zugabe, daß er all seine Sachen an den richtigen Platz räumt, aber diesmal ist etwas in mir zerbrochen, und es gelingt mir nicht, mich über einen so winzigen Fortschritt zu freuen.
‚Ich habe eine gute Note bekommen!', sagt er ein anderes Mal. Ich antworte: ‚Das freut mich, aber für dich ist das wichtiger als für mich, also erwarte nicht, daß ich vor Freude in die Luft springe.'
Neulich hatte er einen Wutausbruch: ‚Wegen dieses einen Jungen aus meiner Klasse haben sie uns allen den Ausflug gestrichen!' Ich gab zur Antwort: ‚Das ist auch deine Schuld, deine Lehrer haben mir gesagt, daß du auch immer störst, also beschwer dich nicht!' Daraufhin war er beleidigt, aber ich habe mir keine Mühe gegeben, ihn wieder versöhnlich zu stimmen, wie ich es noch vor einiger Zeit gemacht hätte.
Letzten Samstag habe ich zu ihm gesagt: ‚Kannst du bitte vor sechs Uhr noch den Rasen mähen?' Er hat ja gesagt, doch zur vereinbarten Zeit war er nicht da. Also habe ich den Rasenmäher genommen und es selber gemacht. Nach einer Stunde kommt er an und sagt zu mir: ‚Hättest du nicht auf mich warten können?' Und ich: ‚Nein, ich will den Rasen für morgen in Ordnung haben, und ich bin es leid, mich immer nach dir und deiner Zeit zu richten. Du bist nicht allein auf der Welt.'
Ich habe es satt, ihm immer hinterherzurennen und mit ihm über Dinge zu ‚diskutieren', die er gar nicht hören will.
Mir ist bewußt, daß er mich im großen Stil ausgenutzt hat.
Ich gebe mir keine Mühe mehr, mit ihm zufrieden zu sein, wenn ich es nicht wirklich bin.
Sein Verhalten verletzt mich, weil er alles verlangt und nichts gibt.
Offengestanden fällt er mir auch auf die Nerven, es macht mich wü-

tend, wenn er sich zu Hause in einer bestimmten Weise benimmt. Es ist nutzlos, daß ich so tue, als ob alles gut wäre, wie ich es früher gemacht habe.
Ich sehe ihn mit anderen Augen als früher: Er ist nicht länger ein Teil von mir. Ich sehe ihn als Person, nicht als meinen Sohn. Ich entferne mich innerlich von ihm."

Interessant ist, wie der Sohn die Situation beurteilt:

„Wenn ich nach Hause komme und sehe, daß sie mit sich zufrieden ist", gibt er offen zu, „dann wurmt mich das. Dann merke ich, daß ich einen Vorwand suche, um mit ihr zu streiten und ihr die Laune zu verderben. Ich weiß, daß das nicht richtig ist, aber es ist stärker als ich. Es ist so, als wollte ich der Mittelpunkt ihres Lebens und ihrer Interessen sein.
Wenn ich sehe, daß sie sich nicht mit mir beschäftigt, ärgert mich das, und ich werde wütend.

Schauplatz vieler elterlicher Schilderungen ist das Wohnzimmer. In einer häufig wiederkehrenden Szene liegt der Sohn der Länge nach ausgestreckt auf dem Sofa und sieht fern, während die Mutter auf der äußersten Sofakante sitzt und darauf achtet, sich nur ja nicht zu bewegen, um den kleinen Haustyrannen nicht zu stören. Der Teufel steckt im Detail.

Ich will um jeden Preis!

„Meine 19jährige Tochter", erzählt eine Mutter, „ist verrückt nach Markenklamotten; wenn sie nicht vollkommen durchgestylt ist, geht sie nicht aus dem Haus. Wenn wir zu ihr sagen: ‚Wir können diesen Monat kein neues Paar Schuhe für dich kaufen', macht sie uns eine Szene und liegt uns in den Ohren, bis wir um des lieben Friedens willen nachgeben.

Sie sagt immer: ‚Die anderen haben dieses Shirt oder jene Jeans ...‘ Letzte Woche wollte sie unbedingt eine Jacke für 1500 Euro, und ich habe zu ihr gesagt: ‚Nur zwei oder drei Mädchen in deinem Alter haben diese Jacke.‘ ‚Ich hasse dich!‘, hat sie mir daraufhin ins Gesicht geschrien ...“

„Ich habe ihr gesagt“, so der Vater des Mädchens, „daß ich Schwierigkeiten auf der Arbeit habe und daß wir unser Geld zusammenhalten müssen. Statt Verständnis aufzubringen, hat sie mir gesagt, ich wäre ein Versager, weil ich weniger verdient hatte.

Sie kauft sich ständig ein neues Handy, alle zwei Monate eins, und kommt einfach nicht zur Vernunft.

Im Sommer hat sie in einem Hotel gearbeitet; danach haben sie mir gesagt, sie hätten sie wegschicken müssen, weil sie selbst bestimmen wollte, wo sie arbeitet ... Für manche Sachen ist sie sich einfach zu gut. Wenn du ihr ihren Willen läßt, geht alles glatt, wenn nicht, macht sie dir das Leben zur Hölle.“

„Mein 10jähriger Sohn“, erzählt eine andere Mutter, „verhält sich einfach absurd. Er macht wegen nichts ein unglaubliches Theater: Wenn er sich morgens anziehen will, und das Hemd, das ich ihm herausgelegt habe, hat keinen Reißverschluß, sondern Knöpfe, dann fängt er an, mich zu beleidigen, nennt mich dämlich, blöde, idiotisch ...

Manchmal steht er mit dem falschen Fuß auf, dann ist er unerträglich. Gestern morgen mußte ich zu ihm sagen: ‚Zieh jetzt den Pullover hier an, wir haben keine Zeit mehr, das Sweatshirt zu suchen, das du eigentlich anziehen wolltest.‘ Daraufhin hat er ein Spielzeug von seiner Schwester genommen und es nach mir geworfen. Ich habe zu ihm gesagt: ‚Ich habe jetzt keine Zeit, mit dir in die Videothek zu gehen‘, und statt einer Antwort hat er mit Kissen geworfen, Schuhe gegen die Tür geschmissen und sogar mein Klavier aufgeklappt und die Tastatur mit seinen Fäusten traktiert.

Am nächsten Tag haben wir die Oma bei ihm gelassen, eine energische Frau, die während des Krieges vier Kinder großgezogen hat;

als wir am Abend zurückkommen, ist sie fix und fertig. Sie will auch nichts mehr mit ihm zu tun haben."

„Mit meiner Tochter ist es so", erzählt eine dritte Mutter: „Sie zieht eine Jeans einmal an, und dann muß ich sie waschen; mit der Jacke ist es genauso, sie trägt sie einmal und tut sie in die Wäsche; die Bettwäsche muß jeden Abend frisch gewaschen sein ... Das Geld, das sie verdient, gibt sie natürlich nur für sich aus, und im Haushalt tut sie keinen Handschlag. Wenn ich protestiere, gibt sie mir das Gefühl, ich sei eine Rabenmutter, die nichts für ihre Tochter tut und nur ans Geld denkt ... Das stimmt nicht, aber ich gebe nach, nur damit sie nicht den Eindruck hat, daß es doch so ist. Vielleicht sollte ich ihr antworten: ‚Denk doch, was du willst!'"

Das ist genau der richtige Instinkt: Eine solche Antwort würde die Nabelschnur mit einem glatten Schnitt durchtrennen, die Mutter wäre mit einem Schlag unabhängig von ihrer Tochter, und die Tochter hätte nicht mehr die absolute Entscheidungsgewalt darüber, ob ihre Mutter gut oder schlecht ist – ungeachtet dessen, was die Mutter selbst denkt und für richtig hält.

Das Handbuch der zu guten Mutter sieht vor, daß das eigene Urteil für unwichtig gehalten oder verschwiegen werden muß: Man hüte sich, den Zorn der kleinen Tyrannen zu erregen!

Eine solche übertriebene Anspruchshaltung ist eine degenerative Krankheit, die sich auch auf eine Paarbeziehung auswirken kann:

„Meine Frau", so erzählt ein Ehemann, „teilt die Dinge, die im Haushalt erledigt werden müssen, in zwei Bereiche ein: das, was ich machen muß, und das, was wir zusammen machen.
Sie hat immer so einen fordernden Ton, der mich stört, als wollte sie sagen: ‚Ich will das so, und deswegen mußt du!'
Es geht mir auf die Nerven, daß sie immer im Mittelpunkt stehen will und daß ihr Wohlergehen immer wichtiger ist als meins."

Wer seinen Kindern nicht die Mühe der Gegenseitigkeit abverlangt, zieht anmaßende Tyrannen groß.

Wehleidig und nie zufrieden

Ein typisches Kennzeichen des wilden Kükens ist seine ständige Wehleidigkeit.

Er hat immer etwas zu nörgeln und ist nie zufrieden. „Du hast es ja so schwer", sagt eine Mutter ironisch zu ihrem Sohn. Mit seinen Eltern spricht er immer nur in vorwurfsvollem Ton, als wären sie für alles verantwortlich, was nicht so läuft, wie er sich das vorstellt: für die übertriebene Reaktion der Lehrerin, das Mißverständnis mit einer Freundin, den verspäteten Bus, den verregneten Tag ... Das Kotelett ist nie richtig: entweder zu durchgebraten oder zu roh oder zu groß (wobei natürlich immer auch das Gegenteil ein guter Grund sein kann, sich zu beklagen). Wichtig ist, sein Mißfallen zu äußern und deutlich zu machen, daß ihn einfach nichts und niemand glücklich machen kann.

Und wer ist wohl die Angeklagte, die von vorneherein und unausweichlich Schuldige? Die Mutter natürlich, die immer wieder vor Gericht erscheinen und ihre Unschuld beweisen muß.

Müßig zu sagen, daß die Beweise, die sie entlasten, nie ausreichend sind. Die Tochter hat fettige Haut, Pickel, ist zu klein? Natürlich hat die Mutter Schuld, wahrscheinlich hat sie die DNA manipuliert, damit ihre Tochter nicht hübsch wird! Für diese Schuld wird sie ihr Leben lang büßen: mit dem Kauf teurer Cremes, Besuchen beim Hausarzt, Ferienaufenthalten am Meer, Markenklamotten – als Wiedergutmachung für den erlittenen Schaden. Und wenn die Tochter keinen Freund findet, ist es wieder die Schuld der Mutter, weil sie kein attraktiveres Mädchen zur Welt gebracht hat ...

Die Mutter wird diese Rolle des Blitzableiters spielen, bis sie nicht mehr kann. Doch wenn sie dann versucht, ihre Tochter zum Nachdenken zu bringen, oder ihr sagt, sie solle nicht so übertreiben, wird sie nur Wehklagen über die Ungerechtigkeit des Lebens, zermürbende Diskussionen und unterschwellige Selbstmorddrohungen ernten – und daraufhin endgültig verstummen.

Oft hört man Mütter erzählen:

> „Wenn etwas schiefgeht, kriegt mein Sohn einen hysterischen Anfall, und die Welt geht unter.
> Auf wen ist er wütend, wenn er mehr Hausaufgaben hat, als sein kleiner Bruder? Auf mich!
> Wer muß es ausbaden, wenn er es nicht schafft, eines seiner Nintendo-Spiele zu gewinnen? Nicht Super Mario, sondern ich!"

Er sagt nicht, „ich habe Halsschmerzen", sondern macht seiner Mutter Vorwürfe, als hätte sie die Entzündung absichtlich herbeigeführt. Er entwickelt einen chronischen Pessimismus: Das Glas ist immer halbleer, er sieht immer nur das, was nicht perfekt ist, was fehlt, was hätte passieren können und nicht geschehen ist. Solange er sich nicht von dieser Neigung befreit, wird er nie zufrieden sein.

Die unausgesprochene Voraussetzung, von der dieses Kind ausgeht, läßt sich folgendermaßen zusammenfassen: Wenn das Leben nicht absolut angenehm ist, dann ist das deine Schuld (die der Mutter). Und es ist deine Pflicht, mir ein perfektes Leben zu garantieren: Du darfst von mir nicht verlangen, mich anzupassen, Abstriche zu machen, das Leben so zu nehmen, wie es ist, und nicht so, wie ich es gerne hätte.

Aus dieser Neigung entwickelt sich langsam, aber sicher ein notorisches „Opfergefühl", das schlichtweg unerträglich ist. War es anfangs die Schuld der Mutter, überträgt sich diese Beziehungsdynamik später auf die gesamte Realität, und dann ist es letztendlich die ganze Welt, die den Ärmsten nicht versteht.

Das Unglück des Sohnes findet im Mutterherz einen sehr starken Widerhall: Sein Schmerz wird unterschwellig als Schuld empfunden. Die Schuld, sein Elend nicht vorhergesehen, verstanden oder verhindert zu haben. Der mütterliche Kodex neigt dazu, den Sohn vor Leid zu bewahren, ja, die Mutter definiert sich geradezu über diese Aufgabe: Mein Kind darf nicht leiden.

Wenn das Kind dann doch leidet und wenn es sein Leid überdies demonstrativ zur Schau stellt, wird in der Mutter eine besondere Saite angeschlagen, und wie unter Zwang beginnt sie sich dafür zu rechtfertigen, daß ihre Leistungen nicht immer vollkommen zufriedenstellend sind.

Sich in jenem Ton zu beklagen, der der Mutter suggeriert: „Es ist deine Schuld, daß es mir nicht gutgeht", ist eine hervorragende Methode, sie ein Leben lang in Schach zu halten. Auf diese Weise wird sie gezwungen, einen Schaden wiedergutzumachen, der de facto gar nicht wiedergutgemacht werden kann. Denn das Kind hat natürlich überhaupt kein Interesse daran, die Schuld der Mutter für beglichen zu erklären.

Man muß nur ihre Schuldgefühle zum richtigen Zeitpunkt wieder aufflammen lassen – dann hat man seine Mutter beständig im Griff!

Die Geschichte von Rotschopf Grünauge

Aus dieser Geschichte können wir etwas lernen, denn vor der eigentlichen Abenteuererzählung kommt die Rede auf ein vielsagendes Detail. Die Geschichte beginnt so:

> „Es war einmal ein alter Kaufmann. Als er völlig erblindet war, sagte er zu seinem Sohn: ‚Mein Sohn, geh und such dir einen Knecht, damit ihr das Geschäft gemeinsam weiterführen könnt. Jetzt ist es an dir, Handel zu treiben.'
>
> Der Jüngling begab sich in die Stadt und traf auf zwei Männer, die einen Toten verprügelten. Dabei sagten sie: ‚Er hat uns Geld ge-

schuldet und es uns nicht gegeben. Jetzt ist er tot, und wir verprügeln ihn wegen seiner Schulden.' Der Jüngling machte ihnen einen Vorschlag: ‚Ich zahle seine Schulden, und dafür laßt ihr ihn in Frieden.' ‚Einverstanden', antworteten die beiden.
Er beglich die Schulden und hob ein Grab aus, legte den Toten hinein, bedeckte ihn mit Erde und setzte seinen Weg fort.
Er kam in die Stadt und nahm sich dort einen jungen Diener namens Rotschopf Grünauge, mit dem er eine lange Reise antrat.
Sie kamen an eine Wegkreuzung. Der Jüngling sah einen Greis an der Kreuzung sitzen, grüßte ihn und sprach: ‚Alter Mann, wir sind unterwegs nach Damaskus. Hier münden drei Straßen: Welche davon führt nach Damaskus?' Der Alte erwiderte: ‚Junger Herr, alle drei Straßen führen nach Damaskus: Auf dieser Straße braucht man sechs Monate und kommt heil und gesund an. Auf der dort braucht man vier Monate, und einige kehren nicht zurück. Auf der letzten schließlich braucht man zwei Monate, doch niemand, der diesen Weg eingeschlagen hat, ist jemals zurückgekehrt.'
Der Jüngling sagte: ‚Knecht, wollen wir die Straße nehmen, auf der man sechs Monate braucht?' ‚Nein', antwortete Rotschopf Grünauge, ‚wir werden die Straße nehmen, auf der man zwei Monate braucht.'
Und da es dem Jüngling nicht gelang, sich gegen seinen Knecht durchzusetzen, nahmen sie die Straße, auf der man in zwei Monaten nach Damaskus gelangte."

Anders, als man zunächst glauben könnte, ist die Episode vom Begräbnis des Toten kein belangloses Detail. Sie verrät dem Leser etwas Wichtiges über den Charakter des jungen Kaufmanns.

Das Bild des toten Mannes, der seiner Schulden wegen geschlagen wird, bringt plastisch zum Ausdruck, wie absurd es ist, etwas, das man nicht bekommen hat und nun nicht mehr bekommen kann, zu spät einzufordern. Einen Toten zu schlagen ist ein anschauliches Bild für die Neigung, sich über das Leben zu beklagen und sich über das zu beschweren, was man nicht bekommen hat.

Der Akt des Begräbnisses hingegen versinnbildlicht die Einsicht dessen, der die Vergangenheit ruhen läßt und sich nicht in sinnlosen Vorwürfen ergeht. Der Jüngling zahlt die Rechnung aus eigener Tasche, akzeptiert den Schaden und ist dem Leben und den Umständen, die nicht eben günstig gewesen sind, nicht gram, weil das ebenso unvernünftig wäre, wie einen Toten wegen seiner Schulden zu prügeln.

Was den Protagonisten betrifft, ist diese psychologische Information überaus wichtig, denn der junge Mann beweist eine Reife, die unerläßlich ist, um einen Begleiter (Rotschopf Grünauge) zu finden. Dieser Begleiter wird im weiteren Verlauf der Geschichte durch seinen Mut, seine Kühnheit und seine Risikobereitschaft sein Glück machen und sehr reich werden. An der Kreuzung wählt er den gefährlichsten Weg und erweist sich damit als furchtlos und fähig, einen Weg einzuschlagen, vor dem die anderen zurückscheuen.

Die Geschichte scheint den Schluß nahezulegen, daß eine mutige und konstruktive Einstellung zum Leben nur dann möglich ist, wenn wir unsere wehleidige und vorwurfsvolle Haltung überwinden.

Kinder, die sich wie fette Katzen in der Pförtnerloge des Lebens räkeln, immer nur jammern und alles pessimistisch sehen, werden nie die Initiative und Tatkraft entwickeln, die man braucht, um im Leben Erfolg zu haben.

Beziehungs-Übermacht

Viele Kinder haben, was das Beziehungsgefüge innerhalb ihrer Familie angeht, eine viel zu große Macht. Man nimmt so viel Rücksicht auf sie, daß sogar zahlreiche Entscheidungen, die sie gar nicht direkt angehen, ihrem unbestechlichen Urteil unterworfen werden. Ein Beispiel: Die Eltern können sich nicht entscheiden, wie viele Kinder sie haben wollen. Also fragen sie das schon vorhandene Kind, ob und, wenn ja, wie viele Geschwister es gerne hätte. Seine Meinung gibt den Ausschlag. Womit natürlich nicht garantiert ist, daß es, nachdem es seine Genehmigung erteilt hat, das Brüderchen, das er sich vermeintlich so sehr gewünscht hat, dann auch wirklich akzeptiert. Doch auch der umgekehrte Fall ist nicht selten: daß ein Kind es sich in den Kopf setzt, unbedingt ein Brüderchen haben zu wollen, und damit seine nicht mehr ganz jungen Eltern ernsthaft in Schwierigkeiten bringt. Die Mutter entschuldigt sich immer wieder bei ihm, statt es zu ermutigen, doch seinerseits eine große Familie zu gründen, wenn es soweit ist.

Viele geschiedene Frauen verzichten auf eine neue Beziehung, weil das Muttersöhnchen zu Hause sein Veto einlegt, oder machen das Zusammenleben davon abhängig, ob der neue Partner dem Kind zusagt oder nicht. Nicht selten muß der neue Lebensgefährte jahrelang darum ringen, vom Kind seiner Partnerin akzeptiert zu werden, ehe alle drei eine neue Familie bilden können.

Natürlich betreffen solche Entscheidungen auch das Kind, aber das heißt nicht, daß seine Meinung den Ausschlag geben darf. Es sei denn, seine Mutter wäre bereit, auf jegliche Selbstverwirklichung zu verzichten, nur um ihrem Kind die Mühe der Anpassung zu ersparen.

Die Botschaft ist eindeutig: Es gibt nur dich, und deine Bedürfnisse stehen an erster Stelle. Schade nur, daß dieses Gesetz ausschließlich für die Beziehung zur Mutter gilt. Es gibt Kinder, die ihre Mütter zwingen, den inakzeptablen Mann wieder im gemeinsamen Haushalt zu dulden, weil sie „sich nicht als Scheidungskinder fühlen wollen", und die gleichzeitig kein einziges Wort an ihren gewalttätigen Vater vergeuden. Viele Eltern haben das Gefühl, daß ihre Kinder die eigentlichen Herren über ihr Leben sind.

Manche Väter sehen seit Jahren keine Nachrichten mehr. Warum? „Der Kleine mag lieber Trickfilme!", antworten sie mit resigniertem Schulterzucken.

Wenn es um die Frage geht, wo man den nächsten Sommerurlaub verbringt, zählt nur eine Meinung: die des Kindes. Seit Jahren fährt die ganze Familie auf denselben Campingplatz, weil der kleine Haustyrann dort seine Freunde wiedersehen will. Wenn seine Schwester sich beschwert, weil sie Campingurlaub haßt, wird sie wärmstens gebeten, doch bitte keine Schwierigkeiten zu machen. Wenn dem Vater der Kragen platzt und er zu fragen wagt: „Schon wieder?", wird er sofort an seine egoistische Schwester (die Tante ...) erinnert, deren Sohn jetzt drogenabhängig ist (es ist gar nicht gesagt, daß hier wirklich ein Kausalzusammenhang besteht, aber man hat nicht immer Lust, zu diskutieren ...).

Nicht selten hört man von Kindern die Aussage: „Zu Hause habe ich das Kommando", als wäre dies das Normalste von der Welt. Und das Schlimme ist, daß es stimmt: Sie sind sich ihrer Beziehungs-Übermacht bewußt, die aus irgendeiner psychologischen Schwäche der Mutter erwachsen ist und gespeist wird. Wie im folgenden Fall.

Giovanna, 15 Jahre:

„Zu Hause sorge ich dafür, daß sie für mich mehr Geld ausgeben als für meinen Bruder, weil ich mich dann wichtiger fühle.
An Weihnachten habe ich eine ganze Wagenladung Geschenke bekommen, zum Geburtstag waren es auch ganz viele Sachen. Mein Schrank ist voll mit Schuhen und Klamotten.
Wenn ich eine schlechte Note bekommen habe und traurig bin, sage ich zu meiner Mama: ‚Gib mir Geld, damit ich mir etwas kaufen kann.' Normalerweise gibt sie es mir, solange ich unter hundert Euro bleibe. Wenn sie mir kein Geld gibt, schmolle ich tagelang, bis sie weich wird.
Aber mein wichtigster Geldgeber ist der Opa: Er hat zwei Renten, die von der Oma und seine eigene, und seine gebe ich praktisch alleine aus.
Wenn ich etwas brauche, bin ich lieb und nett, und wenn ich es bekommen habe, behandle ich alle schlecht, einfach so. Es macht mir Spaß, ‚böse' zu sein, und wenn ich gemein zu ihnen bin, fühle ich mich überlegen.
Zu meinen Eltern sage ich: ‚Geht mir etwas kaufen', und sie tun es. Wenn einer von ihnen nein sagt, stoße ich sogar Drohungen aus, ich

kann das einfach nicht ertragen, dann möchte ich sie am liebsten an die Wand knallen."

Und dann die entscheidende Frage: „Was glaubst du, weshalb sie sich das gefallen lassen?"

Die Antwort: „Sie haben Angst, daß ich unglücklich bin."

Insbesondere die Mutter fürchtet, daß das Mädchen depressiv werden könnte wie eine ihrer Tanten und eine Schwester. Die emotionale Logik läßt sich also wie folgt dekodieren: Es ist besser, die Tochter in allem zufriedenzustellen, denn sonst kann es sein, daß sie unglücklich ist und sich schlecht fühlt. Ohne daß die Dynamik ihrer Persönlichkeit eine solche Diagnose auch nur im geringsten nahelegen würde, ist auf diese Weise eine Situation entstanden, in der dieses Mädchen gar nicht anders kann als einen unerträglichen Charakter zu entwickeln.

Ein letzter Gedanke: Das wilde Küken ist nur in seiner Familie ein wildes Küken. „Draußen" ist ein solches Kind häufig so vorbildlich und lieb, daß seine Eltern immer wieder zu hören bekommen, wie gut ihr Sprößling doch erzogen sei. Seine Mutter nimmt solche Komplimente ungläubig entgegen; sie denkt: „Wenn Sie wüßten, wie er zu Hause ist ...!" – und schweigt. Niemand ahnt, daß sich hinter dieser braven Fassade auch ein Mister Hyde verbirgt. Aber es gibt ja auch nur in der Familie Menschen, die fürchten, seine Zuneigung zu verlieren oder ihm Schaden zuzufügen, Menschen, die alles in Kauf nehmen, um die Beziehung zu ihm nicht zu gefährden. Da kann er gut den Tyrannen spielen, denn er weiß, daß ihm nichts wirklich Schlimmes passieren kann. Die Erfahrung lehrt ihn, daß es am Ende immer die Eltern sind, die „klein beigeben".

Unverwundbar

Was wird aus Kindern, die systematisch davor „geschützt" werden, sich mit den Tatsachen auseinanderzusetzen, die die Realität verbiegen dürfen, um sich der Verantwortung zu entziehen, die es gewohnt sind, daß immer jemand da ist, der so tut, als würde er ihren unwahrscheinlichen Rechtfertigungen Glauben schenken? Aus psychologischer Sicht bleiben sie langfristig unreif, weil sie mit der Illusion aufgewachsen sind, unverwundbar und gegen die Schmerzen des Lebens immun zu sein.

Ein Kind, das systematisch vor Leid geschützt wird, hält sich für einen Halbgott und hat es nie gelernt, seine eigenen Grenzen zu erkennen und mit ihnen umzugehen.

„Deine Verlobte hat dich verlassen?", frage ich einen jungen Mann. „Nein, sie hat mich nicht verlassen", antwortet er. „Ich habe sie verlassen. Sie hat zu mir gesagt: ‚Es ist besser, wenn wir uns eine Zeitlang nicht sehen', und ich habe ihr geantwortet: ‚Einverstanden', und seither haben wir uns nicht gesehen." Die verzerrte Rekonstruktion der Fakten erfüllt ganz offensichtlich eine Schutzfunktion: Der junge Mann weicht der Demütigung, verlassen worden zu sein, aus und kann sich somit auch weiterhin für unwiderstehlich halten.

Auf Kosten der Wahrheit bleibt er in seinen eigenen Augen nach wie vor ein „toller Typ". Die Vorstellung, jemandem nicht zu gefallen, ist ihm unerträglich. Dies sind die Nachwirkungen einer bedingungslosen mütterlichen Akzeptanz und des Privilegs, niemals gezwungen gewesen zu sein, sich mit seinen Fehlern auseinanderzusetzen. Wenn die Mutter sich weniger bemüht hätte, ihn „bei Laune zu halten", hätte er gelernt, seine Grenzen anzuerkennen statt zu denken, daß er gar keine Grenzen hat.

Und wenn ein solches Kind sitzenbleibt? „Das liegt nur daran, daß ich nicht gelernt habe", wird der Unwiderstehliche dann beteuern, „wenn ich gewollt hätte, wäre ich natürlich versetzt worden." Eine solche paralogische Argumentation läßt seine vermeintliche Intelligenz und sein absolut positives Selbstwertgefühl unangetastet. Der Zusammenprall mit der Wirklichkeit hat an ihm nicht den leisesten Kratzer hinterlassen, und damit alle Bedenken der Lehrer ad absurdum geführt, die wegen der möglichen emotionalen Folgen ihrer Entscheidung besorgt gewesen waren.

Die mathematische Gleichung geht nicht auf? Für den Unverwundbaren ist das natürlich die Schuld des Taschenrechners, und wütend wirft er das dumme Ding auf den Boden.

Er hat eine schlechte Note bekommen? Dann haben die Lehrer eben den Stoff nicht richtig erklärt. Oder aber der Unverwundbare verkündet: „Was kratzt mich eine Fünf von diesen Idioten?"

Beim Fußball sitzt er immer auf der Bank? Die Erklärung: „Der Trainer versteht mich nicht." Und so kann er sich weiterhin für einen begnadeten Fußballer halten, denn es bleibt ihm ja erspart, sich in jener Realität bewähren zu müssen, die den kleinen Schönheitsfehler hat, daß sie seiner Traumwelt so wenig ähnlich sieht. Folglich muß er sich nicht anstrengen, seine Technik zu verbessern – soll doch der Trainer seinen Blick für die jungen Talente schulen!

Nach wie vor ist er von seinem Können überzeugt, ohne es jemals bewiesen zu haben.

Er muß nur denken, daß es so ist, dann ist es für ihn schon wahr.

Diese Gewißheit, vor allen negativen Folgen geschützt zu sein, wird in der Aussage eines Halbwüchsigen besonders deutlich. „Wenn du rauchst, erhöhst du dein Krebsrisiko", sage ich zu ihm. „Ach, bis ich groß bin, haben die bestimmt ein Medikament gefunden", antwortet er im Brustton der Überzeugung. Er ist eben unverwundbar, kennt keine Grenzen – auch nicht die Grenze schlechthin: den Tod.

In der Schule läuft es schlecht? „Das hole ich wieder auf", sagt er zu sich selbst, und ruht sich weiter auf seinen Lorbeeren aus. Und während Eltern und Lehrer sich die Köpfe zerbrechen, bewahrt er angesichts der drohenden Fünf eine geradezu heroische Ruhe. Tatsächlich existiert das Problem für ihn gar nicht: Er macht einfach, was er immer macht und bringt mit einem Endspurt im letzten Monat wieder alles ins Lot.

Auf seinem Computer ist ein komplexes professionelles Programm installiert, und nach zwei Tagen verkündet er, daß er es schon vollständig beherrscht. Der Vater gibt ihm zu bedenken, daß er selbst schon seit einigen Jahren damit arbeitet und noch immer erst 50 Prozent der Möglichkeiten ausschöpft, doch der Sprößling gerät in Wut und duldet keinen Widerspruch.

Im Fernsehen laufen die Olympischen Spiele, die Bodenturner liefern sich einen spannenden Wettkampf. Wie reagiert der Unverwundbare auf die bewundernden Ausrufe der Familie? „Was wollt ihr? Das könnte ich auch, wenn ich die Zeit hätte, zu trainieren!"

Eine seiner Lehrerinnen ist sehr gebildet? „Das liegt nur daran, daß sie länger studiert hat als ich", sagt er sich selbstgefällig. „Wenn ich so alt bin wie sie, bin ich besser."

„Ich habe den schwarzen Gürtel in Karate", sagt ein Junge zu seinem Freund, doch seine Freundin korrigiert ihn: „Du hast den braunen Gürtel. Für den schwarzen mußt du erst die Prüfung bestehen." „Ich muß niemandem etwas beweisen", lautet die beleidigte Antwort, „ich weiß ja wohl selbst am besten, welchen Gürtel ich habe, das muß ich mir nicht von anderen sagen lassen."

Der Unverwundbare ist immer allmächtig, und sein Narzißmus ist niemals durch die Erkenntnis seiner eigenen Grenzen beeinträchtigt worden.

Ein Vater kommt zu mir; er ist beunruhigt, weil ein Lehrer seines 17jährigen Sohnes, der zum dritten Mal in Folge sitzenzubleiben droht, ihn zurechtgewiesen hat. Er erzählt, er habe seinen Sohn in Erdkunde abfragen wollen: „In welchem Land liegt Marseille?" „In Spanien", so die Antwort. „Nein, Marseille liegt in Frankreich", berichtigt der Vater. „Das stimmt nicht", beharrt der Sohn, „es liegt in Spanien." Es folgt eine Diskussion, in deren Verlauf der Vater die Geduld verliert und die er auf eine nicht einmal besonders unangemessene Weise beendet. Der Kommentar des Lehrers hingegen kann da nur verwundern: „Ihr Sohn", sagt er dem Vater, „hält sich ohnehin schon für unfähig. Wenn Sie ihm auch noch sagen, daß er sich irrt, machen sie alles nur noch schlimmer, und dann hat er am Ende gar keine Lust mehr zu lernen ..."

„Was hätte ich denn Ihrer Meinung nach sagen sollen? ‚Richtig, sehr gut, Marseille liegt in Spanien!'?", fragt mich der Vater in der Hoffnung, daß jemand ihn in seinem gesunden Menschenverstand bestätigt. Dem Urteil des Lehrers zufolge ist der Junge nicht in der Lage, seinen Fehler zuzugeben – und deshalb sollte es vernünftig sein, Marseille auf die andere Seite der Pyrenäen zu verlegen, nur, damit der Junge sich nicht schlecht fühlt? Nicht er ist derjenige, der noch viel zu lernen hat: Die topographischen Karten haben einfach den Fehler, daß sie zu genau sind! Zumindest solle man ihn das glauben machen, um ihn nicht brutal aus seiner Welt herauszureißen, in der alles möglich ist. Und so steht nicht die Unfähigkeit des Sohnes, sondern die Ungeduld des Vaters vor Gericht. Man hilft dem Sohn nicht, seinen Fehler einzusehen, man bringt ihm nicht bei, wo die Stadt tatsächlich liegt, damit er sich fortan zu Recht für gut informiert und kompetent halten kann, sondern man bestärkt ihn in seiner falschen Selbsteinschätzung, die ihn zwangsläufig zum Blender machen wird. Diese Selbsteinschätzung aber kann nur in der Seifenblase einer Familie Bestand haben, die den armen Jungen zu sehr liebt, um ihm die traurige Nachricht mitzuteilen, daß man in Marseille Französisch spricht.

Die Voraussetzung, die solche Absurditäten ermöglicht, ist die (irrige) Überzeugung, Kinder seien nicht in der Lage, Enttäuschungen im Hinblick auf ihre eigenen Fähigkeiten zu verkraften, und sollten daher ihre Grenzen lieber leugnen, als sie zu akzeptieren.

Jede Schuld und jeder Fehler müssen demnach getilgt werden, denn die schmerzliche Erkenntnis der eigenen Irrtümer könnte einem Kind die Illusion nehmen, allmächtig, allwissend und unverwundbar zu sein.

Tatsächlich kennen Kinder die Wahrheit und sind durchaus in der Lage, das Gewicht der Realität zu tragen, wenn sie sich denn dazu entschließen. Und genau dieser Entschluß muß gefördert und herbeigeführt werden. Nur so können aus Kindern Männer und Frauen mit einem positiven Selbstbewußtsein werden, die die Wertschätzung der anderen auch verdienen.

Die Unreife

Die Natur hat ein schweres Unrecht an mir begangen,
indem sie mir die Wohlgestalt versagt hat,
welche die Liebe der Menschen gewinnt.
Das Leben ist mir eine Entschädigung dafür schuldig,
die ich mir holen werde.
Ich habe den Anspruch darauf, eine Ausnahme zu sein,
mich über die Bedenken hinwegzusetzen,
durch die sich andere hindern lassen.
Ich darf selbst Unrecht tun,
denn an mir ist Unrecht geschehen

Siegmund Freud über Shakespeares „Richard III.“[2]

Die verbindende Eigenschaft in der Psychologie des wilden Kükens ist die psychologische Unreife. Sie verfestigt sich weit über die eigentliche Kindheit hinaus und wird zur Grunddynamik seiner Persönlichkeit, die die Entwicklung reiferer psychologischer und moralischer Verhaltensweisen verhindert.

Die Unreife ist der vorherrschende psychologische Charakterzug der jungen Generationen und ein unerwünschtes Resultat der Widersprüche im Erziehungssystem.

Immer häufiger wird diese nicht überwundene Unreife zur grundsätzlichen Lebenseinstellung: Sie prägt eine gewisse Art, das Leben zu interpretieren, und verleiht den Beziehungen zu anderen Menschen und insbesondere zu den Eltern eine bestimmte Färbung.

Unreife besteht darin, die in unserem Leben immer gegenwärtige Grenze zu ignorieren. Ein unreifer Mensch weigert sich, das, was ihm nicht behagt und was sich nicht ändern, abstellen oder leugnen läßt, zu akzeptieren.

Unreife speist sich aus dem Anspruch, gegenüber dem Leben ein uneingeschränktes Entschädigungsrecht zu besitzen – obwohl das Gesetz des Lebens besagt, daß wir nur dann etwas Positives schaffen können, wenn wir uns einsetzen und bereit sind, Mühsal und Schwierigkeiten auf uns zu nehmen.

Wenn etwas mir keine psychologische Befriedigung verschafft, so die Einstellung des Unreifen, dann lehne ich es ab.

Weil dieses Verhalten nur nach dem Lustprinzip und nicht nach dem Werteprinzip funktioniert, fehlt ihm eine tiefere, dauerhafte und wirklich erfüllende Erfahrung der Zufriedenheit.

Weigerung und Anspruch sind die psychologischen Register der Unreife: die Weigerung, sich der Wirklichkeit anzupassen, und der Anspruch, die eigenen Wünsche zum einzigen Gesetz des Lebens zu machen.

Die Unreife erhält die Illusion aufrecht, allmächtig und gottgleich zu sein, das heißt, dem Leben die Bedingungen diktieren zu können. Anschaulich wird dies in dem Anspruch, „daß alles so läuft, wie ich es sage". Ein unreifer Mensch begnügt sich nicht damit, mit den Karten zu spielen, die das Leben ihm in die Hand gegeben hat, sondern verlangt vom Leben, daß er selbst die Karten verteilen darf (was bekanntlich schwierig ist ...).

Das Motto der Unreife lautet: Was mir nicht gefällt, das lehne ich ab und das darf nicht existieren. Die Folgen einer solchen Einstellung sind ebenso vorhersehbar wie monoton. Der Lehrer ist mir unsympathisch? Dann lerne ich eben nicht. Die Eltern sind nicht so reich, wie ich das gerne hätte? Dann sorge ich dafür, daß sie sich wie Versager fühlen. Ich bin ein bißchen mollig, fühle mich aber lieber schlank? Nun, dann werde ich eben wütend, wenn mir jemand die Wahrheit sagt.

In einem unreifen Menschen herrscht die Allmacht des Wollens: Wahr ist nur das, was ihm „gefällt". Aspekte der Wirklichkeit, die ihm „nicht gefallen", existieren einfach nicht, und tatsächlich kann er das Gefühl, sie ignorieren zu können, lange Zeit aufrechterhalten.

Ein junges Mädchen träumt von einer Karriere als Model. Als ihr Personal Trainer sie sehr taktvoll darauf hinweist, daß sie vielleicht eher Kugelstoßerin werden könnte, zieht sie über ihn her und wechselt empört das Fitneßstudio. „Für wen hält er sich eigentlich?", beschwert sie sich bei ihren Freunden, die es vorziehen, gar nichts zu sagen, weil ihnen nichts wirklich Tröstendes einfällt ...

Da wir gerade von der Allmacht der Gedanken sprechen ... Wenn Sie argumentieren, dann hört der Unreife Ihnen mit mäßigem Interesse zu und denkt an das Computerspiel, das er gleich spielen wird. Er ist immer darauf angewiesen, daß jemand ihm das, was er tun muß, „interessant oder einfach" macht. Er lebt in seiner Welt aus Fernsehen, Spielen und Computer. Er tut, was ihm in den Sinn kommt: spielt, ärgert seinen Bruder oder seine Schwester, einfach so, ohne richtigen Grund. Er lernt nur oberflächlich und denkt überhaupt nicht gerne, ein Nichts genügt, um ihn abzulenken. Das erste, was ihm einfällt, ist das Richtige. Seine Hausaufgaben erledigt er „mit knapper Not", er lernt ohne jedes Engagement.

Das Syndrom der Unreife geht immer mit den Symptomen der Dickköpfigkeit und der Anmaßung einher.

„Die Wahrheit mache ich mir in meinem Kopf", sagt ein Junge und erklärt, was er damit meint: „Wenn ich in der Schule eine Fünf bekomme, mache ich in meinem Kopf daraus eine Drei. Dann muß ich mir keine Sorgen machen."

Wir haben Hausaufgaben auf? Nein, ich tue so, als hätten wir nichts aufbekommen.

Wir haben einen Test geschrieben, und ich habe nichts gewußt? Ich rede mir ein, daß es ganz gut gelaufen ist.

Mir wird bewußt, daß ich den Stoff nicht gelernt habe? Ich hoffe, daß der Lehrer mich nicht prüft oder nicht nach dem fragt, was ich nicht weiß. Man muß nur die Daumen drücken, dann wird alles gut.

Mama bittet mich, einkaufen zu gehen oder mich nützlich zu machen? Ich tue so, als hätte ich sie nicht verstanden, und hoffe, sie vergißt, daß sie mich darum gebeten hat.

Das Dramatische an der Unreife ist der übermächtige Reflex, dem Leben und den Anforderungen der Wirklichkeit auszuweichen. Aus diesem Grund ist der Unreife gezwungen, sich in seiner Welt „einzuschließen", unter einer „Käseglocke" zu leben, die es ihm erspart, sich dem Leben mit seinen unabänderlichen Bedingungen und Anforderungen zu stellen.

Er ist unverkennbar auf der Flucht, denn er verweigert sich der Wirklichkeit. Unter solchen Voraussetzungen wird das Leben gefährlich und feindlich.

Doch der beunruhigendste und tragischste Aspekt der Unreife betrifft die Interpretation der Beziehungen, weil sie das Gefühl, geliebt zu werden, auf die Bedürfnisbefriedigung reduziert. Eine vom Virus der Unreife infizierte Liebe geht von folgender Regel aus: Wenn du mich gerne hast, mußt du tun, was ich sage, was ich von dir verlange, sonst liebst du mich nicht.

Die Ablehnung der verpflichtenden und anstrengenden Aspekte der Wirklichkeit setzt der Liebesfähigkeit eines unreifen Menschen Grenzen, denn sein Charakter ist darauf programmiert, nur zu „lieben", wenn es nichts kostet: risikolos, mühelos, ohne Einsatz und ohne Verzicht. Entsprechend der emotionalen Voreinstellung, der zufolge alle unangenehmen und mühsamen Aspekte der Wirklichkeit geleugnet werden müssen.

Der unreife Mensch ist nur freundlich, solange man ihn nicht mit den Widersprüchen in seinem Verhalten konfrontiert. Nur solange man ihm nicht sagt, was er nicht hören will, und nicht tut, was er nicht will.

Man kann nur dann konfliktfrei mit ihm zusammenleben, wenn man ihm die Auseinandersetzung mit der Wahrheit erspart; wenn man nicht von ihm verlangt, ein besserer Mensch zu werden und ihn vielleicht gar um etwas Schwieriges oder Anstrengendes bittet.

„Wenn du nicht spurst und es um etwas geht, wo er empfindlich ist", weiß ein Elternteil zu erzählen, „dann kann mein Sohn dich wirklich treffen und dir wehtun. Gerade war er noch lieb und freundlich, und dann verletzt er dich plötzlich mit einer unerhörten Leichtigkeit, nur um seine Ziele zu erreichen – ohne jede Rücksicht und mit einer Entschlossenheit, die wirklich erschreckend ist. Und anschließend geht er ganz selbstverständlich davon aus, daß du dem keine Bedeutung beimißt, sondern einfach darüber hinweggehst, ohne Theater zu machen."

Hier wird die erbarmungslose Seite mancher Kinder offenbar, die sich, obwohl es ihnen wahrlich nicht an Liebe mangelt, in wilde Küken verwandeln. Der Unreife hat nicht das Zeug dazu, wirklich gut zu sein, weil er glaubt, daß er ein Recht darauf hat, glücklich zu sein – ein Recht, das jemand anders auf Kosten seines eigenen Glücks garantieren muß.

Eine gute Beziehung setzt voraus, daß die Kinder sich im Geist von einigen emotionalen Voraussetzungen wie den folgenden verabschieden: es gibt nur mich; es gibt nur meine Bedürfnisse; du bist dazu da, meine Wünsche zu erfüllen.

Genau hier fällt die Saat der Gewalt auf fruchtbaren Boden: Wenn der andere sich weigert, immer nur Bedürfnisse des Unreifen zu befriedigen, wird er zum „Feind", zur Zielscheibe von Aggressivität und narzißtischer Wut.

Beispiel gefällig?

„Mein 16jähriger Sohn", erzählt eine Mutter, „hatte sich um zwei Uhr am Nachmittag mit seiner Freundin verabredet, und zwar in einem Park am anderen Ende der Stadt. Ich habe ihn um halb zwei an der Schule abgeholt und zu ihm gesagt, er könne unmöglich pünktlich sein, er habe das Treffen einfach zu früh angesetzt.

Anstelle einer Antwort fing er an, das Auto mit Faustschlägen zu traktieren, auf meiner Handtasche herumzutreten, zu fluchen und mich mit Ausdrücken zu beschimpfen, die ich hier nicht wiedergeben kann.

Einmal habe ich es gewagt, zu ihm zu sagen: „Das darfst du nicht", darauf hat er mir geantwortet: „Verreck doch!"
Er hat eine Freundin, mit der er ständig telefoniert, viele Stunden täglich. Er wollte partout nicht einsehen, daß das so nicht geht; also haben wir das Telefon mit einer Sperre versehen. Als wir nicht zu Hause waren, hat er unser Schlafzimmer verwüstet: das Bett zertrümmert, alle Fensterscheiben und den Leuchter zerbrochen.
Bei anderen Leuten ist er ein Ausbund an Liebenswürdigkeit, und alle sagen zu mir: „Was hast du nur für einen wunderbaren Sohn, freundlich, wohlerzogen ...!"

Der fruchtbare Boden, auf dem dieses Unkraut hat wuchern können, ist die mütterliche Schwäche:

„Ich sage mir immer: ‚Sein Vater und ich, wir haben früher viel gestritten, er muß sehr darunter gelitten haben; wir haben ihm seine Fröhlichkeit genommen, deswegen rastet er immer so aus.'"

Nicht selten kommen Mütter in die Sprechstunde, die zum Beweis ihrer verzweifelten Schilderungen aus ihrer Handtasche Gabeln und Löffel zutage fördern, die das Kind vor Wut irreparabel verbogen hat, Scherben von Gläsern, die im Zorn zerbrochen worden sind, oder Bruchstücke von Türen, die zertrümmert worden sind, nur weil die Eltern es gewagt haben, ein Verbot auszusprechen. Sie zeigen diese Indizien vor und sagen: „Hier, sehen Sie, ich sage die Wahrheit!", und sie flehen praktisch darum, daß man ihnen glaubt. Wie um die Angst zu bannen, daß man sie für überspannt oder verrückt hält, wie es ihnen zu Hause in der Regel gerade von denjenigen Menschen suggeriert wird, die sie eigentlich lieben müßten.

Die Reife

Die psychologische Reife wächst auf dem Boden einer herzlichen Akzeptanz der Wirklichkeit: Man verzichtet darauf, die Realität mit Erpressungsmanövern, Racheakten, Launen, Trotz und permanentem Protest den eigenen Wünschen anzupassen und dem Leben gegenüber den Beleidigten zu spielen, damit es einem gibt, was man will, wann und wie man es will.

Das Lebensprogramm eines unreifen Menschen führt zu beständigem Groll, weil das Leben seine Ansprüche nicht vollkommen befriedigen kann; der Unreife ist chronisch enttäuscht und pessimistisch, weil er vor allem das wahrnimmt, was nicht gewesen ist, was fehlt und was er nicht bekommen hat. Er ist immer unzufrieden.

Die Reife besteht darin, seine eigene Endlichkeit und Begrenztheit anzuerkennen, seine Allmachtsansprüche aufzugeben und einzusehen, daß der eigene Wille eben kein Gesetz ist, das alle respektieren müssen.

Reif sein heißt, zu entdecken, daß das, was man hat, vielleicht genügt; daß man sich damit zufriedengeben kann; daß man kein Theater machen und seine Energie nicht für halsstarriges Gejammer verschwenden muß.

Daß man das Leben so nehmen kann, wie es ist.

Das war auch die Erfahrung eines Jungen, der mit seinem egozentrischen Vater zusammenlebte. Der Vater war kindischer und weniger verantwortungsbewußt als der Sohn und seinen elterlichen Aufgaben keineswegs gewachsen (auch das Kind kann sich seine Eltern nicht vor der Geburt aussuchen ...). Viele Jahre lang wandte der Sohn die unterschiedlichsten Strategien an (hielt sich zurück, vertraute sich ihm an, ließ ihn emotional „auflaufen" oder sich wichtig fühlen, das alles immer im Wechsel), um ihn zu dem Vater zu machen, den er gerne gehabt hätte, doch ohne Erfolg. Dann endlich, eines Tages, machte er einen Riesenschritt in Richtung Reife: „Ich habe ihn so akzeptiert, wie er ist", sagte er im Gespräch, „er ist nicht der Vater, den ich mir gewünscht hätte, ich bin ihm nicht so wichtig, wie ich es gerne wäre, aber im Rahmen seiner Möglichkeiten tut er schon etwas für mich. Seit ich das verstanden habe", fügte er hinzu, „bin ich ihm gegenüber aufgeschlossener, und er ist es mir gegenüber auch."

Die Reife versetzt einen Menschen in die Lage, mit der Vergangenheit, mit der eigenen, persönlichen Geschichte abzuschließen, in der nicht alles optimal gelaufen ist; mit den eigenen Eltern zum Beispiel, die vielleicht nicht imstande gewesen sind, uns das zu geben, was wir zu Recht von ihnen hätten erwarten können.

Ein reifer Mensch hat den Zwang überwunden, seinem eigenen Schicksal zu grollen.

Reif sein ist so, als ob man sagen würde: Okay, das, was ich bekommen habe, genügt. Das, was die Menschen in meinem Umfeld mir geben können, ist vielleicht nicht viel und auch nicht perfekt, aber es ist schön und kostbar, und ich will es ihnen vergelten.

Alles in allem war und ist das Leben gut zu mir.

Hierin unterscheidet sich die Akzeptanz von der Resignation: Letztere ist im wesentlichen von der Ohnmacht geprägt, mit der man die negativen Seiten der Wirklichkeit auf sich nimmt. Die Wirklichkeit zu akzeptieren heißt dagegen, anzuerkennen, daß man schon genug bekommen hat.

Zum Beispiel zu erkennen, vor wie vielen Unglücksfällen das Leben uns bereits ohne unser Verdienst bewahrt hat. Das Schicksal, das andere getroffen hat, hätte ohne weiteres auch uns treffen können, doch es hat uns nicht getroffen, und so sind uns, weshalb auch immer, Prüfungen erspart geblieben, die anderen vorbehalten waren. Ein gütiges Geschick hat uns unbegreiflicherweise verschont, und wenn wir das einsehen, haben wir den Schritt vom Anspruch zur Dankbarkeit vollzogen, vom Pessimismus zu einem gereiften Optimismus, der die Wirklichkeit im wesentlichen positiv bewertet – trotz allem und nicht, weil alles immer nur gut und leicht gewesen wäre.

Die Reife speist sich aus dem Bewußtsein, daß das Leben uns nichts schuldet und uns doch aus unerfindlichen Gründen alles geschenkt hat, was wir haben. Selbst das, was wir aus eigener Kraft erarbeitet haben, ist den günstigen Umständen geschuldet, die uns die Chance gegeben haben, es uns zu verdienen.

Solche Überlegungen bringen eine heilsame Unruhe und entscheidende Fragen hervor.

Die psychologische Reife scheint der Vorläufer einer providentiellen Sicht auf das Leben zu sein. Ohne sie scheint eine solche Lebenssicht kaum glaubwürdig; da ist es realistischer, das Leben zynisch als eine Macht zu interpretieren, der man das Glück, das sie uns vorenthalten will, in kleinen Fetzen entreißen muß.

V. Familienportraits mit unmöglichen Kindern

Unser Plan sieht nun vor, daß wir uns ein wenig Zeit nehmen, um fünf Gemälde zu betrachten, die ebenso viele „Familieninterieurs mit wildem Küken" darstellen. Auf die Schilderung besagter Interieurs folgt jeweils ein Kommentar.

Doktor Jekyll und Mister Hyde

Der Bericht

„Mit meinem 24jährigen Sohn ist es so", erzählt eine Mutter: „Er will Geld, aber er will nichts dafür tun. Er beschwert sich, daß seine derzeitige Arbeitsstelle so schlecht bezahlt ist, aber dafür kann er bis mittags schlafen, und außerdem gibt er sich gar keine Mühe, eine andere Arbeit zu finden oder Karriere zu machen.
Er war auch an der Universität eingeschrieben, aber er hat die Veranstaltungen nie besucht, sondern ist immer in den Park oder ins Museum gegangen.
Er träumt davon, ein Lokal zu eröffnen, ist aber nicht bereit zu lernen, wie man Gerichte zubereitet oder richtig einkauft.
Er denkt immer: ‚Es kommt, wie es kommt.' Und wer bezahlt? Wir, denn er hat nie Geld.
Wenn er sich entschließt, irgendeine Sportart auszuprobieren, muß er sofort die komplette, sehr teure Ausrüstung haben, dann geht er zweimal hin, und dann macht es ihm keinen Spaß mehr. Wir sagen ihm: ‚Probier es erst einmal aus, und kauf die teuren Sachen erst,

wenn du dir sicher bist, daß es dir gefällt', aber er hört nicht auf uns.
Er legt viel Wert auf sein Aussehen, er ist etwas eitel. Er sagt immer: ,In der Gesellschaft von heute ist Aussehen alles.' Mindestens zwanzigmal am Tag beobachte ich, wie er mit hochgezogenem T-Shirt vor dem Spiegel steht, um nachzusehen, ob sein Bauch schön flach ist. Er wiegt sich ständig.
Er will immer an erster Stelle stehen. Er hat sich im Fußballverein angemeldet, aber der Trainer hat ihn auf die Bank gesetzt, und er ist nie wieder hingegangen.
Die Mädchen läßt er fallen, sobald sie ihn ,erhören'. Er sucht sich immer welche, mit denen es dann ständig Streit gibt: Die letzte hat ihn drei Jahre lang zappeln lassen, und als er sie dann endlich erobert hatte, hat er sich von ihr getrennt.
Zu Hause läßt er sich bedienen, alles muß immer gebügelt und fertig sein: Er hat 30 Hemden im Schrank, aber wenn er es sich in den Kopf setzt, das einunddreißigste anzuziehen, muß ich es sofort bügeln.
Wenn man nein sagt, trommelt er mit den Fäusten gegen die Wand und schlägt die Türen hinter sich zu.
Ich habe immer Angst gehabt, daß er Dummheiten machen könnte, um das, was ich ihm verbiete, doch zu erreichen, und deshalb bin ich ihm zu sehr entgegengekommen. Beispiel: Einmal hatte er kein Geld und wollte seine Stereoanlage verkaufen, da habe ich ihm 100 Euro gegeben. Wenn er kein Geld hat, sagt er zu mir: ,Dann fahre ich eben zu dem und dem Freund in die Stadt, um mir etwas zu leihen.' Er weiß ganz genau, daß ich ihm das Geld dann lieber selber gebe, aus Angst, daß er einen Verkehrsunfall hat.
Wenn er nicht zu Hause ist, muß ich Beruhigungsmittel nehmen, aber letztlich sage ich mir: ,Einmal mag das angehen, aber ich kann mich nicht mein Leben lang mit Medikamenten ruhigstellen.' Ich muß etwas ändern.
Ich bin voller Schuldgefühle. Wenn er zum Abendessen nach Hause kommt und nichts ißt, weil es nichts gibt, was ihm schmeckt, dann

habe ich ein schlechtes Gewissen, weil ich ihm nichts Leckeres gekauft habe.
Aber dann sage ich mir: ‚Woher hätte ich das denn wissen sollen?' und: ‚Er hätte sich auch mit dem begnügen können, was es gab, ich habe schließlich genug gemacht ...'
Er wirft mir vor, ihm nicht zuzuhören, aber offengestanden ist es so, daß er immer alles bei mir ablädt, aber selber nie etwas hören will.
Er beklagt sich über alles, was schiefgeht, er ist immer das arme Opfer, und die ganze Welt hat sich gegen ihn verschworen.
Wenn ich ihm zuhöre, darf ich nicht sagen, was ich denke, denn er ist unmäßig stolz und empfindlich.
Wenn ich Kopfschmerzen habe und zu ihm sage: ‚Bitte hab Mitleid, sei einen Moment still, ich halte es nicht mehr aus', redet er völlig unbeeindruckt weiter. Er soll aber auch nicht den Eindruck haben, daß seine Mutter ihm nicht zuhört und ihn nicht versteht.
Ehrlich gesagt lädt er alles bei mir ab, jeden Mist.
Wenn es ihm schlechtgeht, dann will er anscheinend, daß es mir auch schlechtgeht.
Draußen ist er unglaublich lieb, unglaublich korrekt, alle machen mir Komplimente. Wenn sie wüßten, wie es bei uns zu Hause zugeht. Uns gegenüber ist er arrogant, draußen ist er ein Goldstück.
Wie Doktor Jekyll und Mister Hyde.
Ich halte es nicht mehr aus. Ich würde ihm gerne sagen: ‚Laß mich in Ruhe, kümmer dich doch mal ein bißchen um deinen eigenen Kram!'
Hilfe, ich kriege keine Luft mehr!"

Kommentar

Unreif ist ein Mensch, der „den Anspruch erhebt, daß die Wirklichkeit ihm seine Bedürfnisse erfüllt, ohne daß er sich dazu anstrengen muß." Wem diese psychologische Definition zu allgemein ist, der wird sich wohl eher von den oben beschriebenen Verhaltensweisen überzeugen lassen, die das Phänomen der Unreife perfekt veranschaulichen: Das Muttersöhnchen will Geld, ohne zu arbeiten, auf Kosten der Eltern ein Lokal eröffnen und Koch werden, ohne kochen zu lernen.

Ein weiteres typisches Merkmal: Wenn er seinen Willen nicht bekommt, schlägt er alles kurz und klein. Die Eltern der wilden Küken berichten, daß sie ständig Rechnungen beim Glaser und beim Schreiner offen haben. Die Türen sind das bevorzugte Ziel ihrer unkontrollierbaren Wutausbrüche – bis heute wissen die Psychologen nicht, warum das so ist.

Aufschlußreich ist auch das Verhältnis des Sohnes zu seiner Mutter, die er abwechselnd als Bügelsklavin, Müllkippe für seine Launen, kostenlose Haushälterin und Punchingball benutzt: Sie erzittert unter seinen Schlägen und macht doch gute Miene zum bösen Spiel.

Wie sich all dies mit der Liebe eines Sohnes zu seiner Mutter verträgt, bleibt ein unlösbares Geheimnis, zumal er nicht das geringste Mitleid mit ihr hat.

Erhellend ist das Ergebnis des Virenscans, den sie auf ihrem Programm hat laufen lassen. Diagnose: die Angst, daß er Dummheiten machen könnte; Schuldgefühle, weil sie ihm kein perfektes Leben bietet (und zum Beispiel errät, was er vielleicht zu Abend essen möchte).

Diese Viren haben die Originalsoftware der mütterlichen Fürsorge überschrieben und in ein Programm umgewandelt, das unter dem Namen „übertriebene Gefälligkeit" läuft.

Wieder einmal ist das Zuviel, die der Mäßigung entgegengesetzte Maßlosigkeit der vorherrschende Zug des mütterlichen Verhaltens.

Ihre physische und psychische Totalerschöpfung hat ihrem Sohn keinen Vorteil gebracht, hat nicht das Beste an ihm zutage gefördert. Ihre Erschöpfung war nicht nur nutzlos, sondern sogar schädlich – wie ein Kreuz, das niederdrückt und tötet, ohne irgend jemanden zu erlösen.

Der Ausweg für diese Mutter besteht darin, sich ihr Leid und die Grenzen ihrer Leidensfähigkeit bewußtzumachen, diese Grenzen als berechtigt zu akzeptieren und ihrem eigenen Rechts- und Unrechtsbewußtsein wieder eine Stimme zu geben – nachdem es so lange hat schweigen müssen, damit der Sohn sich nicht mit der Widersprüchlichkeit seines eigenen Verhaltens auseinandersetzen mußte.

„Ich kann mich nicht mein Leben lang mit Medikamenten ruhigstellen", sagt sie. Sie muß sich selbst wieder zum Leben erwecken, sie muß die Sklavin, zu der sie sich hat machen lassen, befreien, und sie muß die Gerechtigkeit in der Beziehung zu ihrem Sohn wiederherstellen. Sie muß die Achtung vor ihrer eigenen Person einfordern.

Sich versklaven und ausnutzen zu lassen, nimmt dem Akt des Dienens seine Würde und Größe.

Diese Mutter hat das Problem gelöst:

> „Mein 13jähriger Sohn hatte in Englisch eine Übung aufbekommen, die er im Jahr zuvor schon einmal gemacht hatte. Offenbar wollte er sie aus dem Vorjahresheft abschreiben, denn während ich im Bad bin, brüllt er plötzlich laut und in sehr ungnädigem Ton: „Wo ist mein Heft?? Wo hast du es hingetan??"
> Daraufhin bin ich hinausgegangen und habe gesagt: „Ich dulde es nicht, daß du mich so anschreist", in einem Ton, der keine Widerrede zuließ, und dabei habe ich ihn ganz böse angestarrt. „Die Hausaufgaben mußt du neu machen, die darfst du nicht abschreiben! Ich weiß nicht, wo das Heft ist, aber ich will auch nicht, daß du es suchst, denn das ist nicht in Ordnung!"
> Da ist er zur Vernunft gekommen und hat seine Hausaufgaben gemacht.
> Ich habe die Erfahrung gemacht, daß er lieber und anhänglicher ist, wenn ich so reagiere.

Keine Liebe verlangt, daß man sich selbst auslöscht, und niemand hat das Recht, eine Mutter schlecht zu behandeln oder die Schwachstellen der Eltern auszunutzen.

Der Schlaf der Gerechtigkeit gebiert Ungeheuer.[3]

Die Prinzessin auf der Erbse

Der Bericht

„Meine Tochter ist 15 Jahre alt", erzählt eine Mutter, „und das Zusammenleben mit ihr ist unerträglich.
Ich kann nicht mit ihr zu Mittag oder zu Abend essen, weil sie das nervt. Also esse ich, wenn sie fertig ist. Einmal habe ich zu ihr gesagt: ‚Das darfst du nicht!', da hat sie einen kleinen Tisch nach mir geworfen. Sie zwingt ihren jüngeren Bruder, ihr Geschichte und Erdkunde vorzulesen, während sie sich im Spiegel betrachtet.
Sie ist total eifersüchtig auf ihn und wirft mir immer vor, daß ich ihn anders behandle und bevorzuge: Das stimmt auch, denn er ist lieb und vernünftig, und ich kann es nicht verhehlen, daß ich mit seinem Charakter besser klarkomme.
Für alles, was nicht klappt, gibt sie immer mir die Schuld; sie übernimmt nie für irgend etwas die Verantwortung.
Wenn sie dicker ist als ich, dann ist das meine Schuld, weil ich ihr die falschen Gene vererbt habe, und sie ist wütend auf mich, statt einfach weniger Süßigkeiten zu essen.
In der Schule freundet sie sich mit niemandem an, sie hat immer an allen etwas auszusetzen.
Du weißt nie, wie sie gerade gelaunt ist, ruhig oder wütend, denn ihre Stimmung kippt von einer Minute auf die andere.
Wenn ich nach der Schule auf sie warte, dann frage ich mich besorgt: ‚Oh Gott! ... Wie sie wohl drauf ist?' Denn wenn sie schlechtgelaunt ist, macht sie uns allen das Leben zur Hölle. Ihr zwölfjähriger Bruder hat mir gesagt, daß er von zu Hause weglaufen will, und der Kleine, er ist zwei Jahre alt, guckt uns mit seinen runden Augen an, als wollte er sagen: ‚Ihr seid ja alle verrückt!'
Ich traue mich nicht, mich gegen sie zu wehren, denn ich habe Angst, daß sie dann Dummheiten macht, und damit sie nichts Unüberlegtes tut, gebe ich klein bei und tue, was sie will.

Ich schaffe es nicht mehr, ich werde verrückt. Ich breche zusammen. Ich wollte anders sein als meine Mutter; sie war eine kindische und egozentrische Person, die mir wenig gegeben hat. Ich habe mich immer unverstanden gefühlt. Das sollte meiner Tochter nicht passieren. Deswegen habe ich sie mit Aufmerksamkeiten überschüttet, ich habe ihr zu sehr geholfen und ihr alles abgenommen. Auch beim Lernen. Im Sommer sollte sie ein total langweiliges Buch lesen, und was ist passiert? Ich habe es gelesen und für sie zusammengefaßt.
Ich wollte ihr immer alles ersparen – es geht mir schlecht, wenn ich sie leiden sehe.
Auch ihrem Vater gegenüber habe ich sie immer in Schutz genommen; er hat immer übertrieben reagiert, und deswegen habe ich ihre Partei ergriffen.
Gestern habe ich ihr zum allerersten Mal eine Ohrfeige gegeben, weil ich einfach nicht mehr konnte. Danach habe ich zu mir gesagt: ‚Sie hat sie verdient! Gut gemacht!' Ich habe über mich selbst gestaunt.
Inzwischen wünsche ich mir auch, daß sie sitzenbleibt, wenn sie es nicht anders verdient. Früher hätte ich alles getan, um dieses Drama zu verhindern.
Ich sehe ein, daß unser Verhältnis ein Irrsinn ist: Sie hat alle meine Energien aufgebraucht, und ich bin am Ende, aber ohne daß sie deshalb erwachsener geworden wäre, denn auf mich wirkt sie immer noch wie ein launenhaftes und unverschämtes kleines Mädchen. Und dazu kommt, daß sie mich haßt.
Ich möchte wieder eine Frau und ich möchte auch eine Mutter für meine anderen beiden Kinder sein. Ich muß fester und entschlossener werden.
Am liebsten würde ich schreien: ‚Es reicht, ich will nicht daran zugrunde gehen!'"

Kommentar

Dieser Bericht ist das psychologische Manifest einer Mutter, die zu sehr liebt. Mit wenigen raschen Pinselstrichen umreißt sie das typischste und häufigste Szenario. Weil alles sich immer nur um sie dreht, hat die Tochter die Macht, die komplette Familie mit ihren Launen und Wutanfällen zu tyrannisieren. Sie erträgt es nicht, daß irgend etwas nicht nach ihren Vorstellungen läuft, und statt weniger zu essen, um abzunehmen, wird sie wütend auf ihre Mutter, die … ihr die falschen Gene vererbt hat!

Interessant ist der Kommentar dieser Mutter am Rande des Nervenzusammenbruchs: „Hätte ich ihr wenigstens geholfen, ein besserer Mensch zu werden", so klagt sie, „aber sie ist ein launenhaftes und unverschämtes kleines Mädchen geblieben."

Oft kann die Mutter nur entscheiden, welches Kreuz sie auf sich nehmen und welche Art von Schmerz sie lieber ertragen will: das Unverständnis von seiten des Kindes, wenn sie ihrem eigenen Gerechtigkeitsempfinden folgt, oder die Last einer übertriebenen Willfährigkeit, wenn die vom Virus verursachte Angst übermächtig ist. Denn das hat die Mutter aus unserem Fallbeispiel sehr treffend diagnostiziert: Es handelt sich um eine Variante des Virus „Ich habe Angst, daß mein Kind leidet". Sie hat ihre eigene Erfahrung, von ihrer Mutter seinerzeit nicht verstanden worden zu sein, völlig willkürlich auf ihre Tochter angewandt (in der Psychologie spricht man von Übertragung) und alles getan, um ihr eine ähnliche Erfahrung zu ersparen. Dabei hat sie vergessen, daß sie ganz anders als ihre eigene Mutter ist und die Erfahrung des mangelnden Verständnisses damit ganz und gar hypothetisch und nicht real ist.

Folgerichtig hat sie ihrer Tochter jede Mühe erspart, ihr zu sehr geholfen und sie auch dann noch in Schutz genommen, wenn das Mädchen eindeutig im Unrecht war. Und damit dazu beigetragen, jene Voraussetzungen zu schaffen, die ihre eher regressiven Charakterzüge zur Entfaltung gebracht haben.

Dennoch sind erste Anzeichen einer Veränderung zu beobachten: Zum ersten Mal gibt sie der Tochter eine Ohrfeige und sagt sich daraufhin: „Die hat sie wirklich verdient!" Sie hält ihren Zorn für gerechtfertigt und nimmt damit dem Virus, das ihr einflüstern will, sie hätte sich beherrschen müssen, seine Wirkung.

Sie beginnt auch, sich zu wünschen, daß die Realität ihre Tochter nicht mehr mit Samthandschuhen anfaßt: daß sie beispielsweise in der Schule nicht mehr versetzt wird, wenn sie es nicht verdient hat. Damit stellt sie den Aspekt der Gegenseitigkeit wieder her – nach dem Motto: „Wenn du etwas haben willst, mußt du auch etwas geben", oder, wie viele kluge Eltern sagen: „Die Dinge fallen nicht vom Himmel". Der mütterliche Schutzschild bekommt Risse; die Tochter wird dem richtigen Leben ausgesetzt. Es ist gut für sie, wenn man ihr hilft, die Realität zu akzeptieren, statt sie in einer Scheinwelt leben zu lassen, wo es genügt, mit den Füßen aufzustampfen und wütend zu werden, damit das, was ihr nicht paßt, wie durch Zauberhand verschwindet.

Es gibt keine Zauberei – es ist einzig und allein die Anstrengung der Mutter, die mit ihren Zusammenfassungen dafür sorgt, daß ein langweiliges und schwieriges Buch schön und einfach wird. Doch das sieht die Tochter nicht. So, wie sie auch die Anstrengung des kleinen Bruders nicht sieht, der ihr aus dem Erdkundebuch vorliest, während sie sich schminkt.

Ein letztes Detail: Der Ausruf „Ich hasse dich!" zählt zu den häufigsten Beschimpfungen im Wortschatz der allzu behüteten und verhätschelten Kinder. Frappierend ist dabei das Mißverhältnis zwischen der Heftigkeit des Ausdrucks und der Geringfügigkeit dessen, was ihn auslöst. Eine Kleinigkeit genügt, um solche emotionalen Dolchstöße zu provozieren. Es reicht schon aus, daß das Kind die Liebe, von der es umgeben ist, einfach nicht wahrnimmt.

Die schlaue Tyrannin

Der Bericht

„Meine Tochter ist 22 Jahre alt", erzählt eine Mutter.
„Zu Hause macht sie praktisch, was sie will: Wenn sie Gymnastik machen will, verrückt sie alle Möbel im Wohnzimmer. Danach läßt sie die Geräte einfach stehen, ohne aufzuräumen ... und wehe, jemand sagt etwas!
In ihrem Zimmer sieht es aus wie in einem Saloon nach einer Schlägerei. Einmal bin ich hereingekommen, und habe sie selbst vor lauter Unordnung gar nicht mehr gesehen.
Sie hat drei Mäntel, wenn sie sie auszieht, wirft sie sie einfach auf den Boden, und dieses Jahr soll ich ihr einen neuen kaufen.
Wenn es Kuchen gibt, schneidet sie sich das beste Stück aus der Mitte heraus und läßt den Rest stehen.
Wenn sie duscht, bleibt alles auf dem Boden liegen, so daß keiner mehr ins Badezimmer kommt.
Ihre Zimmertür ist voller Dellen, weil sie immer aus Wut dagegentritt, wenn sie nicht bekommt, was sie will.
Seit einiger Zeit spricht sie nicht mehr mit mir", fährt die Mutter fort, „sie sagt nur noch: ‚Ich hasse dich!'
Neulich habe ich zu ihr gesagt: ‚Mach heute bitte keine Unordnung mehr, ich muß ein paar Freundinnen einladen', und als ich nach Hause kam, sah es aus wie auf einem Schlachtfeld.
Morgens gehe ich aus dem Haus, um den Müll wegzubringen, und ich gehe erst wieder hinein, wenn sie weg ist: Ich ertrage sie einfach nicht mehr ...
Im letzten Halbjahr hat sie 250 Euro für ihr Handy ausgegeben, dann hat sie unsere beiden Prepaid-Karten leer telefoniert, und dann hat sie sich auf den Festnetzanschluß gestürzt – und wehe, man sagt ihr etwas.
Ich habe ihr gesagt, daß ich ihr das Taschengeld kürze, und sie hat geantwortet, daß sie im Sommer arbeiten geht, aber dann hat sie

hinzugefügt: ‚Erwartet dann aber nicht, daß ich die Prüfungen an der Uni bestehe.'

Sie sagt immer in vorwurfsvollem Ton: ‚Meine Freundinnen haben genug Geld!', und zu ihrem Vater: ‚Du bist ein Schmarotzer, warum solltest du auch mehr Geld verdienen!'

Ihre bevorzugte Technik besteht darin, uns vor vollendete Tatsachen zu stellen. Sie verreist und ruft uns dann aus dem Ausland an, um uns zu sagen, daß sie kein Geld mehr hat, damit wir dafür sorgen, daß ihre Kreditkarte gedeckt ist. Notgedrungen.

Wenn ihr Vater ihr etwas sagt, dann antwortet sie: ‚Was hast du nur gegen mich? Was hat die Mama dir nur gesagt, um dich gegen mich aufzuhetzen?'

Ich kann nicht mehr, ich will, daß sie auszieht, unsere Familie zerbricht, wir werden ihretwegen noch alle verrückt. Auch unser jüngerer Sohn ahmt sie schon nach, und ich weiß nicht, wie das noch werden soll.

Die Religion hat auch dazu beigetragen, daß ich Nachgiebigkeit für etwas Gutes halte, vielleicht sollte ich das noch einmal überdenken …

Ich ahne allmählich, daß ich meiner Tochter zu ihrem Besten auch einmal wehtun muß, indem ich ihr sage, was gesagt werden muß. Vielleicht muß ich auch das Kreuz des Unverständnisses auf mich nehmen, wenn sie nicht einsieht, daß ich es gut mit ihr meine – oder wenn sie so tut, als ob sie es nicht einsieht.

Neulich hatte sie Geburtstag", fährt die Mutter fort, „und da fragt sie mich in empörtem Ton: ‚Wo sind denn meine Geschenke?' Ich habe ihr geantwortet: ‚Was hast du denn deinen Freunden und deinen Verwandten geschenkt? Du denkst nie an ihre Geburtstage und feierst nie mit ihnen. Du hast zwei Omas, die dich anflehen, sie doch mal besuchen zu kommen, und die nicht einmal mehr wissen, wie du aussiehst. Warum also sollten sie an deinen Geburtstag denken?'"

Kommentar

Der Bericht ist ein Crescendo mit einem furiosen Finale: Auf dem Höhepunkt ihrer Überlegungen besinnt sich die Mutter auf das Gesetz der Gegenseitigkeit – *die* Voraussetzung schlechthin für ein gutes Verhältnis zu Verwandten und Freunden (hier durch die Geschenke symbolisiert). Die Argumentation ist stringent und läßt keinen Ausweg offen. Die Tochter erhebt den Anspruch, alles zu bekommen, ohne jemals etwas zu geben, und zwingt damit die anderen, ihr Zeit, Mühe (das Aufräumen des Hauses) und Geld (durch schlaue Erpressungsmanöver) zur Verfügung zu stellen. Damit beraubt sie sie ihrer „Güter", ohne ihre „Güte" anzuerkennen.

Dabei sind die Strategien, mit denen die Tochter ihre Eltern in Schach hält, sehr raffiniert und typisch weiblich: Sie macht deutlich, daß sie sich verfolgt fühlt (eine Variante des Nicht-geliebt-Werdens); doch die größte Perfidie ist ihre Unterstellung, die Reaktion des Vaters sei der Boshaftigkeit der Mutter geschuldet und er stehe unter ihrem Pantoffel. Auf diese Weise lähmt sie beide: Dem Vater suggeriert sie, daß er sich zu sehr von seiner Frau beeinflussen läßt und nicht selber nachdenkt; und der Mutter gibt sie das Gefühl, „die Böse" zu sein, die ihren Mann gegen die gemeinsame Tochter aufhetzt.

Das wiederholte „Und wehe, jemand sagt etwas!" ist ein leiser Hinweis auf die Ausbrüche, die sich entladen, wenn jemand es wagt, sich dem Willen der Tyrannin entgegenzustellen. Doch die zerstörte Tür (wieder einmal die Tür!) ihres Zimmers läßt so manches ahnen, woran man sich ungerne erinnert und was man wohl noch weniger gerne erzählt.

Das Detail mit dem Kuchen besitzt eine bemerkenswerte Symbolkraft – es ist eine perfekte Metapher für ihre Beziehung zum Leben, die sich etwa so übersetzen läßt: Ich will nur den besten Teil, das beste Stück; alles, was nicht schmeckt, was Mühe, Anstrengung und Opfer kostet, sollen die anderen erledigen. Und wenn sie das nicht tun, dann hasse ich sie.

Eine Mutter, die erst wieder ins Haus zurückkehrt, wenn die Tochter es verlassen hat, kann einem wirklich leidtun. Unter den von der Tochter gestellten Bedingungen ist ein gemeinsames Leben nicht möglich und die Tochter selbst unerträglich. Das Problem des Zusammenlebens ist oft nicht einfach zu lösen: Das einzige, was sich wirklich ändern läßt, ist die innere Einstellung der Mutter oder des Vaters. Diese Veränderung ist unsichtbar, aber real und entscheidend. Sie besteht darin, daß die Eltern ihren Zorn und ihre moralische Auflehnung als legitim anerkennen und den Sumpf der ungelösten Irrtümer trockenlegen – die Brutstätte jener Viren, die einen Menschen psychologisch schwach und allzu nachgiebig machen und ihn zum Pakt mit dem Bösen verleiten.

Die Idee, ein Kind mit Zugeständnissen zu versöhnen und zu zähmen, ist eine alte und offenbar unausrottbare Illusion: Das Böse verschlingt dich, wenn du nicht dagegen ankämpfst.

Der gelangweilte Faulenzer

Der Bericht

„Ich bin sehr faul", erzählt ein 19jähriger Junge. „Zum Beispiel liebe ich die Musik, aber ich gebe mir keine Mühe, ein Instrument zu lernen. So bin ich in allem: Ich arbeite in einer Gärtnerei, aber ohne Begeisterung, ich tue, was man mir sagt, aber nur, weil ich muß. Nichts macht mir wirklich Spaß. Nach kurzer Zeit wird mir alles langweilig.

Ich bin einfach so: Beim ersten Hindernis bleibe ich stehen und gebe auf, ich habe kein Durchhaltevermögen.

Ich bin sozusagen bequem, ich rühre keinen Finger.

Ich warte immer, bis meine Mutter sich rührt und die Dinge für mich erledigt. Sie versucht, mir immer zu helfen, sie regelt alles.

Ich glaube, sie hat alles getan, damit ich nicht darunter leide, daß ich keinen Vater habe; deswegen hat sie mir nach Möglichkeit jeden Wunsch erfüllt.

Ich würde nie zu ihr sagen: ‚Laß mich in Ruhe, leb dein Leben', denn dann könnte ich sie ja nicht mehr für meine Ziele benutzen.
Ich denke oft, daß ich die Leute benutze, um meine Ziele zu erreichen.
Zu Hause darf sie mir nicht widersprechen, sonst bin ich gemein zu ihr.
Manchmal kommen mir Zweifel, ob ich sie überhaupt liebhabe, obwohl sie meine Mutter ist.
Von den anderen lasse ich mir alles gefallen, aber sie schreie ich an, ihr gegenüber bin ich aufbrausend und ungeduldig.
Manchmal bin ich völlig gefühllos: Wenn ich zum Beispiel sehen würde, daß jemand halbtot auf dem Boden liegt, dann könnte es passieren, daß ich denke, ‚besser er als ich' – und einfach weiterfahre.
Ich gehe nie mit anderen aus, ich bin gerne zu Hause, aber ich fühle, daß es nicht das ist, was ich wirklich will.
Ich bin gerne im Mittelpunkt der Aufmerksamkeit. Das war schon immer so.
Ich wäre gerne ein erfolgreicher Sänger, ich träume davon, daß die Leute mich auf der Straße um ein Autogramm bitten, ich würde gerne hören, wie sie sagen: ‚Guck mal da, das ist doch der berühmte Sänger …!'
Aber der Weg dorthin schreckt mich ab, daß ich mich anstrengen und mich von ganz unten hocharbeiten muß.
Ich bin drauf und dran, es aufzugeben. Ich bin nun mal nicht Freddy Mercury.
Ich bin unzufrieden, fühle mich nicht Fisch nicht Fleisch, ich bin ein Nichts. Ich lebe ein banales Leben.
Der einzige Anlaß zur Hoffnung ist gerade das: daß ich mich in diesem Leben nicht wohlfühle.
Es ist das erste Mal, daß ich wirklich etwas verändern will. Endlich habe ich angefangen, Klavierunterricht zu nehmen und Solfège[4] zu lernen

Es ist schwierig, aber diesmal sage ich nicht wie die anderen Male: ‚Laß es bleiben'. Ich stelle fest, daß es mir liegt, und ich habe Lust, weiterzumachen."

Kommentar

Dieser Bericht ist nicht aus dem Blickwinkel eines Elternteils, sondern aus der Sicht des Sohnes abgefaßt.

Sehen wir uns die verschiedenen Elemente an: Da ist vor allem die Trägheit, eine Schwäche, die ihn unfähig macht, irgend etwas auf die Beine zu stellen. Andererseits gibt er selbst zu, daß seine Mutter „die Dinge für mich erledigt".

Seine Deutung dieser mütterlichen Bereitschaft ist hellsichtig: „damit ich nicht darunter leide, daß ich keinen Vater habe", vermutet der Sohn.

Der Junge analysiert sich mit bemerkenswertem Scharfsinn: Ihm ist bewußt, daß er seine Mutter instrumentalisiert und für seine Ziele benutzt, und es kommt ihm gelegen, daß sie sein Verhalten nicht durchschaut und nicht versucht, ihm diesen „Zahn" zu ziehen.

Es kommt ihm auch gelegen, daß die Mutter denkt, er leide unter der Abwesenheit des Vaters, und daß sie sich bemüht, sein vermeintliches Unglück zu lindern. Ein Unglück, das er im übrigen gar nicht so empfindet, wie die Mutter es sich vorstellt – doch selbst wenn dem so wäre, bestünde die richtige Reaktion nicht darin, ihm alles abzunehmen und ihm die anstrengenderen Aspekte des Lebens zu ersparen.

Die Abwesenheit des Vaters ist in der Tat schädlich – aber weniger, weil es dem Sohn deshalb an Liebe fehlt, sondern eher, weil der Vater ihn ermutigen könnte, das Leben ohne Angst vor den damit verbundenen Strapazen in Angriff zu nehmen, wie es dem typischen Erziehungsstil des männlichen Elternteils entspricht. Genau das nämlich sind die Folgen der Abwesenheit des Vaters: die Angst vor dem Weg, der zurückgelegt werden muß, die Angst vor der Mühe des Solfège-Unterrichts, sprich: die Angst vor den anstrengenden Aspekten des Lebens.

Er vergeudet seine Zeit mit Tagträumen, in denen er den nötigen Lernprozeß „von der Pike auf" einfach ausspart – der letzte Widerstand gegenüber der Realität, die eben nicht so ist, wie er es gerne hätte. Und so tut er nichts, um sein natürliches Talent zu kultivieren: wie ein wilder Baum, der unveredelt keine Frucht bringt. Die süße Frucht der Zufriedenheit, die, wie er erst später ahnt, genau auf dem Boden wächst, den zu betreten er bisher tunlichst vermieden hat. Endlich beginnt er, Klavier- und Solfège-Stunden zu nehmen: Er stellt fest, daß es ihm liegt, und er hat Lust weiterzumachen. Er macht die Erfahrung, daß die Anstrengung eine belebende Wirkung hat, die ihm bisher unbekannt war.

Das dramatischste Detail ist auf jeden Fall der Verdacht, daß er seine Mutter nicht liebt: So träge und nachgiebig er sich „draußen" gibt, so aggressiv und schlecht behandelt er die Mutter zu Hause – ein perfekter Mister Hyde.

Was bestätigt, daß es tatsächlich das genaue Gegenteil von echter Liebe ist, wenn man den anderen für seine eigenen Ziele instrumentalisiert. Weil man die unentbehrliche Voraussetzung der echten Liebe damit ausschließt: die Gegenseitigkeit und Gerechtigkeit, die in allen guten Beziehungen lebendig ist.

Der unglückliche Verwöhnte

Der Bericht

Ein Vater erzählt:

„Mein Sohn ist 21 Jahre alt, und ich halte es nicht mehr aus.
Ich schäme mich, das zu sagen, aber manchmal würde ich ihn am liebsten verprügeln. Und zwar tüchtig.
Er ist ein Nichtsnutz, es ist unerträglich, ihn den ganzen Tag nur herumhängen zu sehen.

Wir müssen ihm immer sagen: ‚Lern doch! Hast du heute schon etwas getan? Hast du nicht bald Prüfung?'
Als er noch sein Zimmer im Studentenwohnheim hatte, war es besser, als ihn die ganze Zeit hier im Haus zu haben.
Wir machen momentan in finanzieller Hinsicht schwierige Zeiten durch, ich habe zwei Jobs, um die Familie über Wasser zu halten, und er wollte gestern unbedingt ein Paar Schuhe für 250 Euro haben, er wollte sie unbedingt, er hat gebrüllt wie ein Wahnsinniger, als ich versucht habe, vernünftig mit ihm zu reden.
Er spielt gerne den Schönling.
Er wollte sich sogar eine neue Brille kaufen, obwohl das gar nicht nötig war. Eine neue Brille kostet viel Geld, und er wollte das einfach nicht einsehen. Er denkt, ihm steht alles zu.
Daß sein Zimmer immer unaufgeräumt ist, brauche ich wohl gar nicht eigens zu erwähnen; es sieht aus, als hätte eine Bombe eingeschlagen.
Die vorgesehenen Prüfungen legt er natürlich auch nicht ab.
Ich habe den Eindruck, ihm gefällt die Vorstellung, an der Universität zu studieren (übrigens ein sehr schwieriges und prestigeträchtiges Fach), aber er lernt nicht, wie er soll.
Er hat ein Jahr verloren, weil seine Freundin ihn verlassen hat, aber … er muß sich eben zusammenreißen.
Das Abitur hat er an einer sehr ‚angesagten' Privatschule gemacht, in einem sehr wohlbehüteten Umfeld, die von ganz bestimmten, sehr reichen Leute besucht wird.
Wir haben uns schon Sorgen um ihn gemacht, als er noch ganz klein war, denn er war immer allein.
Auch die Lehrer haben uns gedrängt, etwas zu unternehmen, und wir haben ihn zu Psychologen, Physiotherapeuten und Logopäden geschleppt …
Allerdings erinnere ich mich genau, daß er die anderen nicht mochte, sie waren ihm nicht gut genug, das hat er selbst immer gesagt.
Trotzdem hatten wir Angst, daß er leiden könnte.

Die Oma hat auch immer gesagt: ‚Ihr müßt für ihn da sein, ihn sehr liebhaben und viel Geduld aufbringen …'
Außerdem hatte ich ein schlechtes Gewissen, weil ich wegen der Arbeit immer weg war, und deswegen habe ich ihm vieles durchgehen lassen …
Wir haben immer gedacht, er ‚spielt sich auf', weil er unsicher ist; inzwischen habe ich verstanden, daß er die anderen verachtet und sie ausnutzt, wenn er etwas erreichen will.
Und ich habe ihn immer in Schutz genommen und unterstützt …"

Und hier die Innenansicht des Sohnes:

„Der Übergang an die Universität war hart. Ich habe mich fehl am Platz gefühlt, weil ich mich jetzt nicht mehr auf meinen Lorbeeren ausruhen konnte. Am Gymnasium waren wir alle wie eine Familie, es reichte, wenn ich im Unterricht aufpaßte. Ich bekam gute Noten, ohne mich allzusehr anzustrengen.
Jetzt wird mir klar, daß das Studium nicht nur eine Frage des Interesses, sondern auch des Willens ist. Wenn ich lerne, überspringe ich alles, was mich nicht interessiert. Ich lerne oberflächlich; ich habe den Eindruck, alles zu wissen, aber dann kann ich es nicht abrufen.
Ich sage mir immer wieder: ‚Ich habe noch genug Zeit, um die Prüfungen abzulegen', und dann mache ich sie jedesmal auf den allerletzten Drücker.
Ich trödle manchmal und bringe nichts zu Ende.
Ich war immer ein Einzelgänger. Ich hatte meine eigene Welt, meine Hobbys, und alles war gut. Jetzt bin ich nicht mehr gerne allein, das ist seltsam, mir fällt die Decke auf den Kopf. Früher haben meine Freunde mich angerufen, aber umgekehrt habe ich sie nie angerufen. Und jetzt habe ich plötzlich das Bedürfnis, mit jemandem zu reden, auszugehen … das ist mir noch nie passiert.
Jetzt wünsche ich mir, Freunde zu haben, die mich so kennen, wie ich bin.

Ich habe mich immer dazu gezwungen, anders zu sein als die anderen, über manche Dinge erhaben zu sein. Ich habe immer gesagt, daß ich nicht gerne tanze, aber in Wirklichkeit habe ich mir verboten, tanzen zu gehen, weil ich nicht so sein wollte wie die anderen. Ich bin in die Disco gegangen, und ich kann mich nicht erinnern, jemals soviel Spaß gehabt zu haben.
Ich habe sozusagen meinen besten Freund gefunden, ihm zeige ich mich, wie ich bin, ich gebe mich so offen wie möglich. Ich lasse mich gehen und überwinde die Angst vor dem Urteil der anderen. Ich fühle mich freier und spontaner.
Früher habe ich mich wie ein kleiner Oberlehrer benommen. Ich habe die anderen immer belehrt. Heute wird mir bewußt, daß ich von den anderen vieles lernen kann. Wenn ich mit ihnen rede, stelle ich fest, daß sie intelligent sind und mich dazu bringen, meinen Standpunkt zu überdenken. Ich bin heute eher bereit, mich wirklich auf sie einzulassen.
Ich hatte es mir in den Kopf gesetzt, so und so zu sein, und ich wollte, daß auch die anderen mich so wahrnehmen: reif, klug und ausgeglichen. Ich habe mich selbst konditioniert. Es hat mich gewaltige Willensanstrengung gekostet, bis ich endlich so war, wie ich es mir vorgestellt hatte – und jetzt bin ich es leid.
Am liebsten würde ich sagen: ‚Ich halte es nicht mehr aus, ich will endlich frei atmen, unbefangen sein ...'
Ich sage mir: ‚Wieviel Zeit habe ich vergeudet und wie viele Gelegenheiten versäumt!'
Ich darf mich nicht mehr für mehr halten, als ich bin, für etwas Besseres als die anderen.
Früher waren die anderen für mich nur eine Leinwand, auf die ich ein bestimmtes Bild von mir selbst projizieren konnte. Ich lebte von der Meinung, die die anderen von mir hatten. Heute wird mir bewußt, daß ich sie brauche und daß sie mir etwas zu sagen haben – ihr Nutzen beschränkt sich nicht auf das Gefühl, das sie mir geben."

Kommentar

Was wird in diesem Doppelinterview deutlich?

Die Unreife des Sohnes: Kompromißlos macht er seine Ansprüche geltend (Schuhe, Brille) und nimmt keinerlei Rücksicht auf die finanziellen Verhältnisse der Familie. Der Vater hat zwei Arbeitsstellen, doch den Sohn interessiert das nicht, er sieht nur seine eigenen Bedürfnisse – ganz nach dem Modell: Es gibt nur mich und meine Wünsche. Auf einen Vater wütend zu werden, der 16 Stunden am Tag für ihn arbeitet, ist der Gipfel der Frechheit. Reife setzt voraus, daß die Forderungen der Kinder sich den Möglichkeiten der Familie anpassen und sich nicht darüber hinwegsetzen.

Die Flucht vor den Verpflichtungen, die mit dem Studium verbunden sind, ist ein weiterer markanter Zug, doch auch hierfür gibt es eine Erklärung: Bisher war alles einfach, gibt der Sohn selbst zu, ich mußte mich nicht anstrengen und bekam die besten Noten.

Aus Angst davor, daß er leiden oder sich einsam fühlen könnte, hat man ihm das Leben zu leicht gemacht. Darin besteht der Unterschied zwischen dem gedachten und dem realen Sohn: Die Eltern dachten, er fühle sich von den anderen ausgegrenzt, doch in Wirklichkeit war er derjenige, der kein Interesse an den anderen hatte, weil er sich für etwas Besseres und ihnen überlegen hielt. Dieses Mißverständnis ist recht weitverbreitet und rührt daher, daß man sich den Gedanken verbietet, das eigene Kind könne womöglich Fehler haben (in diesem Fall besteht der Fehler in der Neigung, sich den anderen überlegen zu fühlen). Selbst seine Unverschämtheiten wurden von den Eltern entsprechend interpretiert: als verständliche Reaktion auf sein Minderwertigkeitsgefühl. Das heißt: Er verhält sich so, weil er unter seiner eigenen Minderwertigkeit leidet – der arme Kleine!

Der Interpretationsansatz des „Unbehagens“ (die Eltern gehen davon aus, daß ihr Sohn sich in seiner Haut nicht wohlfühlt) macht aus einem unsympathischen und anmaßenden Menschen einen „armen Kleinen“. Dementsprechend war auch die elterliche Therapie von dem Drang bestimmt, ihn immer nur in Schutz zu nehmen – und ist natürlich gescheitert, weil sie sich auf eine Fehldiagnose stützte.

Das Bedürfnis nach Überlegenheit ist eine Primzahl und läßt sich auf keinen anderen Nenner – ein verborgenes Unbehagen oder ein heimliches Leiden – herunterkürzen. Das beweist die Beschreibung, die der Junge selbst von den narzißtischen Aspekten seiner Person gibt. Wenn überhaupt von Unbehagen die Rede sein kann, dann von dem, das er den anderen bereitet. Er selbst empfindet ganz gewiß nichts dergleichen.

Doch selbst jemand, der wirklich leidet, hat deshalb nicht automatisch recht. Um eine Situation richtig einschätzen zu können, muß man der Art des Leidens auf den Grund gehen. Im vorliegenden Fall ist das Leiden auf die Tatsache zurückzuführen, daß sein Überlegenheitsanspruch von der Wirklichkeit widerlegt wurde. Es geht mithin nicht um ein echtes Primärleiden, sondern um einen kranken Schmerz, der von einem absurden Geltungsdrang verursacht wird.

In der Therapie der Oma – für ihn dasein und ihn liebhaben, das heißt, die Dosis der Zuneigung verdoppeln – war die Möglichkeit, dem Jungen sanft, aber bestimmt die Wahrheit zu sagen, ganz offensichtlich nicht vorgesehen: Es ist falsch, daß du dich so verhältst, du mußt dich ändern.

Alle kümmern sich um ihn, aber keiner macht sich die Mühe, ihm die eigentliche Natur des Problems zu erklären.

Eine Liebe, die nicht den Sauerteig der Wahrheit in sich trägt, kann weder heilen noch erlösen.

Und so lassen sich Eltern wie Lehrer von der Panik der Oma anstekken: „Oh Gott, er leidet!" … und versuchen, ihn zufriedenzustellen, ihm das Leben zu erleichtern (zum Beispiel mit dem Besuch einer exklusiven, aber offenbar nicht sehr anspruchsvollen Privatschule). Ohne einzusehen, daß dies die sicherste Methode ist, das Problem aufrechtzuerhalten, statt es zu lösen.

Das schlechte Gewissen des Vaters tut ein übriges: Das Gefühl, den Sohn vernachlässigt zu haben, hat ihn dazu gebracht, ihm – wie er selbst sagt – „vieles durchgehen" zu lassen.

Man ahnt, daß er vor Situationen die Augen verschlossen hat, die seinem Rechtsempfinden und seinem gesunden Menschenverstand vollkommen zuwiderliefen – doch das Virus redet ihm ein, er solle seinem

Sohn nicht noch mehr Schaden zufügen: schließlich sei er ohnehin schon viel zu selten für ihn dagewesen! Dabei mußte er arbeiten, um den Kredit zu tilgen, und damit seine Frau zu Hause bleiben und sich um die Kinder kümmern konnte.

Auf diese Weise entsteht eine psychologische Konstellation, in der der arme Mann (er ist der einzige in dieser Geschichte, der wirklich arm ist!) doppelt soviel arbeitet wie üblich und sich dabei auch noch schuldig fühlt. Und je schuldiger er sich fühlt, desto mehr muß er arbeiten, um den Ansprüchen seines Sohnes zu genügen, doch je mehr er arbeitet, desto schuldiger fühlt er sich. Eine Tragikomödie.

Doch vielleicht kann der Vater aus dem Teufelskreis ausbrechen, in den er hineingeraten ist, und wird es schon bald müde, sich für einen Sohn zu Tode zu schuften, der gerne „den Schönling spielt". Er wird seinen absurden Forderungen und seinem Geltungsdrang einen Riegel vorschieben und ihn in die Lage versetzen, sich selbst so zu akzeptieren, wie er ist, und nicht so, wie er gerne wäre. Ein solcher Verzicht ist befreiend, wie der Sohn selbst zugibt, und entspricht seinem richtigen Instinkt, er selbst zu sein: das Bühnenkostüm (eines Snobs) abzulegen und endlich ein authentisches Leben zu führen.

Nur der Zorn des Vaters kann mit einem Schlag die Wurzel des Unglücks kappen: für sich selbst, für seinen Sohn und für die ganze Familie.

VI. Das Gute ist auch richtig

Die Tugend der Gerechtigkeit

Die Liebe ist nur dann authentisch, wenn sie mit der Tugend der Gerechtigkeit harmoniert. Diese Tugend ist eine unverzichtbare Voraussetzung für gute Beziehungen innerhalb der Familie.

Die natürliche Zuneigung zwischen Eltern und Kindern reicht nicht aus, um gute Beziehungen zu gewährleisten. Das natürliche und spontane gegenseitige Wohlwollen genügt nicht, so kostbar es auch ist. Es dient dem Ziel, das, was richtig ist, auch leicht zu machen, aber Wohlwollen allein ist noch keine Garantie für lebenswerte Beziehungen.

Die natürliche Zuneigung ist keine ausreichende Grundlage für ein gutes Miteinander, auch wenn große Teile der psychologischen Literatur dies heute zu suggerieren scheinen. Der Mythos von der ausschließlich auf Emotionen gegründeten Familie hat nicht wenig dazu beigetragen, dieses gefährliche Mißverständnis entstehen zu lassen.

Emotionen müssen sozusagen „umgetopft" werden: in den ethischen Boden der Entscheidung, das zu tun, was richtig ist, damit die Beziehungen wirklich liebevoll und die Verhältnisse menschenwürdig sind. Dieses Ziel setzt eines unweigerlich voraus: die Gegenseitigkeit.

Die Gegenseitigkeit ist nichts anderes als die auf zwischenmenschliche Beziehungen angewandte Gerechtigkeit. Sie verlangt von Eltern und Kindern, auf die Belange des jeweils anderen und damit im Grunde auch auf sein Liebesbedürfnis Rücksicht zu nehmen.

Denn auch die Kinder haben ihren Eltern gegenüber Pflichten; sie haben die Pflicht, sie so zu lieben, wie es ihrem Alter und ihrem Charakter entspricht. Im Grunde also dieselbe Pflicht, die auch die Eltern ihren Kindern gegenüber haben.

Vielleicht erscheint es seltsam, an die Pflichten der Kinder zu erinnern, nachdem man sich jahrzehntelang ausschließlich auf ihre Rechte konzentriert und damit ein kulturelles Klima geschaffen hat, in dem sich scheinbar nur die Eltern hinterfragen lassen und an sich arbeiten müssen, um besser zu werden.

Die unverhandelbare Gewißheit, daß die Kinder lernen müssen, (auch ihre Eltern) zu lieben, begründet das Prinzip, wonach es möglich und erlaubt ist, daß Eltern manche Dinge einfordern oder verbieten. Ohne diese letzte Begründung wären Väter und Mütter nicht legitimiert, ihren Kindern etwas aufzutragen, ihnen etwas zu verbieten oder sie zurechtzuweisen.

Das Drama unserer Epoche besteht darin, daß uns die Verbindung zwischen Gesetz und Liebe, der Zusammenhang zwischen Gerechtigkeit und Zuneigung verlorengegangen ist. Schlimmstenfalls kann dies dazu führen, daß wir auch kein überzeugendes Kriterium mehr dafür besitzen, ob etwas richtig oder falsch ist.

Das Richtige ist in die Sphäre der Meinungen, des persönlichen Geschmacks verbannt und der Versuch, die Ethik auf ein objektives Fundament zu stellen, als gefährlich und fundamentalistisch abgestempelt worden. Wenn man außer dem Motto: „Gerecht ist, was jeder dafür hält" kein überzeugendes Argument besitzt, dann versiegt die Quelle jeglicher – auch der elterlichen – Autorität.

Geht man von den Voraussetzungen des Relativismus aus, verliert jeder Versuch des Beurteilens, Korrigierens und Orientierens unweigerlich seine Legitimation, weil er als willkürliche Haltung betrachtet wird, der einzig und allein der Wunsch zugrundeliegt, sich durchzusetzen und anderen seinen eigenen, subjektiven Standpunkt aufzuzwingen. Folgerichtig ist auch das erzieherische Handeln schwach und unsicher, denn ihm fehlt jene Kraft der inneren Überzeugung, die aus einer guten Begründung erwächst.

Selbst der Begriff der Autorität ist inzwischen kulturell verpönt – zugunsten der zwar korrekteren, aber weniger effektiven „Maßgeblichkeit".

Es ist verständlich, daß man diesen Begriff zu Hilfe nimmt, um das Gespenst des Autoritarismus – der entarteten Form der Autorität – zu bannen, aber Autorität entsteht ganz automatisch aus der Kraft persönlicher Überzeugungen im Hinblick auf das, was gut und richtig ist.

Wenn es – wie man es heute für wünschenswert hält – gänzlich an Kriterien fehlt, um zu beurteilen, worin das wahre Wohl des Kindes besteht, und wenn schon die Suche nach solchen Kriterien als gefährlich gilt, dann ist Erziehung so etwas wie eine Seefahrt ohne Kompaß und mit verdunkeltem Polarstern. Eine vergleichbare Orientierungslosigkeit herrscht heute unter den Eltern: Ihnen fehlt das entscheidende Kriterium, das das erzieherische Handeln legitimiert und die ihm jeweils zugrundeliegenden Meinungen vom Verdacht der Willkür befreit.

Das einzige heute gültige ethische Kriterium ist das „Wohlbefinden" (des Kindes, nicht der Eltern). Ein vager Begriff und kaum von dem zu unterscheiden, „was Spaß macht".

Doch wenn man das, was Spaß macht und gefällt, in die Praxis umsetzt, gestalten sich die zwischenmenschlichen Beziehungen schwieriger, die sozialen Verhältnisse werden barbarischer, und die Lebensqualität nimmt ab.

Kinder als Religion

Nur das Vertrauen in Werte macht eine Mutter oder einen Vater auch in psychologischer Hinsicht stark.

Es gibt einen Polarstern, eine unbestreitbare und unverhandelbare Gewißheit: nämlich die, daß die Kinder lernen müssen, jemanden „liebzuhaben" – in erster Linie natürlich ihre Eltern und Geschwister. Mit dieser letztgültigen Legitimation dürfen Eltern ihren Kindern die eine oder andere Anstrengung zumuten, sie um Dinge bitten, die vielleicht keinen Spaß machen, oder ihnen die Mühe abverlangen, an sich zu arbeiten, weil einige ihrer Charakterzüge nicht wertkonform sind.

Auf welches Prinzip sollten Eltern sich berufen, wenn sie von ihren Kindern verlangen, weniger egoistisch zu sein, mitzuhelfen oder andere zu respektieren? Ihre emotionalen Dynamismen diesem Wert Schritt für Schritt anzupassen?

Das Fehlen einer inneren Gewißheit macht unsicher und orientierungslos und nimmt Eltern jeden guten Grund, von ihren Kindern Dinge zu verlangen, die keinen Spaß machen.

Wenn wir keine innere Gewißheit haben, wenn es nichts gibt, das wir mehr lieben als unser Kind, dann wird das Kind zum Gott und sein Wohlergehen zu unserer Religion.

Dann ist nichts wichtiger als zu verhindern, daß es dem Kind schlecht geht, und nichts wiegt seine Mühsal auf.

Nichts rechtfertigt seinen Schmerz, und nichts verdient seine Hingabe.

Nichts ist es wert, daß man Opfer von ihm verlangt, ihm etwas Unangenehmes zumutet oder ihn zum Verzicht auffordert …

Es sei denn, man könnte sicher sein, daß all dies das Kind besser macht.

Um ein Kind gut zu erziehen, muß man das Wahre und das Gerechte mehr lieben als das Kind selbst.

Der mütterliche Kodex stellt das Kind von Natur aus an die erste Stelle und sieht eine grenzenlose Opferbereitschaft vor. Dies ist die wahre Größe des Mutterseins. Die Väter haben in der Regel weniger Geduld, ermüden schneller und sind weniger anpassungsfähig und opferbereit.

Doch in dieser weiblichen Erziehungsmentalität ist gleichzeitig auch die Ursache ihrer potentiellen Gefährlichkeit angelegt; denn ohne männliche Unterstützung neigt sie dazu, auf den gefährlichen Abhang der Selbstaufgabe zu geraten und in den Kindern Ansprüche und Forderungen zu nähren, die das Verhältnis übermäßig belasten.

Die vielleicht beste Garantie für eine konstant gute Qualität der familiären Beziehungen ist das Prinzip der Gegenseitigkeit. Diese Gesetzmäßigkeit kommt eher dem Empfinden der Männer entgegen, die, anders als die Frauen, dazu neigen, ihre Kinder zu ermutigen und anzuspornen, das Richtige zu tun, auch wenn es ihnen schwerfällt. Im väterlichen Kodex ist es nicht vorgesehen, den Kindern die Schwierigkeiten und Mühen der Gegenseitigkeit zu ersparen, weil die Väter wissen, daß ihnen daraus ein Vorteil erwächst; sie ermutigen sie, nicht davor zurückzuschrecken, daß das Gute und Gerechte auch Anstrengung kostet.

Diese Wahrheit ist schon immer im Empfinden und Denken der Väter angelegt, die es als ihre Aufgabe betrachten, die Kinder zu ermutigen und ihnen die Angst zu nehmen. Der Vater „rettet" die Mutter vor Kindern, die sie letztlich „fertigmachen" würden, weil sie ihre natürliche Güte und Bereitschaft ausnutzen. Denn eine Mutter ist tendenziell eher bereit nachzugeben, zu leiden, viel zu geben und wenig dafür zu verlangen.

Der Vater hat weniger Angst davor, seinem Kind Unannehmlichkeiten zu bereiten, wenn er weiß, daß er einen guten Grund hat, ihm diese Erfahrung nicht zu ersparen. Wenn er davon überzeugt ist, daß es um eine gute Sache geht, wird sein Mitleid nicht die Oberhand gewinnen.

Deshalb ist der väterliche Erziehungsstil fordernder, aber auf Entwicklung ausgerichtet: Er zwingt das Kind, psychologisch und moralisch zu wachsen, während das mütterliche Gesetz potentiell regressiv ist, weil es dazu neigt, die Kinder in den eher unreifen Aspekten ihres Charakters und ihres moralischen Urteils gefangenzuhalten.

Die Liebe und die Wahrheit

Der väterliche Kodex ist auch in den Müttern präsent, spielt aber, psychologisch gesehen, keine so zentrale Rolle. Oft muß eine Mutter erst völlig erschöpft und am Ende sein, ehe sie erkennt, daß es ihr gutes Recht ist, gewisse Grenzen zu ziehen. Dennoch ist es natürlich möglich, daß auch einige Mütter sich in den hier geschilderten Zügen des männlichen Empfindens und des väterlichen Kodex' wiedererkennen. Das ist kein Problem: Was zählt, ist, daß das Kind mit den angemessenen Forderungen konfrontiert wird, die dieser Kodex repräsentiert – von welchem Elternteil diese Forderungen kommen, ist unerheblich.

Letztlich ist es zu bedauern, daß die pädagogischen Einrichtungen (insbesondere die Schule) nicht den väterlichen, sondern ausschließlich den mütterlichen Kodex auf ihre Fahnen geschrieben haben; hier will man die Kinder in erster Linie beschützen und ihnen die Mühe ersparen, „das Richtige zu tun". Dabei sollte man ihnen beibringen zu lernen, statt einfach nur zu lesen; der Lehrerin zuzuhören, statt die Pulte zu durchlöchern und mit den Mitschülern zu reden, während sie etwas erklärt; eine Gleichung korrekt herzuleiten, statt einfach nur verschiedene Lösungen „auszuprobieren"; sich aufrichtig zu bemühen, statt einfach nur das Nötigste zu tun, um versetzt zu werden. Das impliziert auch, daß unangemessene Verhaltensweisen mit der nötigen Strenge sanktioniert werden.

Doch wie sieht die Wirklichkeit aus? Die Benotung ist heutzutage eher eine „gütliche Einigung", und es ist fast nicht mehr möglich, sitzenzubleiben, auch wenn man sich noch so große Mühe gibt.

Die Bewertung selbst wird als gefährlich und im Grunde kaum legitim empfunden. In dieser Hinsicht sind die Beurteilungen auf den Schulzeugnissen eine sehr aufschlußreiche Lektüre. Die Sprache zeichnet sich durch eine technische Prosa von nicht mehr zu überbietender Unbestimmtheit und kalkulierter Allgemeinheit aus. Die negativen Bewertungen werden meisterhaft zu einem Wortschatz verwässert, der weniger der Wahrheit verpflichtet, als vielmehr darauf ausgerichtet ist, dem Kind nicht wehzutun, die Eltern nicht zu erzürnen und Auseinandersetzungen mit den Kollegen und Direktoren zu vermeiden. Sie nennen nichts beim Namen, sondern ergehen sich in Andeutungen, sie formulieren kein Urteil (das wäre viel zu gefährlich!), sondern machen Anspielungen, sie verwässern und verdünnen die Bewertung mit Adverbien und Präzisierungen, die Nebelschwaden gleichen: Im Rahmen der vereinbarten Erwartungen und der personalisierten Zielvorstellungen hat der Schüler die gesteckten Ziele im wesentlichen erreicht. Und dann, wie von einem unbezähmbaren Drang nach Präzision getrieben: Der Schüler hat gezeigt, daß er die expressiven und argumentativen Werkzeuge der Interaktion in verschiedenen Kontexten der verbalen Kommunikation beherrscht.

Dabei ist doch die Wahrheit die erste und die Klugheit[5] die Mutter aller Tugenden. Ohne diese beiden ist es nicht möglich, das Wohl des anderen zu verwirklichen. Wenn die Schüler ein Recht haben, dann das, genau zu wissen, wie ihre Lehrer sie beurteilen, was sie von ihnen denken und warum.

Es gibt keine Liebe ohne Wahrheit.

Auch Kinder haben Pflichten

Wer vergißt, daß auch die Kinder Pflichten haben, hält an der Utopie fest, daß sie „sich gut fühlen" und mit ihren Beziehungen zufrieden sein müssen – jedoch ohne Anstrengung und ohne Verdienst ihrerseits, das heißt, ohne daß sie sich bemühen müßten, selbst auch ein Stückweit liebenswert zu sein.

Eine Beziehung, die ausschließlich dank der Bemühungen und auf Kosten der Eltern funktioniert, funktioniert nicht gut. Auch die Kinder haben eine objektive Verantwortung, die sie im familiären Beziehungsfeld wahrnehmen. Es ist notwendig, dies zu betonen, denn in unserer heutigen psychologischen Kultur hat sich inzwischen eine genau gegenläufige Tendenz fest etabliert: daß alles von den wahrscheinlichen oder zumindest möglichen Erziehungsfehlern der Eltern abhängt.

Diese Voraussetzung führt nicht zu dem (wünschenswerten) Ergebnis, daß es den Eltern leichter fällt, sich hinterfragen zu lassen, sondern dazu, daß sie ständig in Schach gehalten werden, weil man ganz selbstverständlich davon ausgeht, daß es ihre Schuld ist, wenn etwas nicht gelingt. In weiten Teilen der populären psychologischen Literatur sind die Kinder unschuldige Wesen, vorzugsweise unverstanden, Opfer der Irrtümer ihrer Eltern, ihrer mangelnden Sensibilität, der knappen Zeit, die sie sich nehmen, um mit ihnen zu spielen und vor allem, um mit ihnen zu reden.

Es wäre an der Zeit, diesen kulturellen Fetisch zugunsten der einfachen und unwiderleglichen Erkenntnis zu überdenken, daß auch Kinder Fehler haben und daß nicht alle diese Fehler auf das erzieherische Umfeld zurückzuführen sind, das sie vielleicht vergrößert und ihrer Entwicklung den Boden bereitet, sie aber nicht verursacht hat. Die Kinder werden mit einem bestimmten Grundtemperament geboren, das in seinen wesentlichen Zügen bereits ausgeprägt ist, bevor der erzieherische Einfluß der Familie überhaupt greifen kann. Es liegt in der Struktur der Kinder selbst begründet, ob sie zum Beispiel eifersüchtig sind – und so manches Kind scheint sich, als Gott die Eifersucht verteilte, zweimal angestellt zu haben.

Wenn sich die Beziehungen also schwierig gestalten, dann kann dies zum Teil auch mit den Charaktereigenschaften der Kinder zusammenhängen, die eben nicht immer nur wunderbar sind.

Die herrschende Meinung setzt jedoch voraus, daß es nie ihre Schuld ist und daß ihr Fehlverhalten immer als eine Reaktion auf die erzieherischen Irrtümer der Eltern interpretiert werden muß. Das trägt häufig dazu bei, das Problem zu verschärfen, statt es zu lösen.

Auch die Kinder dürfen und müssen also aufgefordert werden, an ihren charakterlichen Neigungen zu arbeiten und nicht zuletzt in der Familie Verantwortung für ihr Verhalten und für die Beziehungen zu übernehmen, die sie herstellen.

Das veranschaulicht die folgende Darstellung:

„Ich bin seit drei Jahren von meinem Mann getrennt", erzählt eine Mutter. „Wenn ich mit meinem 11jährigen Sohn schimpfe, ruft er immer seinen Vater an, und der nimmt ihn dann in Schutz. Mein Exmann benutzt den Sohn, um mir wehzutun und sich an mir zu rächen.

Er hebt alle Strafen auf, und dann streiten wir uns. Unser Sohn beklagt sich darüber, daß wir uns getrennt haben und uns nicht vertragen. Eines Tages, als ich nicht mehr konnte, habe ich zu ihm gesagt: ‚Wenn du willst, daß dein Vater und ich uns nicht streiten, dann hör auf, ihn immer hineinzuziehen; du spielst bei ihm und bei den Großeltern das Opfer, du tust so, als ob ich dich schlecht behandle und läßt sie glauben, daß ich eine schlechte Mutter bin. Du weißt genau, daß das nicht stimmt. Deswegen werden sie wütend auf mich, und am Ende streiten wir uns.

Du sagst mir, daß du mich liebhast, aber wenn du nicht die Wahrheit sagst und einsiehst, daß ich zu Recht mit dir schimpfe, hast du mich auch nicht wirklich lieb. Solange du nicht aufhörst, mich als überspannt und böse darzustellen, kannst du kein gutes Verhältnis zu mir haben. Du spielst uns ja selbst gegeneinander aus, zu deinem Vorteil, und dann beschwerst du dich, weil wir uns nicht vertragen. Wenn du mich liebhast und wenn dir der Familienfriede wichtig ist, dann mußt du damit aufhören. Oder du darfst dich eben nicht beklagen, denn die ganzen Streitereien sind allein deine Schuld!'"

Diese Ansprache einer Mutter ist einfach perfekt: Sie stützt sich auf ein psychologisches Gleichgewicht, das ihr ein realistisches Urteil ermöglicht und ihr die Kraft gibt, ihren Sohn mit seiner Verantwortung zu konfrontieren. Damit hat sie eine ganze Reihe von Viren besiegt, die ihr andernfalls ganz sicher von dieser vermeintlich zu harten, gefährlichen und ungerechten Reaktion abgeraten hätten.

Die von diesen Viren infizierte Logik hätte der Mutter suggeriert, daß sie selbst die eigentliche Schuldige und für die Trennung von ihrem Mann verantwortlich ist, weil sie die Scheidung gewollt hat (daß sie gar nicht anders handeln konnte, ist dabei irrelevant). Hätte sie statt dessen weiter mit dem Vater ihres Kindes zusammengelebt, wären alle diese Schwierigkeiten nicht entstanden. Diese Sichtweise ist extrem gefährlich, denn sie kann die mütterliche Intelligenz lahmlegen und die Mutter der Fähigkeit berauben, das Richtige zu tun. Die Möglichkeit, daß der Mann an sich hätte arbeiten und die Trennung hätte verhindern müssen, weil es seine Charaktereigenschaften waren, die ein Zusammenleben unmöglich machten, scheint niemand zu sehen. Statt dessen fühlt die

Frau sich schuldig, weil sie ihn nicht mehr ertragen hat. Vielleicht sollte man an dieser Stelle daran erinnern, daß nicht der Schwanz mit dem Hund, sondern der Hund mit dem Schwanz wedelt.

Das schlechte Gewissen („die Trennung und die damit verbundenen Probleme sind meine Schuld"), so verborgen und unbewußt es vielleicht auch ist, hätte die Frau daran gehindert, sich ihrem Sohn gegenüber so klar und treffend zu äußern.

Einige Details dieser mütterlichen „Standpauke" sind erhellend. Zunächst einmal gelingt es der Mutter erst dann, das Problem in klar verständliche Worte zu fassen, „als ich nicht mehr konnte". Es ist wohl eine Binsenwahrheit, daß Mütter nur zu „Hochform" auflaufen, wenn sie wirklich am Ende sind: Erst dann nämlich sind sie „so frei", sich nicht mehr schuldig zu fühlen, sondern wütend zu werden. Ein solches „Es reicht!" von seiten der Mütter trägt eher dazu bei, daß Kinder erwachsener und besser werden, als ihre ganze Leidensbereitschaft.

Ihre Interpretation der Fakten ist völlig unstrittig und konfrontiert den Sohn mit seiner Verantwortung. Sie schützt ihn nicht vor der Schuld, sie traut ihm durchaus zu, das, was er da tut, zu verstehen, und sie hält ihm auch nicht den Schmerz der Trennung zugute. Wenn er wirklich leiden würde, würde er die Situation ja nicht noch verschärfen; er würde die Zwietracht der Eltern nicht schüren, sondern versuchen, sie miteinander zu versöhnen.

Also tut die Mutter den entscheidenden Schritt: Sie erkennt die Macht des Sohnes an und stellt ihn vor die Entscheidung, das entscheidende Gewicht in eine der beiden Waagschalen zu legen. Es ist großartig, wie sie sich auf die Wahrheit und auf die Gerechtigkeit als Vorbedingungen der Liebe beruft: Wenn du mich liebhast, sagt sie zu ihrem Sohn, mußt du die Wahrheit respektieren (daß ich dich nicht schlecht behandle) und der Gerechtigkeit Genüge tun (nämlich anerkennen, daß ich zu Recht mit dir schimpfe).

Andernfalls ist die Liebe eine flüchtige Emotion, die nicht wirklich zum Aufbau guter Beziehungen beitragen kann.

Wenn man seine Mutter zu Unrecht und erheblich in Mißkredit gebracht hat, genügt es nicht, ihr ein Küßchen zu geben, damit „alles wieder gut“ ist.

Kinder, die die Forderungen der Gegenseitigkeit nicht kennen oder nicht akzeptieren, werden unerträglich, und die Beziehung zu ihnen wird von unvermeidlichen Mißverständnissen, Spannungen sowie von verbaler und physischer Gewalt gekennzeichnet sein, weil die Eltern sich nur dann angenommen und geliebt fühlen, wenn sie ihren Kindern jeden Wunsch erfüllen und ihren Forderungen anstandslos nachgeben – wenn also die Kinder tun dürfen, was immer sie wollen.

Die Gewalt, die viele familiäre Beziehungen prägt, ist mithin offensichtlich weniger durch schwerwiegendes persönliches Unbehagen, kulturelle Mangelerscheinungen oder spezielle Anpassungsprobleme als vielmehr durch den Versuch bedingt, zwischenmenschliche Beziehungen außerhalb des ethischen Spannungsfelds zu leben.

Ein unreifer Mensch scheut vor jeglicher Anstrengung zurück – auch vor der, die erforderlich ist, um gute Beziehungen herzustellen und zu pflegen.

Zorn und Gewalt kommen auf, wenn die Eltern seine Ansprüche nicht mehr erfüllen. Und an diesem Punkt hindern weder die Blutsbande noch die natürliche und gute emotionale Disposition der Kinder sie daran, „böse“, aggressiv, gewalttätig und gemein zu werden.

Die Wirklichkeit funktioniert nun einmal nicht nach dem Lustprinzip – aber wenn man es gewohnt ist, sich selbst für den Mittelpunkt der Welt und den einzigen Inhaber einforderbarer Rechte zu halten, kann man das nicht akzeptieren. Die Verweigerung von Gerechtigkeit und Gegenseitigkeit führt zwangsläufig zu Beziehungen der Gewalt, in denen der Vater oder die Mutter als ein irreales Wesen ohne Bedürfnisse, Wünsche, Ermüdungserscheinungen und Probleme betrachtet wird, das folgerichtig auch ohne den Respekt und letztlich die Liebe des eigenen Kindes auskommt. Die psychologische Voraussetzung „Es gibt nur mich und meine Bedürfnisse“ bringt unweigerlich Beziehungen der Gewalt hervor –

auch in der Familie, wo eigentlich ein großer Reichtum an Zuneigung und Wohlwollen herrschen sollte.

Lieben ist noch nie einfach gewesen, und deshalb gibt es keine guten Beziehungen ohne die Bereitschaft, sich ab und zu einmal anzustrengen oder hin und wieder zu verzichten. Je weniger wir unsere Kinder mit diesem Grundpfeiler der Beziehungsgerechtigkeit vertraut machen, desto größer ist die Gefahr, daß sie die Güte und Geduld, das Verständnis und in letzter Konsequenz die Liebe ihrer Mitmenschen ausnutzen und den Gegenstand ihrer Liebe nach und nach „töten" werden.

Denn die Eltern, die sich müde und erschöpft fühlen, die Mütter, die am Ende ihrer Kräfte und ausgelaugt sind, weil ihre Kinder sie „verschlissen" haben, werden immer zahlreicher.

Für einen unreifen Menschen existiert der andere nicht als solcher, sondern nur im Hinblick auf die eigenen Bedürfnisse – als Mittel zum Zweck. Das Küken liebt die Körner, aber nicht den Bauern, der sie ihm hinstreut.

Zunehmend spielt der Vater oder die Mutter die Rolle eines Taxifahrers, Hausmeisters, Dienstleisters und lebenden Bankautomaten, bis er plötzlich mit tiefempfundener Bitterkeit innehält, um sich zu fragen: Und ich, wer bin denn ich für mein Kind? Da ist sie, die Bitterkeit: eine komplexe ethische Empfindung, eine Traurigkeit der Seele, die aus einer inneren Enttäuschung entsteht, weil dem Betreffenden keine Wertschätzung und keine Rücksichtnahme zuteil wird. Keine Liebe also.

Das ist die Hölle – geschaffen von Kindern, die nicht mit der Notwendigkeit konfrontiert worden sind, daß man das Liebhaben erst lernen muß. Deshalb sprechen sie auch anderen (angefangen bei der eigenen Familie) das Recht ab, glücklich zu sein, und entziehen sich den mühseligen Anforderungen der Gegenseitigkeit.

Diese ethische Selbstverständlichkeit ist nicht mehr selbstverständlich, weil sie von anderen Kriterien überlagert wird, die angeblich garantieren, daß das Leben der Kinder gelingt. Die schulische Erziehung scheint die einzig wichtige Realität, der einzig entscheidende Wert, der von Kindern wie Eltern Anstrengung und Opfer verlangt. Die Schulbildung ist zum einzigen „günstigen Vorzeichen" eines erfolgreichen Lebens und zum einzigen unbestreitbaren „Gut" für das Leben des Kindes aufgestiegen.

Wenn wir dieselbe Kraft, die wir normalerweise auf die Schullaufbahn der Kinder verwenden, darauf verwenden würden, sie lieben zu lehren, würden wir die Welt revolutionieren.

Ein mittelmäßiges Zeugnis versetzt eine Familie in Panik; ein egoistisches Kind hingegen löst keine übermäßige Besorgnis aus.

Und doch wird genau auf diesem Spielfeld die entscheidende Partie des Lebens ausgetragen.

VII. Für eine Mutter braucht es einen Mann und eine Frau

Der größte Feind jeder Mutter ist das Leid des Kindes. Die gesamte mütterliche Gefühlswelt basiert auf dieser einen Sorge: dem Kind Leid zu ersparen.

Das ist nicht weiter ungewöhnlich, werden Sie sagen, auch die Väter sehen es nicht gerne, wenn es ihren Kindern schlechtgeht. Aber die Art der in einem solchen Fall angebotenen Hilfe ist eine andere.

Das weibliche Empfinden geht von der Voraussetzung aus, daß die Kinder viel zu zerbrechlich sind, um Kummer zu ertragen, und daß sie deshalb um jeden Preis geschützt werden müssen. Der Schutzschild der mütterlichen Hingabe muß ihnen sogar das banalste aller Leiden ersparen: die Anstrengung, die ganz normale Anstrengung des Lebens.

Alles, was ihm Kummer macht, nivellieren, vermeiden, lösen: das sind die Worte der Mutter.

Das Risiko, das tendenziell mit diesem mütterlichen Register einhergeht, besteht darin, dem Kind alles abzunehmen, ihm zu sehr zu helfen, es übermäßig zu beschützen.

Ermutigen, ihnen die Auseinandersetzung mit Schwierigkeiten und Problemen ermöglichen: diese Begriffe stehen für das väterliche Empfinden.

Das männliche Risiko besteht darin, gegebenenfalls zu hart zu sein, zuviel zu verlangen.

Eine Mutter braucht also eine männliche und eine weibliche Seite; und genauso darf auch ein ausgewogener Vater es nicht an weiblicher Sensibilität fehlen lassen.

Wenn man verhindern will, daß das Kind ein Übermaß an Schutz erfährt – ein typisch mütterliches Risiko –, könnte man von zwei Überlegungen ausgehen: Nicht jedes Leid ist zerstörerisch und muß um jeden Preis vermieden werden. Und: Auch die Kinder sind in der Lage, einen Kummer auszuhalten, wenn sie nur wollen.

Die Kinder haben kein Anrecht auf ein perfektes Leben, und es ist auch gar nicht möglich, ihnen ein solches zu garantieren. Sie zu lieben heißt nicht, ihnen jede negative Erfahrung zu ersparen – vor allem dann nicht, wenn sie sie hartnäckig suchen.

Die – nicht selten unnötige – Überbelastung vieler Mütter wurzelt genau in dieser Schutzmotivation: zu vermeiden, daß die Kinder die negativen Folgen ihrer Fehler tragen müssen.

Dieses Makrovirus variiert je nach der psychologischen Situation des Einzelnen, doch das Resultat ist immer das gleiche: eine vireninfizierte Logik, die die Mütter dazu zwingt, ihren Kindern jede nur erdenkliche Mühsal (des Lernens zum Beispiel) abzunehmen.

„Meine zwölfjährige Tochter", erzählt eine Mutter, „hat keine Lust zu lernen. Wir haben schon alle möglichen Strafmaßnahmen ausprobiert, aber es nützt nichts.
Sie legt schon Wert auf gute Noten, aber sie macht immer alles erst auf den letzten Drücker. Zuerst kommen die Freundinnen an die Reihe, dann das Fernsehen … Sie schiebt die Arbeit immer vor sich her. Bis sie dann um neun Uhr abends plötzlich einen Panikanfall bekommt, die ganze Familie in Aufruhr versetzt und wir dann bis Mitternacht mit ihr lernen müssen.
Wenn ich ihr sage, daß sie lernen soll, antwortet sie: ‚Die Hälfte der Leute aus meiner Klasse macht nie Hausaufgaben, und niemand sagt etwas.'
Anscheinend gehe ich ihr auf den Wecker, wenn ich sie an ihre Hausaufgaben erinnere. Sie sollte doch selbst den Wunsch haben, mitzuarbeiten, statt mich als Nervensäge abzustempeln."
„Sie wirken sehr müde", sage ich zu ihr. „Warum halsen Sie sich das alles auf?"

„Weil es mir für sie leid tut", lautet die Antwort. „Die Lehrer in ihrer Stufe sind sehr anspruchsvoll und könnten sehr wütend werden, wenn sie feststellen, daß sie nicht vorbereitet ist."

Offensichtlich wäre es ratsam, den Schutzschild zu deaktivieren, mit dem die Mutter ihre Tochter gegen den Tadel der Lehrer abzuschirmen sucht. Wie im folgenden Beispiel:

„Gestern habe ich zu meiner Tochter gesagt: ‚Ich habe dich nicht zur Welt gebracht, um dich anzuschreien oder dich zu bestrafen, und ich habe auch keine Lust, mir von deinem Schulkram das Leben vermiesen zu lassen.'
Jetzt stehe ich ihr zur Verfügung, wenn sie mich um Hilfe bittet, aber ich versuche nicht mehr, mit allen Mitteln zu verhindern, daß sie Fehler macht und sich in der Schule blamiert. Ich lasse sie einfach in Ruhe."
Und dann, an ihren Mann gewandt: „Ich weiß, daß mir das sehr schwerfallen wird. Wenn du mitbekommst, daß ich es mir nicht verkneifen kann, die Sache in die Hand zu nehmen, dann sperr mich im Badezimmer ein oder zieh mir eins über den Schädel!"
Er: „Mit dem größten Vergnügen! Das heißt, also ... so habe ich das natürlich nicht gemeint. Aber ich sage dir seit Jahren: ‚Laß sie, wir bringen alle ein sinnloses Opfer.' Wenn man sieht, was sie an Hilfe bekommt, müßte sie die beste Schülerin von ganz Italien sein, aber so ist es nun einmal nicht."
Die Mutter: „Ich bin ihr so hinterhergelaufen, weil ich Angst hatte: Ich wollte nicht, daß sie sich den anderen in ihrer Klasse unterlegen fühlt, daß sie die Lust am Lernen verliert, daß sie aufgibt und alles hinschmeißt, daß sie denkt, sie sei nicht so intelligent wie die anderen, daß sie die Hochschulreife nicht bekommt."

Eine brillante Selbstdiagnose und eine schöne lange Liste von Viren mit einem gemeinsamen

Ziel: der Tochter zu ersparen, „was auch immer" ihr Kummer machen könnte.

> „Wie soll ich meiner Tochter erklären", fragt eine andere Mutter um Rat, „daß der Kleine mit seinen sieben Monaten zu Hause bei mir bleibt, während sie in den Kindergarten geht? Bisher habe ich ihr einen Haufen Lügen erzählt, ich habe ihr gesagt, daß er in den Hort geht oder zu den Großeltern, um zu verhindern, daß sie traurig wird, weil er bei mir bleiben darf, während sie in den Kindergarten geht."

Die Wahrheit hätte sie vielleicht wirklich verletzt und ihr gezeigt, daß sie keinen Exklusivanspruch auf ihre Mutter hat. Sie hätte das Virus der Eifersucht und die damit verbundenen emotionalen Schwierigkeiten auf den Plan gerufen. Doch die Tochter braucht diese mühevolle Erfahrung, um ihr kindisches Anspruchsdenken zu überwinden und zu akzeptieren, daß ihre Mutter sie liebt – aber eben nicht ausschließlich.

Die Wahrheit zu leugnen schützt das Kind vor einem Schmerz, der, wenn es ihn erleiden würde, einen besseren Menschen aus ihm machen könnte.

„Entschuldigen Sie, daß ich Sie das frage", so kommentierte die Mutter ihr Anliegen, „aber heute hat man den Eindruck, daß für die Kinder alles ein Trauma ist." Irgend etwas in ihr hatte sie ahnen lassen, daß ihre Frage „unsinnig" war, weil die Antwort nur allzu offensichtlich auf der Hand lag.

Sie hatte mit einem Mal das Gefühl, die Frage auch selbst beantworten zu können, aber heutzutage scheint sich einfach alles gegen die instinktive Klugheit und den gesunden Menschenverstand der Eltern verschworen zu haben.

Eine andere Mutter berichtet:

> „Ich habe vor einigen Monaten aufgehört zu arbeiten, um mich persönlich um meinen 11jährigen Sohn zu kümmern, aber obwohl ich

ihm täglich helfe, sehe ich keine erkennbaren Resultate. Mein Mann sagt nicht ganz zu Unrecht, ich solle ihn allein lernen lassen, aber ich weiß, daß er es allein nicht schafft, und wenn er schlechte Noten bekäme, wäre das verheerend für seinen zerbrechlichen und unsicheren Charakter."

Der Hinweis darauf, daß die Ehemänner anderer Ansicht sind, kommt recht häufig vor: Sie sind weniger leicht bereit, dem Kind den Schmerz des Scheiterns und des Mißerfolgs zu ersparen.

Das Zeichen der Väter ist die Verletzung. Sie lassen es zeitweilig zu, daß das Kind für seine Fehler „bezahlt", daß es sozusagen mit dem Kopf gegen die Wand läuft – damit es versteht.

Der Preis für diese Haltung ist eine subtile Mißbilligung seitens der Mütter, die ihre Ehemänner für unsensibel, hart und kaum bereit halten, dem Kind Opfer zu bringen. Sie werfen ihnen vor, das Kind weniger zu lieben. In Wirklichkeit aber ermutigt der väterliche Kodex das Kind, sich der Realität zu stellen und keine Angst vor den Anstrengungen und Verzichtleistungen zu haben, die diese zuweilen von ihnen verlangt.

Das ist der einzige Weg, auf dem das Kind „stark" wird und lernt, in der Realität zurechtzukommen – und nicht bloß in einer Traumwelt, in der es jemanden gibt, der ihm systematisch entgegenkommt, seine Wünsche erfüllt, ihm alle Mühen abnimmt und nichts dafür verlangt.

Nur eine Mutter, die zu sehr liebt, konfrontiert ihr Kind nicht mit seinen Fehlern und gibt nach, auch wenn sie im Recht ist, nur um ihm nicht wehzutun. Ganz zu schweigen von den Vätern, die zu sehr lieben und deren Verhalten noch unentschuldbarer ist als das der Mütter.

Gute Eltern aber dürfen ihr Kind nicht mehr lieben als die Wahrheit und die Gerechtigkeit.

Der Vater liebt (sofern er dem exemplarischen Typus des Mannes entspricht) die Wahrheit mehr als das Kind und macht damit dessen Anspruch zunichte, der Wahrheit nicht unter-, sondern übergeordnet zu sein.

Bei der mütterlichen Liebe ist der beschützende Faktor sehr stark ausgeprägt: Allein schon der Gedanke, daß ihr Kind auch negative Seiten haben könnte, macht ihr zu schaffen.

Hat ihm, schon als er noch ein kleiner Junge war, der Karussellbetreiber vielleicht immer einschärfen müssen: „Fang das Stofftier"[6], damit es ihm nicht bei jeder Runde ins Gesicht schlug? Fällt ihm im Sportunterricht der Ball regelmäßig auf die Füße, wenn ihn jemand anspielt? Muß er beim Theaterstück am Schuljahresende immer den dekorativen Baum im Hintergrund spielen? Und sitzt er bis heute auf der Kirmes lieber auf dem Holzpferd, statt mit seinen Freunden Autoskooter zu fahren? Dann spricht einiges dafür, daß er ungeschickt ist. Doch diese Wahrheit gesteht sich eine Mutter nur sehr ungerne ein. Statt dessen wird sie immer wieder versucht sein, ihm mit tausend Spitzfindigkeiten aus der Verlegenheit zu helfen: den Karussellbetreiber beschuldigen, weil er so unsensibel ist, oder die Lehrerin, weil sie ihn nicht zu nehmen weiß, oder die Autoskooter, die aus diesem oder jenem Grund sowieso völlig ungeeignet sind.

Paradoxerweise fällt es ihr sogar leichter, sich selbst zu beschuldigen („Liegt es vielleicht daran, daß ich während der Schwangerschaft geraucht habe?"), als zuzugeben, daß ihr Kind vielleicht doch nicht ganz perfekt ist.

Die Neigung, sich schuldig zu fühlen, ist in der Mutter angelegt und von einer fast unwiderstehlichen Kraft. Die mütterliche Logik tritt mit überraschender Leichtigkeit in den Orbit des schlechten Gewissens ein und muß von diesem Moment an eigentlich nur noch entscheiden, welcher der vielen von ihr begangenen Fehler – angefangen bei der fehlenden Begeisterung bei der Nachricht von ihrer Schwangerschaft – es denn nun gewesen ist.

Wenn man sich einmal entschlossen hat, den Hammer zu benutzen, sieht man plötzlich nur noch Nägel.

Wenn Mütter reden: zwischen Wahrheit und Schutz

Auch im Gespräch neigt eine Mutter dazu, ihr Kind nicht leiden zu lassen, und sie entwickelt dabei die typische Neigung, „für beide zu denken". Die Mutter will dem Kind sagen, was sie denkt, aber sie will auch seine emotionalen Reaktionen kontrollieren. Sie denkt gleichzeitig mit ihrem eigenen und mit dem Kopf ihres Kindes, stellt sich seine Stimmungen vor und nimmt sie vorweg – und das vor allem dann, wenn sie ihm etwas Unangenehmes oder Unbequemes sagen muß.

Wenn es sich beim besten Willen nicht mehr vermeiden läßt, ihm Schmerz zuzufügen, scheinen ihre Möglichkeiten, sich natürlich und aufrichtig zu äußern, plötzlich sehr stark eingeschränkt, denn sie kämpft im Hintergrund mit Ängsten, die nur schwer auszurotten sind. Das klingt dann ungefähr so:

„Ich möchte ihm etwas sagen, aber ..."
„Ich will nicht, daß er denkt ..."
„Ich will nicht, daß er enttäuscht ist ..."
„Daß er negativ reagiert (zum Beispiel wütend wird) ..."
„Daß er den Eindruck hat, daß ich (ihn nicht verstehe ..., ihn nicht liebhabe ..., ihn vernachlässige ..., seine kleine Schwester bevorzuge ...)"
„Daß er nicht versteht, daß ich sein Bestes will ..."

Eine Mutter erzählt:

„Ich habe Angst, ihm wehzutun, wenn ich ihm ehrlich sage, was ich von seinem Benehmen halte. Ich frage mich immer, wie er reagieren wird, wie er es aufnimmt, was er von mir denken könnte. Ich bin immer extrem vorsichtig, wenn ich ihm etwas sage. Ich habe immer Angst, daß ich ihm wehtue oder daß er es nicht gut aufnimmt.
Ich versuche immer, es ihm leicht zu machen, die Dinge abzuschwächen, zu beschönigen. Ich finde immer indirekte, nicht sehr explizite Formulierungen."

Das Ergebnis ist ein wenig direkter Gesprächsstil, der sehr lange Umwege in Kauf nimmt und fast nichts bewirkt, viel zu viel erklärt und sich in Tausenden von Entschuldigungen und Differenzierungen ergeht.

Eine solche Mutter ist wie ein Schachspieler, der seine eigene Figur bewegt, um dann das Schachbrett umzudrehen und mit der Figur seines Gegenspielers zu ziehen, ehe er selbst wieder an der Reihe ist. Sie ist sozusagen auf zwei Spielfeldern gleichzeitig, und das kann nur dazu führen, daß sie sich verzettelt und sich auf zermürbende und sinnlose Diskussionen einläßt.

Eine wirkliche Einigung findet in einem solchen Gespräch zwischen Mutter und Kind nicht statt. Vielmehr nimmt die Mutter die Einigung innerlich vorweg. Die Konfrontation im Dialog ist nicht ihre Stärke. Sie versucht eher durch Beharrlichkeit zum Ziel zu kommen – die weibliche Waffe schlechthin. Tödlich.

Hier ein Beispiel für eine solche nicht interpersonelle, sondern intrapsychische Einigung. Der Anlaß ist eine Anschaffung.

> Eine junge Frau möchte ein Sofa neu überziehen lassen und es zu diesem Zweck zum Polsterer bringen lassen, doch sie denkt, daß ihr Mann ihr vorwerfen könnte, daß sie zuviel Geld ausgibt, und so entschließt sie sich, einen Überwurf zu kaufen.
> Als es darum geht, ihn auszuwählen, würde sie am liebsten einen roten nehmen, denkt jedoch, daß ihrem Mann hellere Farben besser gefallen und entschließt sich zu einem Kompromiß: altrosa.
> Sie drapiert den Überwurf auf dem Sofa; es sieht scheußlich aus, denn er paßt überhaupt nicht zu der übrigen Einrichtung.
> An diesem Punkt wird sie unzufrieden und macht sich Vorwürfe: ‚Da sieht man es mal wieder', sagt sie zu sich selbst, ‚ich bin einfach nie zufrieden! Wenn ich etwas verändere, gefällt es mir nie!'
> Sie hält sich für eine chronisch unzufriedene Person – dabei hat sie sich in Wirklichkeit einfach nicht getraut, das zu tun, was sie eigentlich wollte.

Es ist schwierig für eine Mutter, dem eigenen Kind die Medizin der Wahrheit zu verabreichen, ohne daß es sich beklagt. Und doch erfordert es in manchen Fällen das Wohl des Kindes, ihm Dinge zu sagen wie: Du hast eine schlechte Note bekommen, weil du nicht gelernt hast; deine Schwester leiht dir ihr Spielzeug nicht, weil du sie immer ärgerst; du hast in der Schule keine Freunde, weil du dich für etwas Besseres hältst.

Sie ist nicht frei, sie selbst zu sein: Sie gibt ihrem Kind nie ganz recht (wenn ich ihm sage, daß seine Lehrerin sich falsch verhalten hat, läßt er sich vielleicht gar nichts mehr von ihr sagen), aber sie gibt ihm auch nie wirklich unrecht (ich habe Angst, daß er gekränkt ist, daß er den Mut verliert ...).

Andererseits ist es einfach nicht möglich, seinem Kind nur diejenigen Wahrheiten zu sagen, die psychologisch angenehm sind.

Viele Kinder unterscheiden zwischen der Wahrheit und der sogenannten „Wahrheit der Mutter", einer verstümmelten, wirkungslosen Wahrheit, die unschädlich gemacht worden ist, damit sie den Kindern nicht wehtun kann.

Ein junges Mädchen erzählt: „Meine Mutter sagt mir die Dinge schon, aber sie will mich nicht wütend machen und Streit vermeiden, deshalb kann ich weiter tun, was ich will." Eine Tochter verlangt am Abend zu einer unmöglichen Zeit, daß man ihr bei den Hausaufgaben hilft, nachdem sie schon unzählige Male daran erinnert und aufgefordert worden ist, nicht herumzutrödeln.

Die Mutter wird wütend, die Tochter auch, die Einigung ist, wie immer, ein stressiger Prozeß.

Am nächsten Tag kommentiert die Mutter das Vorgefallene und sagt zu ihrer Tochter: „Gestern abend haben wir uns gestritten, weil wir beide müde waren ..." Sie weiß genau, daß das nicht zutrifft: Sie verfälscht die Wirklichkeit, um ihrer Tochter nicht die Wahrheit sagen zu müssen: „Unser Streit gestern abend war ganz allein deine Schuld." Gegen alle Evidenz nimmt sie die Hälfte der Schuld auf sich, damit die Tochter „sich nicht schlechtfühlt". Die Mutter verzerrt die Wirklichkeit, um der Tochter jene Verletzung zu ersparen, die doch ihre einzige Chance wäre, den Entschluß zu fassen, daß sie sich künftig nicht mehr auf die Hilfsbereitschaft ihrer Eltern verlassen, sondern ihre Hausaufgaben selber erledigen wird.

Kinder werden oft behandelt, als wären sie nicht imstande, den Schmerz der Wahrheit zu ertragen. Deshalb wird die Arznei mit tausenderlei Manövern versüßt – aus Furcht, das Kind könnte etwas Unangenehmes fühlen oder sich auch nur vorstellen. In Wirklichkeit können Kinder nur wachsen und sich bessern, wenn sie mit der zuweilen schmerzlichen Wahrheit konfrontiert werden, daß auch sie Grenzen haben.

Sie wissen, wie die Dinge stehen, aber sie versuchen (wie alle), dem moralischen Schmerz der Schuld auszuweichen. Kinder sind durchaus in der Lage, eine gerechte Note von einer Prüfung zu unterscheiden, bei der sie einfach nur Glück gehabt haben; und in den Streitigkeiten mit ihren Freunden oder Geschwistern können sie Recht und Unrecht problemlos auseinanderhalten. Dennoch werden auch sie von Viren befallen, die ihren Mut zur Wahrheit untergraben.

Die weibliche Art, ihnen die Wahrheit zu sagen, hat im übrigen auch durchaus positive Aspekte wie etwa das Gespür für den rechten Augenblick, das Zartgefühl und den Takt, mit dem das betreffende Thema angeschnitten wird, denn die weibliche Sensibilität ist gegen einige typisch männliche Schwächen wie Grobheit und mangelndes Taktgefühl immun, die die Wahrheit noch schwerer erträglich machen.

Um es ein wenig vereinfacht zu sagen: Die Mutter neigt dazu, das Kind mehr zu lieben als die Wahrheit, ist aber zu Höchstleistungen in der Lage, wenn sie ihr Zartgefühl mit den typischen Merkmalen der männlichen Sensibilität kombiniert.

Die Perfektion der Liebe setzt voraus, daß man die Dinge „auf eine gewisse Weise" sagt. Die Wahrheit ist kein nasser Lappen, den man den Menschen ins Gesicht schlägt. Andererseits darf aber auch das echte Zartgefühl nicht zu Lasten der Wahrheit gehen.

Das Gleichgewicht zwischen Inhalt und Form, Art und Weise und Substanz, Wahrheit und Takt ist solchen Menschen zu eigen, denen es gelungen ist, die Gegensätze in sich zu vereinen – jenen Müttern, die auch ein bißchen Vater, und jenen Vätern, die auch ein bißchen Mutter sein können, weil sie in der Auseinandersetzung und im Dialog mit dem Partner die Sensibilität, die Denkweise und die erzieherische Logik des jeweils anderen schätzengelernt und sich ein Stückweit angeeignet haben.

Entscheidend aber ist in jedem Fall, daß man an der Wahrheit festhält. Sie stärkt die Logik und verleiht Überzeugungskraft sowie die Fähigkeit, solide zu argumentieren und den anderen zu „überführen", wenn er die Wahrheit zu manipulieren sucht.

Das eigene Kind so zu erziehen, daß es sich nicht vor der Wahrheit fürchtet, zählt zu den erhabensten und entscheidendsten Aufgaben, die ein Vater oder eine Mutter sich vornehmen kann.

VIII. Verzauberte Mütter

Manche Mütter verhalten sich so, als stünden sie unter einem Zauberbann.

Sie erwecken den Eindruck, die Wirklichkeit nicht zu sehen, die Ereignisse nicht richtig zu deuten und nicht angemessen darauf zu reagieren. Der Zauber deaktiviert ihre Intelligenz und setzt ihr kritisches Denkvermögen außer Kraft.

Kinder hatten schon immer die Macht, ihre Eltern mit einem Zauberspruch zu belegen und nach Belieben agieren zu lassen. Eine verzauberte Mutter oder ein verzauberter Vater ist gelähmt und ohnmächtig und damit leichte Beute. Wie eine Fliege im Spinnennetz.

Zaubersprüche sind „Tricks", die den Betroffenen dazu bringen, etwas für wahr zu halten, das nicht wahr ist. Sie lassen ihn Dinge sehen, die gar nicht existieren. Sie sorgen dafür, daß Eltern das glauben, was ihre Kinder sie glauben machen wollen.

Deshalb haben sie eine große Macht: „Wenn ein Kind dich glauben machen kann, was ihm paßt", so eine Mutter, „dann bringt es dich in eine Lage, in der du tust, was es will."

Solche Zauberkünste sind Kindern sozusagen angeboren, das Repertoire ist seit Jahrhunderten bekannt, doch einige Nummern sind außerordentlich wirkungsvoll. Mütter sind offenbar besonders leicht zu hypnotisieren: Kindern gegenüber scheinen sie ihre natürliche weibliche Raffinesse, mit der sie normalerweise alles Zwischenmenschliche durchschauen, zu verlieren.

Während sie die verborgensten Absichten des Partners bereits erahnen, bevor sie diesem selbst überhaupt bewußt geworden sind, scheinen sie unsicher zu werden, wenn es darum geht, die Wirklichkeit von dem zu unterscheiden, was ihr Kind sie glauben machen will.

Der Zauber ist immer eine Verzerrung der Wirklichkeit, eine Verfälschung, die den Anschein von Wahrheit weckt.

Während manche Kinder eher unbeholfen und nicht in der Lage sind, eine Lüge aufrechtzuerhalten, kommen andere mit einem besonderen Talent auf die Welt: einer angeborenen Fähigkeit, die Wirklichkeit zu manipulieren. Sie sind darin so gut, daß ihre Eltern sagen: Er oder sie könnte Schauspieler werden. Manche dieser Nachwuchstalente bekommen direkt den Spitznamen „Mario Merola“[7].

Ganz nach dem Muster der alten Schlange beginnt die Verzauberung damit, daß man im Elternteil Zweifel sät: „Und wenn die Dinge gar nicht so wären, wie du sie siehst und interpretierst? Und wenn ich Recht hätte?“ Wenn der Zweifel sich nicht sofort zerstreuen läßt, ist die Verunsicherung da: Das Opfer zappelt im Netz.

Im Folgenden wollen wir einige der mächtigsten gebräuchlichen Zaubersprüche auflisten.

Das ist deine Schuld!

Dies ist vielleicht der mächtigste Zauber überhaupt: Er besteht darin, den Vater oder die Mutter glauben zu machen, daß die Schuld, die das Kind nicht eingestehen will, in Wirklichkeit auf dem Konto des Elternteils zu Buche schlägt.

Die Wirkung ist spektakulär: Das Opfer fühlt sich schuldig, und der wirkliche Schuldige wäscht seine Hände in Unschuld.

Diese Kunst ist besonders unter männlichen Kindern verbreitet (die sich der Verantwortung notorisch entziehen) und läßt sich ganz wunderbar an Müttern ausüben, die ja ohnehin dazu neigen, ihre eigene und die Verantwortung des Kindes nicht sauber voneinander zu trennen.

Eine Mutter erzählt:

> „Als ich mit meinem Sohn geschimpft habe, weil sein Zeugnis wirklich katastrophal war und er sich einfach nicht genug Mühe gegeben

hatte, hat er zu mir gesagt: ‚Das ist deine Schuld, weil du arbeitest und nachmittags nie da bist.'

Da habe ich zu ihm gesagt: ‚Ab nächster Woche arbeite ich Teilzeit. Dann bin ich um drei Uhr am Nachmittag zu Hause, und wir machen zusammen Hausaufgaben.'

Darauf er: ‚Mama, das war ein Witz!'"

Die Geistesgegenwart der Mutter hat einen Zauber abgewehrt, dem sie völlig hätte erliegen können: den Zweifel, daß das Muttersöhnchen schlechte Noten mit nach Hause bringt, weil die Mutter ihn vernachlässigt und nicht, weil er einfach nur faul ist.

Die beiden Blickwinkel legen zwei völlig unterschiedliche Lösungen nahe: eine weitere Anstrengung seitens der Mutter oder ein Bemühen seitens des Sohnes.

Im vorliegenden Fall ist letzteres durchaus angemessen.

Ein Sohn sagt zu seiner Mutter: „Wenn du mir kein Mofa kaufst, zwingst du mich, bei jemand anderem mitzufahren, und zu zweit baut man viel leichter einen Unfall."

Der Sohn, dem das Geld durch die Finger rinnt: „Ich habe kein Geld, um mein Mofa zu versichern: Wenn mir etwas passiert, ist das deine Schuld."

Der Sohn, der Haschisch raucht: „Wenn ihr mir kein Geld gebt, muß ich stehlen, und dann ist es eure Schuld, wenn ich ins Gefängnis komme."

Fazit: Wenn die Mutter sich nicht ganz schnell die Infusionsnadel herausreißt, mit der der Sohn ihr das Schuldgefühl für sein eigenes Fehlverhalten einimpft, wird sie gezwungen sein, ihm zu helfen, „um das Schlimmste zu verhüten".

Die vom Sohn geforderte Hilfe wird zur Mitverantwortung für den Schaden, den er erleiden könnte.

Ein achtzehnjähriger Sohn wirft seiner Mutter vor: „Du hast mich arbeiten geschickt, und jetzt kann ich mich nicht selbstverwirklichen.

Das ist deine Schuld." Die Antwort rückt die Wahrheit wieder zurecht: „Es stimmt, daß ich dir gesagt habe, du sollst arbeiten gehen, aber nur, weil du nicht studieren wolltest: Deine Schulzeit war ein Leidensweg für deine ganze Familie." „Aber du hättest hartnäckiger sein und mich daran hindern müssen, diesen Weg einzuschlagen", gibt der Sohn zurück. Die Antwort: „Du hättest auf mich hören sollen, statt zu erwarten, daß ich dir auf die Nerven gehe, wie du es mir jahrelang vorgeworfen hast."

Der Wahrheit zu ihrem Recht verhelfen heißt in vielen Fällen, dem Kind zu sagen: „Es ist deine Schuld!", denn sonst wird es seine Fehler wieder und wieder auf andere abwälzen.

Die richtige Antwort ist richtig, weil sie wahr ist und den wahren Sachverhalt wieder zurechtrückt.

Ein ähnlicher Fall: „Warum hast du eine Fünf in Geschichte geschrieben?", fragt die Mutter den Sohn in vorwurfsvollem Ton. Seine Antwort: „Weil du mich nicht abgehört hast." (Variante: „Weil du mir nicht gesagt hast, daß ich den Stoff wiederholen soll.")

Jede Mutter und jeder Vater mit gesundem Menschenverstand würde an dieser Stelle ein paar Dinge klarstellen und deutlich machen, wer seine Schullaufbahn bereits absolviert hat und wer jetzt an der Reihe ist, sich anzustrengen und etwas zu lernen.

Wie in dieser Antwort des Vaters: „Meine Pflicht ist es, für die Familie zu arbeiten, deine Pflicht ist es, zu lernen. Wenn du eine schlechte Note bekommen hast, ist das deine Schuld." Mit dieser Antwort unterbricht der Vater die Zufuhr des Schuldgefühls und gibt die „Infusion" an seinen Sohn zurück.

Wenn ein Elternteil sich für die Erfolglosigkeit des Kindes verantwortlich fühlt (wie das Kind es gerne hätte), neigt es dazu, sich noch mehr um dessen schulisches Engagement zu kümmern, verfolgt den Lehrplan, behält die Termine der Klassenarbeiten im Blick, achtet darauf, daß das Kind ernsthaft lernt und überwacht es bei den Hausaufgaben.

Solange das Kind diesen Zauberspruch immer wieder erneuern kann, kann es sich getrost im sanften Schlaf der Verantwortungslosigkeit wiegen. Resultat: eine gestreßte Mutter, ein indifferentes Kind und schlechte Stimmung in der Familie.

Nur die Wahrheit kann die Mutter, das Kind und den Familienfrieden retten.

Ich rufe das Kindersorgen-Telefon an!

„Ich rufe das Kindersorgen-Telefon an" – das ist die aktualisierte Form einer uralten Beschwörungsformel. Früher lautete sie: böse Mama!

Der bloße Verdacht, daß das Kind sich nicht geliebt fühlen könnte, ist imstande, jegliche mütterliche Gewißheit von innen heraus zu unterhöhlen und die Mutter zu blockieren wie ein Sandkorn im Getriebe.

Wenn ein Kind etwas bekommen will, das es eigentlich nicht verdient hat, nährt es nicht selten in einem seiner Eltern und meistens in der Mutter den Verdacht, böse zu sein. Es sorgt dafür, daß die Mutter sich für böse hält, obwohl sie das gar nicht ist und obwohl auch das Kind dies nicht ernsthaft glaubt.

Ein Sohn sagt zu seiner Mutter: „Du hilfst mir viel weniger bei den Hausaufgaben als im letzten Jahr!" Oder: „Du hast meiner Schwester mehr geholfen als mir!" Das einzige Mittel gegen diesen Zauberspruch ist die Wahrheit: „Ja, im letzten Jahr habe ich dir nämlich zuviel geholfen. Diesen Fehler will ich kein zweites Mal machen." Oder: „Ich habe deiner Schwester mehr geholfen, weil sie viel mehr aufhatte als du und nie soviel Zeit zum Spielen hat wie du."

Nur wenn Vater oder Mutter mit beiden Beinen fest auf dem Boden der Wahrheit stehen, verfehlt dieser Zauber seine Wirkung und erweist sich als Blendwerk.

Eine Variante dieses Zaubers besteht darin, die eigenen Angstreaktionen künstlich zu verstärken. Droht ein Elternteil dem Kind mit der Hand oder berührt es gar leicht, jammert das Kind: „Immer schlägst du mich ...!" Um dann seiner Lehrerin anzuvertrauen, daß seine Eltern es schlagen und daß es Angst vor ihnen hat – womit es die Eltern natürlich in ernsthafte Schwierigkeiten bringt.

Schreit man es an, droht es: „Ich rufe das Kindersorgen-Telefon an!" Besser, man hält ein paar schlagfertige Antworten bereit, um sich aus einer Verlegenheit zu retten, in die wohl fast alle Eltern früher oder später einmal hineingeraten.

Eine Mutter erzählt:

> „Ich mußte meine fünfjährige Tochter anschreien und zur Strafe auf ihr Zimmer schicken. Im Eifer des Gefechts stieß sie gegen die Türkante und verletzte sich dabei leicht am Kinn. Kurz darauf hörte ich zufällig mit, wie sie der Oma unten im Garten davon erzählte: ‚Guck mal, Oma, was für einen Schnitt ich hier habe!' ‚Was ist denn passiert?', fragt die Oma. ‚Das war die Mama', so die Antwort, ‚sie hat mich so feste geschlagen, daß es geblutet hat.' ‚Arme Kleine', sagt die Oma, ‚deine Mama war schon immer so unbeherrscht!'
> Ich bin daraufhin in den Garten gegangen, um die Sache aufzuklären, doch die Oma hat mich sofort hart angegangen, und ehe ich überhaupt den Mund aufmachen konnte, in vorwurfsvollem Ton zu mir gesagt: ‚Was hast du mit dem Kind gemacht?'
> Und wieder war ich diejenige, die sich rechtfertigen mußte – wie immer, denn sie hat mich noch nie gemocht."

In diesem Fall macht sich das Mädchen die geringe Hochachtung zunutze, die ihre Mutter bei der Oma genießt, und rückt sie durch ihre Lüge in ein schlechtes Licht. Es kümmert sie nicht, daß sie die Spannungen zwischen den beiden noch verschärft – solange sie nur Mitleid erntet.

Solche Verhaltensweisen bringen Eltern dazu, sich wie böse Ungeheuer und Kinderquäler zu fühlen. Deshalb müssen sie sich an den wahren Sachverhalt halten und versuchen, den vom Kind gesäten Zweifel zu zerstreuen, ohne sich von seiner oft zweckgerichteten Version der Geschichte einspinnen zu lassen.

Auf einen nicht ausgeräumten Zweifel reagiert das Unterbewußtsein wie auf eine erwiesene Tatsache: mit Schuldgefühlen und Ohnmacht.

Erpressung

Sie besteht meistens in der Drohung, dem Elternteil etwas wegzunehmen, was ihm sehr am Herzen liegt, indem man zum Beispiel auf durchaus gerechtfertigte Forderungen mit Antworten der folgenden Art reagiert:

„Dann gehe ich eben nicht mehr in die Schule";

„Wenn ich 14 bin, fahre ich per Anhalter";

„Wenn du mich abends nicht ausgehen läßt, mache ich noch mehr Dummheiten";

„Wenn du mir die Playstation (oder das Mofa, die Jahreskarte fürs Stadion ...) nicht kaufst, tue ich nichts mehr für die Schule".

Viele Eltern werden auch mit dem Klassiker konfrontiert: „Dann laufe ich von zu Hause weg" (Variante: „Morgen komme ich nicht mehr von der Schule zurück"). Entkräftet wird eine solche Drohung von Antworten wie: „Da ist die Tür!" oder von aufrichtigen guten Wünschen für die bevorstehende Nacht, die laut Wetterbericht kalt und regnerisch sein wird.

„Statt dessen", so ein Vater, „läuft meine Frau jedesmal verzweifelt hinter ihm her und fleht ihn an: ‚Nein, geh nicht weg, wir haben dich doch lieb, ich habe mich sogar behandeln lassen, damit ich dich zur Welt bringen konnte', und gibt ihm damit praktisch die Möglichkeit, sie permanent zu erpressen." Tatsächlich hatte es sich der Sohn im genannten Fall angewöhnt, seine Eltern regelmäßig zu „bestrafen", indem er vortäuschte, von zu Hause weggelaufen zu sein (und in Wirklichkeit einfach nur bei der Oma oder bei einem Freund übernachtete), was dazu führte, daß sie ihm jeden Wunsch erfüllten, nur um ihn nicht zu verlieren.

Erpressungen können auch auf der emotionalen Ebene stattfinden.

Wenn ein Kind zu seiner Mutter sagt: „Mach mich nicht wütend, sonst schenke ich dir keine Blumen zum Muttertag", dann gibt das zu denken. Mit dieser absolut unverschämten Reaktion spricht das Kind eine Warnung aus und signalisiert, daß es seiner Mutter mit emotionaler Ablehnung drohen kann, während doch eigentlich das Kind sehr viel mehr Angst vor der Ablehnung der Mutter samt allen daraus resultierenden Konsequenzen haben müßte.

Wenn ein Kind folgende Überlegungen anstellt: „Es liegt im Interesse meiner Mutter, daß ich die Versetzung schaffe, denn sonst blamiert sie sich", dann muß man sich fragen, ob es nicht ganz genau durchschaut hat, was für ein Virus seine Mutter befallen hat und daß dieses Virus seine Mutter zuverlässig daran hindern wird, das Richtige zu sagen und zu tun.

Die magische Wirkung wird durch die Voraussetzung garantiert, daß das Wohl des Kindes der Mutter mehr am Herzen liegt als dem Kind selbst. Als wäre der schulische Erfolg für die Mutter wichtiger als für das Kind!

Die Erpressung funktioniert, weil die Mutter sich nach wie vor mit ihrem Kind identifiziert und deshalb außerstande ist, ihm die richtige Antwort zu geben: „Tut mir leid, aber ... um so schlimmer für dich!"

Doch wie mühsam erkämpft man sich die Freiheit, die Nabelschnur zu durchtrennen, und die Klugheit, das Kind Verantwortung zu lehren!

Ein noch ausgeklügelterer kindlicher Zauber ist bekannt als die Kunst, einen *Zwischenfall herbeizuführen:* Diese Kunst besteht darin, einen Streit gezielt zu provozieren, der einem einen Vorwand liefert, das Haus zu verlassen oder nicht zu lernen – dergestalt, daß das eigene Verhalten als nachvollziehbare Reaktion auf das erlittene Unrecht wahrgenommen wird. Kurz: Ich gebe dir die Schuld und kann tun, was ich will.

Die Eltern „lenken"

Viele Kinder sagen, daß sie ihre Eltern „zu nehmen wissen". Sie besitzen ein unfehlbares Radar für Charakterschwächen und geben auch ganz unbefangen zu, daß sie diese zu ihrem eigenen Vorteil ausnutzen.

Folgende „Regeln für den Umgang mit einer Mutter“ sind allgemein verbreitet:

„Ich muß nur auf stur schalten, dann gibt sie nach“;
„Ich muß ihr Geschimpfe einfach aushalten, dann wird wieder alles wie vorher“;
„Ich muß einfach nur lauter schreien als sie“;
„Ich muß nur abwarten, bis sie sich wieder beruhigt. Im Grunde kann sie nicht nein sagen“;
„Ich muß ihr nur versprechen, daß ich es nicht wieder tue“.

„Wenn sie mich bestrafen will und nicht zum Fußballtraining schickt“, gibt ein Junge zu, „muß ich nur so tun, als ob ich nervös werde und ‚auf glühenden Kohlen sitze‘, bis es ‚ihr leid tut‘ und sie zu mir sagt: ‚Na gut, dieses eine Mal noch … hau schon ab!‘“

Und ein anderer Junge: „Ich kenne meine Eltern: Sie trauen sich gar nicht, mich ohne Hausaufgaben in die Schule zu schicken.“

Seit Jahren reiben diese Eltern sich auf, damit ihr Sohn seine Hausaufgaben macht, und halsen sich eine Verantwortung auf, die eigentlich seine wäre.

Viele Kinder haben das Gefühl, ihre Eltern zu lenken, und lassen sich deshalb weder von Strafpredigten noch von Vorwürfen beeindrucken: Sie wissen, daß sie nichts zu befürchten haben.

Sie sitzen „am längeren Hebel“, und sie ändern ihre Haltung nur, wenn der Vater oder die Mutter ernsthaft die Geduld zu verlieren und andere Saiten aufzuziehen droht.

Wenn man ein Kind fragt, was es denkt, wenn die Mutter es anschreit, hört man meistens eine der folgenden Antworten:
„Sie beruhigt sich sowieso gleich wieder“;
„Meine Entschuldigung wird sie mir schon abnehmen“;
„Sie glaubt mir ja doch, wenn ich ihr verspreche, es nicht wieder zu tun“;
„Sie vergißt sowieso, mich zu bestrafen“.

Die Eltern „gut dressieren“

Wenn ein Kind seine Eltern dressiert, dann gibt es ihnen sozusagen ein „Leckerli“, um ihnen vorzugaukeln, daß es sich geändert hat.

Wenn die Situation unmittelbar zu eskalieren droht, deckt es den Tisch ab, bleibt einen Abend zu Hause, geht zum Therapeuten – doch ohne sichtbare Verbesserungen, denn es will die Eltern ja nur besänftigen.

Wenn man Kinder fragt: „Warum wolltest du mit einem Therapeuten sprechen“, hört man nicht selten die Antwort: „Um die Mama zu erschrecken, damit sie glaubt, ich hätte ernsthafte Probleme.“

Wenn das Kind noch klein ist, gibt es der Mutter ein Küßchen oder sagt ihr etwas Nettes, nachdem es sie den ganzen Tag über tyrannisiert hat.

Oder es spielt das „Schmusekätzchen“. Ein Kind, das zu Recht getadelt worden ist, wird plötzlich anhänglich, spielt die Sympathiekarte aus und gibt sich besonders liebebedürftig und anschmiegsam. Das entwaffnet Vater oder Mutter, die erzieherischen Vorsätze schmelzen wie Schnee in der Sonne, und dem Elternteil wird suggeriert, es sei zu streng gewesen – zumal, wenn es nicht bereit ist zu glauben, daß ihr Kind diese Verhaltensweisen tatsächlich gezielt einsetzt.

Es ist schwierig für eine Mutter, sich einzugestehen, daß ihr Kind etwas Boshaftes, Schlaues oder Manipulatives an sich hat. Auch wenn sie es bemerkt, beurteilt sie es nicht richtig, sondern geht von einer trügerischen Unschuld aus. Solange sie nur kann, weigert sie sich, das Böse, die moralische und psychologische Unvollkommenheit in ihrem Kind zu sehen.

Eine Mutter, die zu ihrer Tochter sagt: „Mach mir doch bitte eben die Betten, wenn du am Schlafzimmer vorbeikommst“, und keine Antwort erhält, ist geneigt zu glauben, daß die Tochter sie nicht gehört hat. Ein Vater dagegen glaubt eher, daß sie nur so tut, als ob sie nichts hört. Während die Mutter im Kopf bereits den Besuch beim Ohrenarzt terminiert, gibt ihr Mann ihr zu bedenken: „Siehst du nicht, daß sie dich an der Nase herumführt?“ Und er kennt sich aus – schließlich verhält er sich genauso.

Getrennte Eltern gegeneinander ausspielen

Die verbreitetste Variante dieses Spiels besteht darin, beide Eltern oder ein Elternteil glauben zu machen, man sei „auf seiner Seite", damit er oder sie sich einerseits wichtig und dem Partner gegenüber im Vorteil fühlt und andererseits das Kind in Schutz nimmt, alle seine Wünsche erfüllt oder auch die Strafen, die der jeweils andere verhängt hat, wieder zurücknimmt.

Um in dieser Weise von der Situation zu profitieren, muß das Kind den jeweils anderen Elternteil anschwärzen und verleumden. Dieses Spiel fällt in der Regel den Töchtern leichter, denn es erfordert eine gewisse Subtilität und Komplexität der Vorgehensweise, die der männlichen Psychologie weniger entgegenkommt.

Dabei ist die Hauptzutat die Schmeichelei – wenn die Tochter beispielsweise zu ihrem Vater sagt: „Du bist gar nicht wie die Väter meiner Freundinnen, die sich nicht verstanden fühlen, du bist noch jung, aufgeschlossen, ich wäre gerne so wie du", dann bringt sie ihn in eine Situation, in der er nicht unbedingt erpicht darauf ist, ihr das Gegenteil zu beweisen. Wie soll er nun noch nein sagen, wenn sie ihm kurz darauf im Schaufenster ein Paar Schuhe zeigt, die ihr gut, aber wirklich ausnehmend gut gefallen …?

Die Trennung der Eltern ist ein fruchtbarer Boden für die Zauberkünste der Kinder. Es gibt unzählige Formeln, aber die mächtigste lautet: „Den Eindruck erwecken, daß man zu dem jeweils anderen Elternteil hält". Diese Hexerei entfaltet ihre Wirkung dank verschiedener Verhaltensweisen: niemals Position beziehen und niemals sagen, wem man wirklich die Schuld an der Trennung gibt, weil die Mutter dann glaubt, man mache sie für das Scheitern der Beziehung verantwortlich; das andere Elternteil niemals kritisieren, und wenn seine Schuld noch so groß und offensichtlich ist; durchblicken lassen, daß man es sich vorstellen könnte, in einigen Jahren zu ihm zu ziehen; im geeigneten Augenblick Sätze fallenlassen wie „Kinder in meinem Alter werden in Sorgerechtsfällen auch vor Gericht gehört". Auf diese Weise legt man der Mutter Daumenschrauben an, und sie wird aus lauter Angst, das Kind zu verlieren, immer wieder bereit sein, nachzugeben, ihm seine Wünsche zu erfüllen und ihm Dinge durchgehen zu lassen, die sie eigentlich unterbinden müßte. Diese Angst nagt von innen an ihr und nimmt ihr die Entschlußkraft und das erzieherische Durchsetzungsvermögen.

Wenn sie nicht dagegen angeht, wird sie immer erpreßbar bleiben. Um den Zauberbann zu brechen, sollte sie das Kind vor die Entscheidung stellen, ob es wirklich zum Vater ziehen will: Dann nämlich wird es in aller Regel erschrecken und klein beigeben.

Eine Mutter mußte sich folgenden Vorwurf anhören: „Es ist wirklich wahr, daß du böse bist! Papa hatte ganz recht, daß er mit einer anderen abgehauen ist!" Für jemanden, der sich ohnehin schon für die Trennung verantwortlich fühlt, ist dies ein Stich mitten ins Herz. In Wirklichkeit weiß das Kind natürlich sehr genau, wie die Dinge liegen: Es hat die Gewalttätigkeit des Vaters und dessen Untreue selbst miterlebt, aber das ist jetzt nicht wichtig. Auf Kosten der Wahrheit stellt es der Mutter eine ausgeklügelte emotionale Falle und zwingt sie, das, was sie für richtig und zweckmäßig hält, aufzugeben – nur um ihrem Kind zu beweisen, daß sie nicht „böse" ist.

Eine aufgeweckte Mutter wird auf die Manipulationsversuche ihres Kindes etwa so reagieren: „Wenn du denkst, daß dein Vater dir guttut, dann zieh doch zu ihm." *Game over* – das Spiel ist aus.

Das Problemkind spielen

Auch dieser Zauber ist weit verbreitet, und diesmal handelt es sich um eine scheinbar unschuldige Täuschung, die zudem schwierig zu entdekken ist. Sie besteht darin, der Mutter Sorgen zu bereiten, indem man den eigenen Schmerz künstlich herauskehrt. Die Zurschaustellung des Leidens übt auf ein Mutterherz eine unfehlbare Wirkung aus.

Ich frage einen kleinen Jungen, der in die vierte Grundschulklasse geht: „Sobald du dich an deine Hausaufgaben setzt, bist du ein Nervenbündel, verdrehst die Augen, zerbrichst deinen Bleistift ... Warum tust du das?"

Antwort: „Weil meine Mama dann denkt, daß ich Probleme habe." Es ist leicht vorstellbar, daß ein solcher künstlich herbeigeführter Zweifel der Mutter die Kraft und die Entschlossenheit raubt, das zu tun, was nötig ist.

In den Berichten der Mütter kehrt häufig die Situation wieder, in der das Kind auf ihre gerechtfertigten Forderungen Antworten gibt wie: „Du weißt ja gar nicht, was für Probleme ich habe!" oder auch: „Du verstehst mich nicht", wenn es mit dem Rücken zur Wand steht. Hierbei handelt es sich um eine Variante vom Typ „unverstandenes Kind". Die Wirkung ist tödlich.

„Dann sag mir doch, was für Probleme du hast", bittet die Mutter, nur um eine Antwort zu erhalten wie: „Du kannst das nicht verstehen, nicht jetzt, ein anderes Mal ..." Doch dieses andere Mal, diesen Moment, da das Kind der Mutter seinen innersten Schmerz enthüllt, wird es niemals geben.

Das ist der Unterschied zwischen Kindern mit echten Problemen und Kindern, die nur so tun, als hätten sie Probleme. Den Leidenden zu spielen ist etwas ganz anderes als wirklich zu leiden.

„Ich weine", gibt ein kleiner Junge mit offenherziger Naivität zu Protokoll, „damit es so aussieht, als ob ich rechthätte."

Zu dieser Kategorie der Zaubersprüche gehören auch plötzlich auftretende Kopf- oder Bauchschmerzen, Fieberattacken (ja, sogar Fieber!), Erbrechen und Ohnmacht. Die Symptome sind real, aber oft gezielt und absichtsvoll hervorgerufen.

Wenn das Bauchweh immer dienstags auftritt und das Kind, nachdem die Mutter ihm gesagt hat: „Du brauchst heute nicht zur Schule zu gehen", auf dem Sofa herumspringt und ganz vergißt, den Kranken zu spielen, dann fällt es schwer, keinen Verdacht zu schöpfen.

Es ist nicht immer ganz leicht, ein wirkliches von einem simulierten Übel zu unterscheiden, aber bestimmte Episoden geben uns einen zuverlässigen Schlüssel in die Hand. Wenn das Kind immer ängstlich und unsicher ist und nicht alleine ins Badezimmer geht, man es aber dann nachts mit einer Cola in der Hand vor dem Kühlschrank antrifft und es nicht einmal das Licht angeschaltet hat, dann liegt die Schlußfolgerung auf der Hand.

Nicht ganz wirkungslos ist auch eine andere Nummer aus dem Repertoire: Sie heißt „das unverstandene Opfer" („Alle habe etwas gegen mich, keiner versteht mich ..."). Eine todsichere Wirkung – so die Erfahrung der Kinder – erzielt man, wenn man sich traurig oder mißmutig gibt. Der Zauber besteht darin, den Leidenden „zu mimen" und Vater oder Mutter mit diesem Trugbild zu täuschen.

Aus solchen Kindern werden einmal Erwachsene, die den „geprügelten Hund" spielen, sobald sie ihre eigenen Fehler eingestehen sollen, und die sich mit diesem unschönen Trick den Forderungen der Wahrheit und Gerechtigkeit entziehen.

Tatsächlich verbirgt sich hinter dieser Opferrolle eine sehr mächtige Aggression. Sie bringt die anderen dazu, sich schlecht zu fühlen, und erspart es dem „Opfer", Verantwortung zu übernehmen.

„Verrückt" spielen

Viele Familien leben dauerhaft unter der Wirkung der Zauberformel „Wenn ich nicht tue, was er will, stellt er wer weiß was an". Wenn das Kind seinen Willen nicht durchsetzt, schlägt es alles entzwei, trommelt mit den Fäusten gegen die Wand, schneidet sich mit Rasierklingen, zerfetzt das Sofa, wälzt sich auf dem Boden herum. Mit diesen demonstrativen Inszenierungen will es seine Eltern erschrecken, ihnen Angst machen und sie beeindrucken.

In solchen Situationen sind die Details entscheidend: Sie helfen, die jeweiligen Verhaltensweisen richtig zu deuten. Wenn ein Kind droht, sich aus dem Fenster zu stürzen, daraufhin umgehend seinen Willen bekommt und von einem Moment auf den anderen lacht und scherzt, als ob nichts gewesen wäre, dann liegt es auf der Hand, daß der Alarm mit manipulativer Absicht ausgelöst worden ist.

Zu den raffiniertesten Drohungen der Heranwachsenden gehört der Satz: „Dann gehe ich eben raus und setze mir einen Schuß!" Die Angst vor den Konsequenzen macht es den Eltern unmöglich, normal zu reagieren.

Perfekt ist der Zauber gelungen, wenn die Mutter erklärt: „Ich bin dann still und gebe es auf, denn mein Sohn hat einen üblen Charakter: Wenn er nicht bekommt, was er will, begeht er vielleicht eine Riesendummheit, und ich würde mir dann mein Leben lang Vorwürfe machen."

In Wirklichkeit sind Eltern für sich selbst und nicht für das Verhalten des Kindes verantwortlich, das für seine Reaktion auf die Ansprüche der Eltern verschiedene Optionen hat: auch die (das sollte man nicht vergessen), diese Ansprüche als vernünftig zu akzeptieren. Andernfalls gerät man in einen lähmenden Teufelskreis: „Ich halte mich zurück und sage nicht, was ich für richtig und wahr halte, damit er nicht wütend wird und irgendeine Dummheit macht."

Das Kind begreift schnell, daß es nur Kompromißlosigkeit signalisieren, die Eltern herausfordern und ihnen Angst einjagen muß, damit sie es tun lassen, was es will. Wenn das der Dreh- und Angelpunkt der Beziehung wird, ist der erzieherische Einfluß der Eltern gleich Null – zum Schaden des Kindes.

Kinder entwickeln sehr schnell ein Gespür für die Schwächen ihrer Eltern und schlagen die richtigen Seiten an, um ihre unbewältigten emotionalen Gebrechen zum Klingen zu bringen und nach Belieben mit ihnen „umzuspringen". Das ist nichts Neues, werden Sie sagen, und tatsächlich ist es kaum vorstellbar, daß ein Kind oder ein Heranwachsender in der Lage sein sollte, sich spontan vom Richtigen und Wahren lenken zu lassen. Er wird vielmehr versuchen, das, was ihm gefällt, für wahr, und das, was ihm zusagt, für richtig zu erklären, und erst nach langen Mühen – aller Beteiligten – in der Lage sein, sich an bestimmten Werten auszurichten. Diese Fähigkeit ist das entscheidende Merkmal der psychologischen Reife, die reife Frucht eines abgeschlossenen Erziehungsprozesses – und eben nichts, was in der kindlichen Psychologie von vorneherein angelegt wäre.

Das spontane Spiel dreier Kinder am Strand wäre nicht möglich ohne die aufmerksame Regie zweier Eltern und des Opas, die abwechselnd eingreifen müssen, um dem jeweiligen kleinen Verwandten zu erklären, daß es einen

Unterschied zwischen den eigenen Spielsachen und fremdem Eigentum gibt; daß die anderen Kinder es nicht wirklich toll finden, wenn ihre Sandburgen immer wieder systematisch niedergetrampelt werden; daß man beim Murmelspiel nicht einfach die Regeln ändern kann, wenn man zurückliegt; und daß ein Spielzeug nicht völlig unbrauchbar wird, bloß weil man es einmal für zwei Minuten an die beiden anderen Kinder ausgeliehen hat.

So etwas ist, kurz gesagt, kein leichtes Unterfangen, und es macht deutlich, wieviel erzieherisches Engagement vonnöten ist, ehe ein Kind in der Lage ist, gute Beziehungen zu den anderen zu unterhalten.

Drohungen und Vorwürfe

Wenn ein Kind in vorwurfsvollem Ton zu seiner Mutter sagt: „Wenn ich dich brauche, bist du nie da ...!“, legt es einen Keim, der sich zu dem Gefühl auswachsen wird, das eigene Kind zu vernachlässigen.

Was das Kind dabei gerne übersieht, ist die Tatsache, daß die Mutter auch für seinen Unterhalt arbeitet, daß sie abends nie ausgeht, und daß es, wenn sie um 17.30 Uhr von der Arbeit kommt, oft noch bis 19.00 Uhr draußen spielt. Es wäre sinnvoll, daß die Mutter ihr Kind auf diese Tatsachen hinweist und dem Zweifel, es könne an emotionaler Vernachlässigung leiden, keinen Raum gibt.

Der vorwurfsvolle Satz „Du bist nicht wie die anderen Mütter!“ hat nur dann eine gewisse konditionierende Wirkung, wenn die Mutter das unbewältigte Gefühl ihrer eigenen Minderwertigkeit in sich trägt; andernfalls wird sie antworten: „Ich habe mir dich auch nicht ausgesucht, also versuchen wir, das Beste daraus zu machen.“

Der geschluchzte Satz „Die Oma hat mich viel lieber als du!“ kann eine Mutter nur dann konditionieren, wenn sie ihr Bedürfnis, emotional im Mittelpunkt zu stehen, nie hat bewältigen können. Andernfalls würde eine solche Aussage sie emotional nicht berühren und auch nicht in eine Krise stürzen.

Der Satz: „Die anderen Eltern machen das alle!" kann den Kreislauf der persönlichen Unsicherheit wieder in Gang setzen und die Mutter veranlassen, das zu tun, was sie selbst nicht für richtig hält. Ein Elternteil, das über ausreichend Selbstsicherheit verfügt, würde statt dessen sehr liebevoll antworten: „Du kannst dich jederzeit von jemand anderem adoptieren lassen."

Die Drohung „Ich werde dich blamieren!" hat nur dann eine Wirkung, wenn ein Vater oder eine Mutter Angst vor einem Imageverlust hat. Wem das nichts ausmacht, der wird diesen Erpressungsversuch mit einem milden Lächeln quittieren und eine Antwort geben, die man sich leicht vorstellen kann.

Recht häufig ist auch der Fall des Kindes, das mitten im schönsten Streit die Fenster aufreißt und wie ein Verrückter seine Eltern anschreit, um sie vor den Nachbarn in eine peinliche Lage zu bringen. Eine Mutter hat diesen Zauber folgendermaßen gebrochen: Sie ließ die Fenster, die ihr Kind aufgerissen hatte, einfach offenstehen und sagte zu ihm: „Mach die Fenster ruhig auf, dann wissen alle, was du für ein Kind bist und wie du dich deinen Eltern gegenüber benimmst." Wie durch Zauberei hatte die Drohung des Kindes ihre Macht verloren.

Andere Zauber, die die Wirklichkeit verdrehen

– die Aussagen oder erzieherischen Maßnahmen der Eltern *verzerren* und so tun, als ob man ihre wahren Absichten nicht verstünde („Du willst ein perfektes Kind", so der Vorwurf, obwohl der Vater oder die Mutter doch nur ein Minimum an schulischem Engagement verlangen).

Ein Vater erinnert sich, daß er, nachdem er aufgehört hatte, die Nachhilfestunden seines Sohnes zu bezahlen – wohlgemerkt hatte der Sohn in diesen Stunden nichts dazugelernt, sondern den jungen Studenten, der ihn unterrichten sollte, dazu gebracht, seine Hausaufgaben für ihn zu erledigen –, Folgendes zu hören bekam: „Also willst du, daß ich sitzenbleibe!“ Ganz unverkennbar eine Fehlinterpretation – und nur der Vater glaubt, daß sein Sohn dies wirklich denkt.

– *den Sinn der Ereignisse auf den Kopf stellen:* Das Kind, ein notorischer Lügner, aber auch sehr einfallsreich, wirft einem seiner Eltern vor: „Du vertraust mir einfach nicht!“, wenn er oder sie es wagt, an der Wahrheit seiner Aussagen zu zweifeln. Und schon ist es nicht mehr die Unehrlichkeit des Kindes, sondern das Mißtrauen des Elternteils, das zur Debatte steht!

Ein Elternteil, das in der Schublade des Kindes einen Joint gefunden hat, steht plötzlich selbst unter Anklage, weil es die Privatsphäre verletzt und an seinem Kind gezweifelt hat. Wenn das Elternteil sich daraufhin entschuldigt, weil es sein Kind nicht vorher um Erlaubnis gefragt hat, ist offenbar ein Zauber am Werk, der einen eigentlich lachhaften Rechtfertigungsversuch als Gerechtigkeit erscheinen läßt.

Ein „entzaubertes“ Elternteil (das den Zauberbann gebrochen hat) wird dagegen antworten: „Ja, und du siehst, daß ich recht hatte, an dir zu zweifeln!“

– Vereinbarungen mit den Eltern so auslegen, *wie es einem paßt* („Aber das hatte ich ganz anders verstanden!“).

– *die Mutter in die Defensive drängen* mit Äußerungen wie: „Das ist deine Pflicht, du bist doch zu Hause und spielst die Hausfrau, also mußt du mich auch dorthin bringen und wieder abholen.“ Auf diese Weise gibt man der Tatsache, daß man die Mutter ausnutzt, den Anstrich von Gerechtigkeit. Wenn sie nicht aufwacht und die Täuschung durchschaut, wird sie zur untertänigen Sklavin ihres eigenen Kindes.

Wenn das Kind bestimmen darf, was Gerechtigkeit ist, nimmt die erzieherische Katastrophe ihren Lauf.

– *die verzweifelten Ausbrüche der Eltern benutzen,* um sich in eine gute Position zu bringen („Immer wirst du wütend und schreist mich an ... ich mache ja doch immer alles falsch ...“).

Die Tatsachen, die derartige Äußerungen widerlegen, müssen dem Kind möglichst exakt und detailliert ins Gedächtnis gerufen werden, auch wenn man nicht auf sofortige Einsicht hoffen darf. Auf jeden Fall aber sollten die Eltern sich diese Tatsachen bewußtmachen, um keinem völlig unbegründeten Schuldgefühl zu erliegen.

– und schließlich: *das Offensichtliche schamlos leugnen, immer tausend Entschuldigungen bereithalten und so tun, als ob man aus allen Wolken fällt,* wenn man (als Kind) daran erinnert wird, was man zuvor gesagt oder getan hat.

Diese Zauber sind Entstellungen der Wirklichkeit, verzerrte und häufig auf den Kopf gestellte Tatsachenrekonstruktionen und völlig unangemessene Interpretationen elterlicher Verhaltensweisen, kurz: eine mehr oder weniger bewußte Verfälschung der Wirklichkeit, die sodann eigenmächtig zur Wahrheit erhoben wird.

Zudem handelt es sich um einen grundlegenden Mangel an Respekt und um einen Versuch, den anderen zum eigenen Vorteil zu instrumentalisieren, indem man sein Vertrauen in sein Wirklichkeitsverständnis und in seinen Gerechtigkeitssinn untergräbt.

Den anderen glauben zu machen, er sei dumm, böse oder im Unrecht, steht in einem fundamentalen Widerspruch zu der Liebe, die man diesem Menschen schuldet. Ein perfides Spiel.

Man fühlt sich nicht geliebt von jemandem, der einen für dumm verkaufen will – um die klare Ausdrucksweise eines Elternteils zu zitieren –, selbst wenn der, der einen austrickst, das eigene Kind ist. „Lieben", so brachte es das betroffene Elternteil auf den Punkt, „heißt, dem recht zu geben, der recht hat."

Liebe verlangt Respekt vor der Wahrheit.

Sehr aufschlußreich ist schließlich der Bericht eines jungen Vaters:

> „Neulich morgens habe ich meinen sechsjährigen Sohn aufgeweckt, der noch bei uns Eltern im Bett schlief, weil es Zeit war, zur Schule zu gehen.
> Normalerweise rufe ich ihn dann einfach von meiner Bettseite aus, und er steht anstandslos auf.
> Rein zufällig habe ich ihn an dem fraglichen Morgen von der Seite aus gerufen, wo die Mama normalerweise schläft, und diesmal hat er sehr unwirsch reagiert: ‚Laß mich in Ruhe ... hmpf ... nein, ich will nicht!'
> Überrascht habe ich ihn gefragt: ‚Was ist denn los, das machst du doch sonst nicht?'
> Und er, der die Situation inzwischen erfaßt hatte: ‚Entschuldige, Papa, *ich dachte, du wärst die Mama.*'"

Wenn man als Eltern normal bleiben will, muß man sich „entzaubern", das heißt, man muß die Zauberbanne abschütteln, um die Wirklichkeit zu sehen und gerecht zu handeln.

Wie am Ende des Märchens von Schneewittchen[8]:

> „Der Königssohn ließ ihn [Schneewittchens Sarg] nun von seinen Dienern auf den Schultern forttragen. Da geschah es, daß sie über einen Strauch stolperten, und von dem Schüttern fuhr der giftige Apfelgrütz, den Schneewittchen abgebissen hatte, aus dem Hals. Und nicht lange, so öffnete es die Augen, hob den Deckel vom Sarg in die Höhe, und richtete sich auf, und war wieder lebendig."

Es ist eine uralte Wahrheit, daß Eltern, die „aufwachen" und ihre Intelligenz von der Zaubermacht des Zweifels und der Angst befreien wollen, das vergiftete Apfelstück ausspucken müssen, das sie schwach, ohnmächtig und erpreßbar macht. Wenn sie sich von diesem Zauberbann befreien, werden sie wieder sie selbst – „wach" und schön wie die Protagonistin des Märchens.

Auf diese Weise werden sie ihrem Kind das Leben vielleicht nicht einfacher machen und ihm viele bequeme Fluchtwege versperren, aber sie werden ihre Selbstachtung und auch die Wertschätzung ihres Kindes behalten.

Die Liebe zu einem Kind erfordert Respekt vor der Wahrheit und der Gerechtigkeit.

Eltern haben die Pflicht, „normal" zu sein, damit sie ein Maßstab für ihre Kinder sein können.

IX. Dankbarkeit und Anspruch

Danke dem Leben, das mir soviel gegeben:
Es gab mir die Augen für Formen und Farben,
die Ohren für Klänge und Geräusche,
das Wort und das Alphabet,
die Füße, um die Welt zu durchstreifen,
es gab mir Herz und Verstand, Lachen und Weinen,
es gab mir einen Menschen, den ich lieben kann

VIOLETA PARRA[9]

Die erzieherische Aufgabe der Eltern wird heute allem Anschein nach recht verkürzt interpretiert: Die Sorge der Mütter und Väter richtet sich hauptsächlich auf den schulischen Erfolg der Kinder, darauf, daß sie „sich gut benehmen" (und zwar im Hinblick auf die gesellschaftlichen Normen, das heißt, daß sie die Gefahren des Drogenkonsums, schlechten Umgang usw. meiden), und daß es ihnen nicht am Nötigen fehlt, um ein komfortables Leben ohne finanzielle Probleme zu führen.

Die Vorstellung von einem guten/angenehmen Leben für die eigenen Kinder dreht sich unweigerlich um diese zweifellos wichtigen Güter.

Doch sind dies wirklich die wesentlichen Ziele einer guten Erziehung? Erschöpft sich das, was wir uns für unsere Kinder wünschen, wirklich darin, daß sie „keine Probleme bekommen"? Ist das alles, was man erwarten kann?

Auch Eltern brauchen das Gefühl, daß ihre erzieherische Aufgabe einen tieferen, einen mitreißenderen Sinn hat, der „sie erfüllt" und ihre Funktion nicht auf eine Liste der vermiedenen Gefahren reduziert.

Besser kommt die Größe und Schönheit der erzieherischen Aufgabe in der folgenden Zielvorgabe zum Ausdruck: Die Kinder sollen spüren, daß sie geliebt werden, und sie sollen selbst lernen zu lieben. Andernfalls ist die Erziehung hauptsächlich darauf ausgerichtet, Gefahren zu vermeiden – statt darauf, Wege zu finden, wie man den Kindern helfen kann, glücklich zu sein. Letzteres kann gelingen, wenn man ihnen hilft, das Leben in seiner Tiefe zu begreifen und aus dem Blickwinkel der Dankbarkeit zu betrachten.

Nein zum Anspruch, ja zur Dankbarkeit

Das wilde Küken fläzt sich aufs Sofa und herrscht die Oma im Befehlston an: „Bring mir was zu trinken!" Sie springt sofort auf, humpelt mit ihrer kranken Hüfte in die Küche und macht ihm einen frischgepreßten Mandarinensaft.

Das wilde Küken sagt: „Du mußt für meinen Unterhalt aufkommen, bis ich eine Arbeit gefunden habe, die mir zusagt", und die Eltern reagieren auf diese Forderung nicht mit unwiderleglichen Einwänden, sondern allenfalls mit einem Gnadengesuch.

Sein Konsum übersteigt die Möglichkeiten der Familie, aber das wilde Küken schert sich nicht um die wirtschaftlichen Schwierigkeiten der Eltern.

Das, was es bekommt, steht ihm von Rechts wegen zu, und immer tritt es als Gläubiger auf.

Wenn das Leben seine Bedingungen nicht erfüllt, wird es gewalttätig oder will aus Protest gar nicht mehr leben.

Das wilde Küken ist immer verärgert und unzufrieden mit dem, was es hat; es verlangt immer noch mehr und ist unersättlich.

Ein Kind, das Ansprüche stellt, bekommt oder erhält im Grunde nichts, sondern „nimmt", das heißt, es stiehlt dem anderen seine Ressourcen (an Zeit, an Geld, an Wohlwollen) und verkennt, daß sein vermeintliches Recht auf diese Dinge nur besteht, weil der andere so gütig ist, es gelten zu lassen.

In Wirklichkeit gibt es auf seiten der Kinder kein Recht, daß sich nicht dem Wohlwollen der Eltern verdankt. Das Recht der Kinder gilt einzig und allein deshalb, weil es vor den Augen der Eltern Gnade findet. Nur durch ihre Liebe und durch nichts anderes sonst wird aus dem Bedürfnis des Kindes ein Recht.

Ein Kind, das Ansprüche stellt, verkennt den Wert dessen, was es empfängt, weil es sich die Güte des Gebers nicht bewußtmacht. Es setzt voraus, daß Mutter oder Vater moralisch dazu verpflichtet ist, ihm das zu geben, was es braucht. Mehr noch: Das, was der andere hat, gehört im Grunde schon dem Kind und kann ihm nicht verwehrt werden. Es sieht weder Güte noch Liebe, sondern nur die automatische Auszahlung dessen, was ihm zusteht.

So erklärt sich seine verarmte Sicht auf das Leben, die die grundlegend positive Einstellung der Eltern gar nicht wahrnimmt: ihre Liebe zu ihm.

Die Eltern werden zu Dienstleistern degradiert, und die Quelle ihrer Hingabe wird weder anerkannt noch gewürdigt. Häufig wiederkehrende Sätze wie „ich habe dich nicht gebeten, mich zur Welt zu bringen, also sorg jetzt gefälligst dafür, daß ich alles habe, was ich brauche", können ein Elternteil moralisch vernichten.

Wer Ansprüche stellt, versagt sich die Möglichkeit, das Leben mit dankbaren Augen wahrzunehmen. Ein größeres Unglück gibt es nicht. Das ist der entscheidende Schaden, den Mütter, die zu sehr lieben, dem psychologischen und spirituellen Wachstum ihrer Kinder zufügen.

Ein Kind, das immer seinen Willen bekommt, hält es für natürlich und selbstverständlich, daß das Leben es zufriedenstellt.

Wenn es nie die schmerzliche Erfahrung gemacht hat, daß einer seiner Wünsche unerfüllt geblieben ist, kommt es gar nicht auf den „Gedanken", daß andere Menschen sich nach der Befriedigung ihrer Bedürfnisse, der Erleichterung ihrer Belastungen und nach Unterstützung und Liebe sehnen. Es kann sich im anderen keinen Schmerz vorstellen, der „dem eigenen ähnelt", und deshalb verkümmern die psychologischen Strukturen, die die Wechselseitigkeit ermöglichen – denn die Wechselseitigkeit setzt Sensibilität für die Gefühlswelt des anderen voraus, die als der eigenen ähnlich empfunden wird.

Die fehlende Wahrnehmung der eigenen Grenzen (die die psychologische Erfahrung der Anstrengung und des Verzichts mit sich bringt) macht es unmöglich, das Leiden anderer Menschen wahrzunehmen oder gar davon berührt und erschüttert zu werden. Von einem Jugendlichen mit einer derartigen emotionalen „Software“ würde man sagen: Er interessiert sich für nichts und niemanden.

Ein Übermaß an Bedürfnisbefriedigung verhindert also die Entstehung psychischer Strukturen, die Empathie ermöglichen, das heißt einen Menschen befähigen, „sich in andere hineinzuversetzen und ihre Bedürfnisse und ihren Kummer mitzuempfinden“. Damit einher geht auch eine unterentwickelte Neigung und Fähigkeit, zu geben.

Einem Kind, dem nie die Mühe der Gegenseitigkeit abverlangt worden ist, fehlen die Voraussetzungen, sich in andere hineinzuversetzen und zu begreifen, was Hingabe eigentlich bedeutet und kostet. Deshalb nimmt es sie in seinen Eltern gar nicht wahr und weiß sie nicht zu schätzen. Mehr noch: Es wird immer erwarten, daß das Leben gnädig mit ihm umgeht, sich aber nie bemühen, es gnädig zu stimmen; es wird immer erwarten, daß es in der Familie harmonisch zugeht, sich aber nie bemühen, seine eigenen Fehler zu korrigieren.

Eltern, die nie von ihrem Kind verlangen und es nie dazu motivieren, das Richtige zu tun, und die nie zulassen, daß es für seine Fehler zahlt, lassen es mit der Illusion aufwachsen, daß das Leben ihm „auf magische Weise“ günstig ist. Ein solches Kind kennt weder Mühe noch Hingabe und begreift nicht, welchen Preis der Liebe seine Eltern für es zahlen. Es bleibt blind und unfähig, die wahrste aller Wirklichkeiten (nämlich die Liebe, von der es umgeben ist) zu erfassen und sich an der Bedeutung dessen, was er empfängt, mehr zu freuen als an den Dingen selbst. Vielleicht fühlt es sich zufriedengestellt, aber ganz sicher fühlt es sich nicht geliebt.

Die Dankbarkeit ist ein Gefühl, das in der Kindheit gesät wird und kontinuierlich wächst, bis es schließlich zum Erkennungsmerkmal der Reife geworden ist.

Nur wenn wir selbst Kinder großziehen, wird uns richtig bewußt, wieviel an Hingabe, Sorge und Mühe wir „gekostet" haben, welcher Preis mithin auch für uns bezahlt worden ist. Je tiefer uns das empfangene Gute und die Schuld, die wir dem Leben gegenüber haben, bewußt werden, desto mehr ist die Dankbarkeit das bestimmende Register unserer Lebenseinstellung.

Das Leben ist gut: Wie man seinen Kindern hilft, sich dessen bewußt zu werden

Es ist wichtig, den Kindern zu helfen, damit sie nach und nach den Feinsinn und die Fähigkeit entwickeln, das Gute zu erkennen, das das Leben ihnen schenkt.

Hierzu ist es zunächst erforderlich, daß auch die Eltern ihr Dasein optimistisch deuten und in der Lage sind, die kleinen positiven Mosaiksteinchen in den Ereignissen ihres Lebens zu sehen. Genauer gesagt kann man seinen Kindern in dieser Hinsicht nicht wirklich etwas beibringen, sondern sie lediglich am eigenen „Verhältnis" zur Wirklichkeit und den positiven Aspekten, die man daran wahrnimmt, teilnehmen lassen. Vorausgesetzt, man nimmt sie wahr.

Auch wenn keine explizite erzieherische Absicht vorliegt, „übertragen" alle Väter und Mütter ihre Wirklichkeitssicht durch ihre Worte und Einstellungen auf ihre Kinder. Sie vermitteln den Kindern ihre eigene Art, die Welt zu sehen, die Wirklichkeit zu begreifen und den Ereignissen des Lebens einen Sinn zu geben. Dank dieser Beteiligung, die von den vor allem im Kleinkindalter aktiven Identifikationsprozessen unterstützt wird, wird die elterliche Art, „das Leben zu sehen" zumindest vorläufig auch zu der Art, wie die Kinder die verborgeneren Zusammenhänge erahnen.

„Die alltäglichen Worte" sind das wirksamste Mittel, den Kindern die positiven Aspekte ihres Lebens bewußtzumachen und sie Gründe dafür entdecken zu lassen, warum sie sich glücklich schätzen dürfen. Predigten sind nicht sehr hilfreich; zu den bekanntesten gehört das Thema: „Heute habt ihr alles, und es reicht euch trotzdem nicht ...“, mit seinen verschiedenen Variationen: „Als wir so alt waren wie ihr, hatten wir das alles nicht; wir waren mit viel weniger zufrieden ...“, oder: „Anderen geht es viel schlechter als dir“, und dann folgt der Hinweis auf die Kinder in Afrika, die illegalen Einwanderer, die mit Schiffen nach Italien kommen, oder den Mitschüler aus der Migrantenfamilie, der sich keinen Markenschulranzen leisten kann.

Daß diese Aussagen unbestreitbar wahr sind, ändert nichts daran, daß sie wirkungslos verhallen, wenn sie nach Vorwurf schmecken. Wenn Kinder sich kritisiert fühlen, spüren sie das Bedürfnis, sich zu rechtfertigen, und suchen nach Ausflüchten, um ihre Schuld nicht eingestehen zu müssen. Dann können sogar die unterernährten Kinder in Afrika unsympathisch werden, weil, wie ein Kind freimütig bekennt, „ich ihretwegen immer meinen Teller leeressen muß!“

Auch die Methoden eines „Zwangsoptimismus“, die die Kinder dazu bringen sollen, alles „durch die rosafarbene Brille“ zu sehen, wie man so schön sagt, scheinen ihre Wirkung zu verfehlen. Das Wegretuschieren der negativen Aspekte der Wirklichkeit (das zudem ziemlich schwierig ist) ist etwas anderes als das normale Eingreifen, mit dem Eltern eine scheinbar dramatische Situation zu entschärfen versuchen. Wer eine Situation entdramatisiert, verwendet Denkanstöße, die dem Kind eine angemessenere Sicht auf das Vorgefallene nahelegen sollen. Man erweitert den Kontext und läßt das Ereignis dadurch weniger schwerwiegend erscheinen. Solche elterlichen Maßnahmen sind häufig notwendig und sinnvoll und unterscheiden sich grundlegend von dem Versuch, „unangenehme Dinge nicht zu sehen oder zu fühlen“, um mit künstlichen Mitteln eine zwar positive, aber unrealistische Weltsicht aufrechtzuerhalten.

Auch wenn es uns nicht immer unmittelbar einleuchtet, daß das Leben schön ist, gibt es doch gute Gründe, anzunehmen, daß es gut ist.

Erinnern wir uns an die Worte des Schöpfers: Als er sich die Früchte seiner Arbeit ansah, befand er alles, was er gemacht hatte, nicht für

„sehr schön", sondern für „sehr gut". Denn es ist der Begriff der Güte, der den grundlegend positiven Aspekt der gesamten Wirklichkeit zum Ausdruck bringt. So, wie die Güte des Herzens tatsächlich der kostbarste Schatz eines jeden Menschen ist – kostbarer als die Intelligenz oder sogar die Schönheit.

Was können Mütter und Väter tun, damit ihr Kind lernt, die positiven und „guten" Aspekte in seinem Leben wahrzunehmen? Sie können es auf das hinweisen, was es bekommt und was andere für es tun. Ein Elternteil kann „laut denken" oder Kommentare einflechten, die dem Kind helfen, das Positive an seinen Beziehungen zu den anderen zu erkennen.

Hier einige Beispiele: Nichts ist normaler als zwei Geschwister, die miteinander spielen oder sich gegenseitig ihre Geheimnisse anvertrauen. In diesem Zusammenhang könnte ein Vater oder eine Mutter sagen: „Es ist schön, daß du einen Bruder hast, mit dem du spielen kannst ..." (oder: mit dem du sprechen kannst; der dir zuhört und da ist, wenn du ihn brauchst ...). Mit einer solchen Bemerkung macht man das Kind auf eine Wirklichkeit aufmerksam, die andernfalls vielleicht unbeobachtet geblieben wäre.

Jemand hat ihm aufmerksam und respektvoll zugehört und ist taktvoll und höflich auf seine Bedürfnisse eingegangen. Warum sollte man dies nicht hervorheben? „Der Soundso war aber wirklich nett zu dir ..."

Solche und ähnliche Bemerkungen haben die Macht, Kindern einen Aspekt der Wirklichkeit bewußtzumachen, den sie sonst vielleicht für selbstverständlich gehalten und nicht beachtet hätten. Sie sind wie Zauberworte: Schlagartig wird etwas sichtbar, das die Wirklichkeit kostbarer und erfreulicher macht.

Oder: „Das war aber sehr großzügig von deinem Freund, daß er dir dieses Spielzeug geliehen hat, das ihm selbst so gut gefällt." Diese Art, einen realen Vorfall zu kommentieren, hilft dem Kind, die tiefere Bedeutung des Vorgefallenen zu erkennen, und betont einen Aspekt, der andernfalls vielleicht stillschweigend übergangen worden wäre: die Freundlichkeit des anderen Kindes.

Noch ein Beispiel: „Euer Lehrer versteht es wirklich, euch für sein Fach zu ‚begeistern'." Oder: „Das hast du aber gut verstanden. Bestimmt hat euer Lehrer es euch auch gut erklärt." Diese einfachen Feststellungen und Kommentare zu den schulischen Erfahrungen des Kindes können ihm helfen, Dinge zu entdecken, die es vorher als selbstverständlich vorausgesetzt hatte: die Hingabe des Lehrers und sein Bemühen, ihnen den Stoff auf angenehme Weise zu vermitteln. Sie lassen das Kind erkennen, was der Lehrer „für es tut" und daß es von ihm „etwas Positives geschenkt bekommt" – ein unsichtbares und immaterielles, aber deshalb nicht weniger wahres und konkretes Geschenk. Auf diese Weise gibt man dem Kind einen guten Grund, dankbar zu sein.

Wenn sich die Gelegenheit ergibt, kann eine Mutter oder ein Vater auch Dinge kommentieren wie: „Mit dem und dem Freund da hast du wirklich viel Spaß" oder „Er ist sehr geduldig mit dir". Solche Bemerkungen heben hervor, was das eigene Kind seinem Freund zu verdanken hat und inwiefern es sich als sein Schuldner fühlen sollte. Wenn das Kind sich bewußtmacht, wieviel Geduld der Freund ihm gegenüber aufbringt, kann dies seine Wahrnehmung der Qualität dieser Beziehung nur verbessern.

Andere Beispiele, wie man konkrete Umstände im Leben seiner Kinder kommentieren kann, sind: „Das war aber nett von deinem Freund, daß er extra angerufen hat, um dir zu sagen, was ihr für morgen aufhabt" (wenn das Kind aus Krankheitsgründen einige Tage in der Schule gefehlt hat); oder: „Deine Mitschüler haben dir Gute-Besserungs-Karten geschickt, sie denken an dich und wünschen dir, daß du schnell wieder gesund wirst."

Genau das heißt „das Leben erklären": den Kindern realistisch und ungezwungen zu helfen, damit sie das Positive sehen, das sich in den „Falten" des Alltags verbirgt.

Wer diese Aspekte der Wirklichkeit wahrnimmt und zu schätzen weiß, vermag in den tieferen Schichten des Lebens zu lesen und kommt damit seiner Wahrheit ein Stück näher.

Überraschend ist auch, wie sehr man dem eigenen Kind helfen kann, die Freundlichkeit des jeweils anderen Elternteils zu würdigen. Das ist eine geradezu perfekte Übung, dank deren das Kind begreifen lernt, was die Eltern alles für es tun – und das einzig und allein deshalb, weil sie es liebhaben. So kann die Mutter beispielsweise zu ihrem Kind sagen: „Der Papa hat mit dir gespielt, obwohl er heute abend sehr müde ist." Eine solche scheinbar banale Äußerung lehrt das Kind, die Hingabe des Vaters zu sehen und zu schätzen. Sie läßt eine unsichtbare Wirklichkeit sichtbar werden: die Liebe des Vaters zu seinem Kind. Und hilft letzterem, das (zwar verwischte, aber eben noch erkennbare) Preisschildchen auf dem Geschenk zu lesen, das es erhalten hat. Im Licht dieser Äußerung erhält der Moment des Spiels eine Bedeutung, die über das bloße Vergnügen hinausgeht. Das Kind hat einen Grund mehr, diesen Moment zu würdigen und zu genießen, weil es seine wahre Bedeutung erkannt hat. Es hat die Liebe seines Vaters mit Händen gegriffen und darf sich deshalb um so mehr darüber freuen.

Ein Vater fühlte sich gedrängt, auf die absurden Vorwürfe hin, die seine Kinder an die Adresse der Mutter richteten, Folgendes klarzustellen: „Jetzt reicht's, ich erinnere euch daran, daß die Mama eine halbe Stunde früher aufgestanden ist als ihr und euch das Frühstück gemacht hat; ihretwegen hattet ihr heute morgen etwas Sauberes und Gebügeltes zum Anziehen; sie hat euch zur Schule gebracht, das Mittagessen gekocht ..." (es ist gar nicht möglich, die Dinge, die eine Mutter an einem Tag erledigt, vollständig aufzuzählen!). Der Zusammenschnitt des mütterlichen Tagesablaufs versetzt die Kinder in die Lage, sich bewußtzumachen, mit wieviel Hingabe sie Tag für Tag umsorgt werden. Solange sie diese Hingabe nicht wahrnehmen und genießen, können sie auch nicht dankbar dafür sein, sondern stellen nur immer wieder neue Ansprüche.

Doch der Strom der Dankbarkeit speist sich noch aus einem anderen Zufluß: dem Wissen um die eigenen Grenzen und Charakterschwächen. Dieses Wissen zeigt uns, daß wir mit unseren Unvollkommenheiten andere belastet und unsere eigene Fähigkeit, uns geliebt zu fühlen, beeinträchtigt haben.

Uns bewußtzumachen, wieviel Schmerz wir den geliebten Menschen (unwissentlich) zugefügt haben, läßt uns erkennen, wie sehr wir „trotz" unserer Grenzen geliebt werden.

Das Wissen um den Preis, den wir „gekostet" haben – die kleinen und großen Ärgernisse und unnötigen Mühen, die wir anderen bereitet haben, das Unverständnis unsererseits, die ungerechten Kränkungen, die weniger leicht erträglichen Seiten unseres Charakters, die Enttäuschungen –, macht uns die Liebe, die wir empfangen haben, plötzlich sehr viel stärker bewußt.

Gerade die *Memoria Amoris*, die Erinnerung an die empfangene Liebe, nährt das glückliche Gefühl der Dankbarkeit, gibt uns die Sicherheit, schon sehr oft beschenkt worden zu sein, relativiert unsere „räuberische" Einstellung zum Leben und macht uns bereit, das Empfangene auch zu vergelten.

Die empfangene Liebe nicht zu sehen oder sie für selbstverständlich zu halten, ist ein großes Unheil mit schwerwiegenden Folgen für den spirituellen Fortschritt und die persönliche Reife.

*

Man kann also durchaus in seinen Kindern die Fähigkeit entwickeln, die Zeichen eines vielfältigen Wohlwollens wahrzunehmen und das Leben von dieser Wahrnehmung her zu „lesen". Damit stellt man das Leben gleichsam unter das Zeichen des Segens und gibt den Kindern die Hilfsmittel an die Hand, diesen Segen schätzen zu lernen und sich um so intensiver daran zu freuen – im Gegensatz zu der weitverbreiteten Tendenz, „nur die negativen Seiten" der Wirklichkeit zu sehen und diese mit Kommentaren herauszustreichen, die eine zynische, kalte Sicht auf das Leben vermitteln: Dahinter verbirgt sich letztlich doch nur die Unfähigkeit, über die Spuren der Dankbarkeit und Güte zu staunen, die ebendieses Leben durchziehen.

Das erzieherische Handeln, das dem Kind mit diskreten Hinweisen und ohne Knalleffekte verstehen hilft, was das Leben und die Personen, die zu ihm in Beziehung treten, ihm an Positivem schenken, macht es sensibel für den tieferen Sinn der Beziehungen und gibt ihm eine neue Art, die Wirklichkeit zu sehen. Das Kind ist besser in der Lage, das Gute dort, wo es existiert, und in dem Maß, in dem es existiert, zu erkennen – und wird gerade dadurch realistischer. Mit nicht unbeträchtlichen Folgen für das persönliche Wachsen und Reifen.

Sich beschenkt fühlen und dies zu schätzen wissen

Die Fähigkeit, das empfangene Gute auch zu würdigen, hat einen natürlichen Todfeind: die Neigung, alles Positive für selbstverständlich zu halten – angefangen bei der bloßen Tatsache, daß wir existieren, bis hin zu der komplexeren Positivität der zahllosen günstigen Umstände, die unser Leben begleiten. Diese negative Haltung führt nach und nach dazu, daß wir das Gute als „banal" empfinden und das Leben immer weniger genießen können, wie es ja für das heutige Lebensgefühl bereits charakteristisch geworden ist.

Nur wenn Dinge, deren Besitz uns selbstverständlich geworden ist, plötzlich fehlen, wird uns ihr Wert wieder tiefer bewußt. Krankheiten zum Beispiel lassen uns unweigerlich darüber nachdenken, was für ein „Glück" es doch ist, gesund zu sein.

Die Fähigkeit, das Positive zu würdigen, das andere Menschen uns schenken, kontrastiert mit einer rein „funktionellen" Sicht der Beziehungen. Nicht alle menschlichen Beziehungen lassen sich auf das Motto *Do, ut des* („Ich gebe, damit du gibst") reduzieren: Das elterliche Handeln beispielsweise ist im wesentlichen (wenn auch nicht vollkommen) selbstlos. Doch man braucht Augen, um zu sehen, und muß es zu schätzen wissen. Wer es nicht sieht, verurteilt sich selbst zu einer zynischen und lieblosen Lebenseinstellung. Er begreift das Leben und die Beziehungen auf eine oberflächliche und entstellte Weise und hilft seinem Kind nicht, sich bewußtzumachen, daß das, was es empfängt, zunächst einmal und ganz grundsätzlich ein Geschenk ist – Zeichen und Beweis der Güte seiner Eltern und ihres Wunschs, es glücklich zu sehen.

All das, was ein Kind dadurch erreicht, daß es die Eltern mit seinen Launen und Ansprüchen tyrannisiert, wird zu einem „seelenlosen Ding", das seiner wesentlichen Bedeutung beraubt worden ist. Wenn ein Kind mit den elterlichen Schuldgefühlen „spielt", damit der Vater oder die Mutter ihm bei den Hausaufgaben hilft, nimmt es sich selbst die Möglichkeit, diese selbe Geste als Ausdruck großzügiger Hilfsbereitschaft wahrzunehmen.

Die perverse Faszination gefühlter kindlicher Allmacht, die noch nicht durch die pädagogische Konfrontation mit den eigenen Grenzen „gedämpft" worden ist, hindert die Kinder daran, das, was sie geschenkt bekommen, und die Liebe, von der sie umgeben sind, zu würdigen, und läßt ihre Fähigkeit, die Wirklichkeit zu lesen und das Leben in seinen zutiefst positiven Aspekten zu begreifen, verkümmern.

Nichts ist trostloser als nichts zu haben, wofür man dankbar sein kann.

Das Bewußtsein, beschenkt zu sein, sorgt dafür, daß die Dankbarkeit sich zu einer grundsätzlichen Lebenseinstellung entwickeln kann.

Je stärker dieser tiefe Strom der Dankbarkeit wird, desto seltener versteigt man sich zu unreifen Anspruchshaltungen (einschließlich der Unzufriedenheit, wenn man etwas nicht bekommt), Vorwürfen und Wehklagen über die Ungerechtigkeiten des Lebens.

Die Gelegenheiten, bei denen es vernünftiger wäre, dankbar zu sein, als sich zu beklagen, sind erstaunlich zahlreich.

Die kindliche Anspruchshaltung ist unrealistisch und ungerecht: Sie macht nicht zur Gegenleistung bereit, weil sie keinen Grund zur Dankbarkeit sieht und die Gegenseitigkeit der Beziehungen damit an ihren Fundamenten untergräbt – mit der Gegenseitigkeit aber steht und fällt die Tugend der Gerechtigkeit.

Genau hier wurzelt ja die Gerechtigkeit. Sie ist von dem Impuls motiviert, für etwas, das man bekommen hat, eine Gegenleistung zu erbringen und damit die empfangene Liebe anzuerkennen und zu erwidern.

Das Gefühl der Dankbarkeit macht es einfacher, sich gerecht zu verhalten – gegenüber unseren Eltern, Verwandten und gegenüber allen Menschen, in denen uns das Leben mit seiner unerklärlichen Güte begegnet.

Heißt geliebt werden liebenlernen?

Es ist eine weitverbreitete Auffassung, das Glück und die gelungene Erziehung der Kinder seien garantiert, wenn sie von ihren Eltern geliebt werden. Bei genauerem Hinsehen erkennt man jedoch, daß innig geliebte Kinder auf die Liebe ihrer Eltern nicht zwangsläufig mit Liebe reagieren: Tatsächlich kommt es vor, daß sie ihre Anspruchshaltung sogar noch stärker ausprägen, unersättlich sind und ihre Eltern auf subtile Weise ausnutzen.

Gewiß macht die emotionale Bereitschaft der Eltern eine dankbare Reaktion auf seiten der Kinder einfacher und wahrscheinlicher – aber weder selbstverständlich noch unvermeidlich.

Gut wird man nicht, weil man geliebt worden ist, sondern weil man es registriert hat, daß man geliebt worden ist, und es deshalb gerecht oder sogar schön findet, dankbar darauf zu reagieren.

Es genügt also nicht, seine Kinder zu lieben: Ihnen muß vielmehr bewußt werden, daß sie geliebt werden und daß sie spontan auf diese Liebe reagieren sollten, indem sie ihrerseits „etwas von sich geben".

Sonst verschließen sie sich in ihrem kindlichen Anspruch auf Beachtung und Zuwendung und glauben, sie hätten ein Recht auf alles Notwendige und Angenehme, ohne dafür eine Gegenleistung erbringen zu müssen. Die positive Antwort auf ein erhaltenes Gut stellt keinen Automatismus dar, sondern ist eine Option, die frei gewählt werden muß.

Auch der Gehorsam, eine heute nicht mehr allzugut angesehene Tugend, ist eine solche „optionale" Reaktion auf das Wohlwollen, das ein Kind in seinen Eltern wahrnimmt. Es kann die Autorität der Eltern leichter akzeptieren, wenn es sich von ihnen geliebt fühlt, genauso wie es auch die Forderungen eines Lehrers eher erfüllt, wenn es spürt, daß dieser sich ernsthaft für sein Fortkommen interessiert.

Die Reaktion des Gehorsams schafft „Beziehung", Nähe, Gleichklang, Verbundenheit. Anders als die Unterwerfung erwächst der Gehorsam nicht aus der Angst, sondern aus dem Vertrauen in das erwiesene Wohlwollen des anderen. Hat man diese Erfahrung gemacht, ist es möglich und vernünftig, sich frei für die Option der Folgsamkeit zu entscheiden.

Vielleicht ist die Skepsis gegenüber der Autorität heute so weitverbreitet („Warum sollte ich tun, was du sagst? Wer gibt dir das Recht, etwas von mir zu verlangen?"), weil es an dieser vorangehenden Erfahrung des Wohlwollens fehlt.

Es ist demütigend, sich „gezwungenermaßen" der Macht eines anderen zu unterwerfen; eine solche Erfahrung mobilisiert die verborgenen Kräfte einer zerstörerischen Rebellion.

Die Unfähigkeit, die Liebe zu sehen, entzieht dem Gesetz seine Grundlage und spricht ihm seine ureigene Legitimation ab.

Die Fähigkeit, sich beschenkt zu fühlen, die in den Kindern auf jeden Fall gefördert werden muß, führt nach und nach zu einer Haltung der Dankbarkeit gegenüber dem Leben als solchem, das als wesentlich gut wahrgenommen wird, auch wenn nicht immer alles gutgeht.

Es macht das Kind bereit, das Leben unter dem Zeichen des Segens zu begreifen und als „gutes Geheimnis" zu verstehen.

Die Fähigkeit zur Dankbarkeit ist die notwendige psychologische Basis für eine gesunde natürliche Religiosität, die nicht aus der Furcht erwächst, wie man häufig denkt, sondern aus dem Bedürfnis, jemandem danken zu können.

Die Gänsemagd

Das bekannte Märchen der Gebrüder Grimm enthält ein meisterhaftes Detail, das dem Leser helfen kann, unbewußt zu erfassen, wie wichtig die Dankbarkeit ist.

Das Märchen beginnt so:

„Es lebte einmal eine alte Königin, der war ihr Gemahl schon lange Jahre gestorben, und sie hatte eine schöne Tochter. Wie die erwuchs, wurde sie weit über Feld an einen Königssohn versprochen. Als nun die Zeit kam, wo sie vermählt werden sollten und das Kind in das fremde Reich abreisen mußte, packte ihr die Alte gar viel köstliches Gerät und Geschmeide ein, Gold und Silber, Becher und Kleinode, kurz alles, was nur zu einem königlichen Brautschatz gehörte, denn sie hatte ihr Kind von Herzen lieb. Auch gab sie ihr eine Kammerjungfer bei, welche mitreiten und die Braut in die Hände des Bräutigams überliefern sollte, und jede bekam ein Pferd zur Reise, aber das Pferd der Königstochter hieß Falada und konnte sprechen. Wie nun die Abschiedsstunde da war, begab sich die alte Mutter in ihre Schlafkammer, nahm ein Messerlein und schnitt damit in ihre Finger, daß sie bluteten; darauf hielt sie ein weißes Läppchen unter und ließ drei Tropfen Blut hineinfallen, gab sie der Tochter und sprach: ‚Liebes Kind, verwahre sie wohl, sie werden dir unterwegs not tun.' Also nahmen beide voneinander betrübten Abschied; das Läppchen steckte die Königstochter in ihren Busen vor sich, setzte sich aufs Pferd und zog nun fort zu ihrem Bräutigam. Da sie eine Stunde geritten waren, empfand sie heißen Durst und sprach zu ihrer Kammerjungfer: ‚Steig ab, und schöpfe mir mit meinem Becher, den du für mich mitgenommen hast, Wasser aus dem Bache, ich möchte gern einmal trinken.' ‚Wenn Ihr Durst habt', sprach die Kammerjungfer, ‚so steigt selber ab, legt Euch ans Wasser und trinkt, ich mag Eure Magd nicht sein.' Da stieg die Königstochter vor großem

Durst herunter, neigte sich über das Wasser im Bach und trank, und durfte nicht aus dem goldenen Becher trinken. Da sprach sie: ‚Ach Gott!'

Da antworteten die drei Blutstropfen: ‚Wenn das deine Mutter wüßte, das Herz tät ihr zerspringen.'

Aber die Königsbraut war demütig, sagte nichts und stieg wieder zu Pferd. So ritten sie etliche Meilen weiter fort, aber der Tag war warm, die Sonne stach, und sie durstete bald von neuem. Da sie nun an einen Wasserfluß kamen, rief sie noch einmal ihrer Kammerjungfer: ‚Steig ab und gib mir aus meinem Goldbecher zu trinken', denn sie hatte aller bösen Worte längst vergessen. Die Kammerjungfer sprach aber noch hochmütiger: ‚Wollt Ihr trinken, so trinkt allein, ich mag nicht Eure Magd sein.' Da stieg die Königstochter hernieder vor großem Durst, legte sich über das fließende Wasser, weinte und sprach: ‚Ach Gott!' Und die Blutstropfen antworteten wiederum: ‚Wenn das deine Mutter wüßte, das Herz im Leibe tät ihr zerspringen.'

Und wie sie so trank und sich recht überlehnte, fiel ihr das Läppchen, worin die drei Tropfen waren, aus dem Busen und floß mit dem Wasser fort, ohne daß sie es in ihrer großen Angst merkte. Die Kammerjungfer hatte aber zugesehen und freute sich, daß sie Gewalt über die Braut bekäme: denn damit, daß diese die Blutstropfen verloren hatte, war sie schwach und machtlos geworden. Als sie nun wieder auf ihr Pferd steigen wollte, das da hieß Falada, sagte die Kammerjungfer: ‚Auf Falada gehör ich, und auf meinen Gaul gehörst du'; und das mußte sie sich gefallen lassen. Dann befahl ihr die Kammerfrau mit harten Worten, die königlichen Kleider auszuziehen und ihre schlechten anzulegen".[10]

Das Märchen handelt von einer Mutter, die ihre Tochter zärtlich liebt und ihr neben vielen wertvollen Geschenken eine besondere Erinnerung mitgibt: ein Läppchen mit drei Tropfen ihres Blutes. Dies ist ein Bild von bemerkenswerter Ausdruckskraft, denn es spielt auf den Schmerz und die Mühen an, die sie als Mutter auf sich genommen hat. Als wollte sie ihrer Tochter damit sagen: Vergiß nicht, was ich um deinetwillen gelitten und „was ich alles für dich getan habe“; vergiß nicht, wieviel Mühe und Schmerzen du mich gekostet hast. Das Blut ist ein stärkeres Symbol ihrer Mutterliebe als die kostbaren Schmuckstücke, die sie der Tochter schenkt.

Und tatsächlich: solange diese liebe Erinnerung an den mütterlichen Schmerz in ihr Bestand hat, bleibt sie ein guter Mensch; in ihrer Persönlichkeit behält der bessere, vornehme Teil (die Prinzessin) die Oberhand.

Ihr Schicksal wendet sich, als sie das Läppchen verliert, das heißt, als sie vergißt, was ihr alles geschenkt worden ist und wieviel Mühe sie ihre Mutter gekostet hat. Ohne es zu bemerken, hatte sie die Gründe zur Dankbarkeit vergessen, die für sie ein guter Grund gewesen waren, „gut“ zu sein.

Genau in diesem Augenblick nimmt das Unglück seinen Lauf: Die Kammerzofe hat sie beobachtet und freut sich – so heißt es im Märchen –, weil die Braut nun in ihrer Gewalt ist. Durch den Verlust der drei Blutstropfen ist sie schwach und machtlos geworden. Dadurch, daß sie die empfangene Liebe „vergessen“ hat, wird sie anfälliger für das Böse und die negativen Aspekte ihres eigenen Charakters.

Im Märchen ändert die Braut nun von Grund auf ihre Identität: Diejenigen Charaktereigenschaften, die eigentlich hätten beherrscht werden müssen (symbolisiert durch die Kammerjungfer), gewinnen nun die Oberhand. Die Zofe kleidet sich als Prinzessin, und die Prinzessin wird zur Zofe herabgewürdigt. Mittels dieser Täuschung heiratet erstere den Prinzen, während letztere die Gänse hüten muß.

Das ist das Schicksal vieler Menschen, die sich von den schlechteren Eigenschaften ihres Charakters überwältigen lassen.

Begünstigt wird diese gefährliche Verwandlung durch den Verlust der Erinnerung – so deutet es das Märchen an – an die Liebesmühen, die die Braut „schön“ gemacht hatten. Ohne Erinnerung an die Mühsal und die Opfer der Mutter läßt sie sich gehen, wird böse, hochmütig und ist nicht mehr bereit, auf die Stimme des Gewissens zu hören, wie es im weiteren

Verlauf des Märchens erzählt wird. Durch den Verlust des Läppchens mit der lieben Erinnerung wird sie schwach, und die dunklen Kräfte ihrer Persönlichkeit gewinnen die Oberhand.

Das Bewußtsein, etwas schuldig zu sein, und die Erinnerung an die empfangene Liebe, so deutet die Erzählung an, machen einen Menschen stark und hindern ihn daran, „sich wegzuwerfen" wie die Prinzessin.

Wenn sich ein Kind nicht im geringsten darum „schert", was seine Eltern für es getan haben, dann verliert es einen wichtigen und gültigen Grund, der ihn davor schützen könnte, den negativeren Kräften seiner Persönlichkeit in die Hände zu fallen.

Die Dankbarkeit ist ein guter Grund, am Guten festzuhalten: Die Erinnerung an das empfangene Gute erleichtert den Kampf gegen das Böse, das in jedem von uns steckt.

Im weiteren Verlauf erzählt das Märchen von der langen Zeit, die die Prinzessin als Gänsemagd arbeiten muß, statt bei Hof zu leben – das heißt von der Mühe, die besseren Teile der eigenen Persönlichkeit wiederzuentdecken und ihnen zum Sieg zu verhelfen.

Schließlich durchschaut der alte König den Betrug und verwandelt die Prinzessin wieder in eine Braut, die seines Sohnes würdig ist. Ehe diese Verwandlung vonstatten gehen und sie erneut die königlichen Gewänder tragen kann, muß sie ihr Schicksal bitterlich beklagen – diese Notwendigkeit wird jeder bestätigen, der je versucht hat, die negativen Tendenzen seines eigenen Charakters zu bekämpfen.

X. Vier Bedingungen der Heilung

Wenn der Teufel
mit unserer eigenen Stimme spricht,
sind wir verloren.

Mütter, die zu sehr lieben, können und müssen einen inneren Weg antreten, der ihnen selbst ihre Ausgeglichenheit, ihrer Verfügbarkeit das rechte Maß und ihrer Art, die Kinder zu lieben, den Respekt vor der Gerechtigkeit zurückgeben kann.

Dank dieser größeren Ausgeglichenheit dürfen sie hoffen, das „Abenteuer Erziehung" zu überleben, aber vor allem dürfen sie hoffen, daß ihre Kinder mit ihrer Hilfe zu guten Menschen heranwachsen.

Das Bemühen um Ausgeglichenheit ist das größte Geschenk, das Mütter und Väter ihren Kindern machen können, weil es die Voraussetzungen für eine Erziehung schafft, die wirklich zum Besten der Kinder ist.

Das erste Wohl, nach dem es zu streben gilt, ist mithin das Bewußtsein: Nur mit einer realistischen Selbsterkenntnis und Einschätzung der eigenen emotionalen Dynamik, die das Verhältnis zu den Kindern verzerren, ist es möglich, den Weg der persönlichen Veränderung anzutreten. Die psychologischen Viren wirken im Dunkel des Unbewußten und können nur Unheil anrichten, solange sie nicht vom Scheinwerferlicht der Introspektion getroffen werden.

Erziehungsfehler, so heißt es treffend, werden nie willentlich und nie wissentlich begangen.

Doch obwohl sie verborgen sind, gehören auch die Wurzeln zum Baum. Einige Neigungen können mit der Zeit so sehr zu unserer zweiten Natur werden, daß sie mit unserer eigenen Stimme „sprechen" und wir gar nicht mehr bemerken, daß das, was sie sagen, unserem tiefsten Empfinden fremd ist und unseren Werten zuwiderläuft. Wenn es den Viren gelingt, die „Registry“ zu befallen, werden sie nicht mehr als „Feinde“, sondern als „eigene Leute“, als gute und notwendige Bestandteile identifiziert. Oft handelt es sich um Aspekte, die uns selbst nicht bewußt sind: eine nie gelöste Schwierigkeit, „etwas, das stärker ist als ich“, eine Angst, die uns konditioniert, oder etwas, das innerlich an uns nagt und uns nicht das tun läßt, was richtig wäre.

Solange also die Kräfte der Angst nicht wahrgenommen und ins Bewußtsein gerückt werden, verleihen sie dem erzieherischen Handeln eine Färbung, eine Grunddynamik, die, wenn es um die gute Erziehung der Kinder geht, nicht eben hilfreich ist. Wenn einige Voraussetzungen unhinterfragt bleiben, werden sie selbst zu einem Teil des Problems, statt zur Lösung desselben beizutragen.

Man muß also in seinem eigenen Herzen lesen können, wenn man eine Chance haben will, die Stimmen, die verhindern wollen, daß man das Richtige tut, zum Schweigen zu bringen. Um sich zu bessern, ist es unerläßlich, zum Beispiel jene dauerhafte und alles durchdringende Grundtendenz zu identifizieren, die dafür sorgt, daß man „zuviel“ tut, jene Angst, die hemmt und zurückhält, jene bestimmte Art, Mutter zu sein, die ein nicht gründlich genug durchdachtes kulturelles Erbe der Familie darstellt.

Wenn die Mutter keine Konsequenzen daraus zieht, daß das Zusammenleben mit ihrem Kind ein Übermaß an Kraft kostet, und wenn die Tatsache, daß man es einfach nicht mehr erträgt, nicht zur Einsicht in die eigenen Fehler führt, dann ist es unmöglich, dem Verhältnis eine neue Wendung zu geben. Der Stachel der Verzweiflung weist auf ein krankhaftes Leiden hin, auf eine genetisch veränderte und dadurch unfruchtbar gewordene Liebe, die dem Kind nicht wirklich hilft.

Folglich muß die Selbsterkenntnis mit Intelligenz gesucht und als ein Geschenk erwartet werden, das, so schmerzhaft es auch sein mag, doch die Voraussetzung für jede Besserung ist.

Kein Mensch, der sich wirklich kennt, überschätzt sich selbst. Die Suche nach der Wahrheit über sich selbst macht einen immer kleiner, erschüttert die allzu leichte Gewißheit, man sei tugendhaft und wisse wahrhaft zu lieben. Ein Mensch mit Selbsterkenntnis hat immer einen guten Grund, bescheiden zu sein und die Schwächen der anderen zwar mit Gerechtigkeit, aber auch mit Mitleid zu betrachten.

Aus einer solchen Desillusionierung erwächst die Kraft, den Kampf gegen die Tendenzen unseres Charakters aufzunehmen und der Wunsch, mehr, das heißt authentischer und reiner zu lieben, Geltung zu verschaffen.

Die Kinder besser zu lieben, nicht, sie zu sehr zu lieben.

Reiner – so, wie es die echte Liebe verlangt.

Für Mütter, die zu sehr lieben, ist Heilung in Aussicht, wenn sie in der Lage sind, auf dem Feuer des Schmerzes einen Zaubertrank zuzubereiten, der aus vier Zutaten besteht: 1. Ich kann nichts dafür. 2. Ich muß mehr fordern. 3. Leiden hilft verstehen. Und schließlich 4. die Entscheidung, man selbst zu sein. Auf dieser Grundlage kann eine Mutter das Verhältnis zu ihrem Kind entsprechend den Tugenden der Gerechtigkeit und der Mäßigung gestalten, ohne die es keine gute Beziehung und keine gesunde Liebe geben kann.

Nur so können aus Müttern, die zu sehr lieben, kluge Frauen werden.

Erste Bedingung: Ich kann nichts dafür

Eine Mutter, die zur Normalität zurückkehren will, muß sich zunächst einmal von der Vorstellung befreien, daß die Fehler des Kindes immer und zwangsläufig ein Scheitern ihrerseits sind (während sie sich auf seine Verdienste eher weniger zugutehält). Das psychologische Manifest des mütterlichen Empfindens läßt sich etwa so ausdrücken:

„Ich nehme großen, zu großen Anteil an dem, was das Kind tut, an seinen Erfolgen und an seinen Mißerfolgen.
Es ist, als fühlte ich mich dafür verantwortlich, daß es versteht, was er tun sollte, und daß es auf keinen Fall Fehler macht. Dazu muß ich

aber immer hinter ihm hersein und ihm alles tausendmal sagen, bis zur völligen Erschöpfung.
Seine Mängel oder Unzulänglichkeiten betrachte ich als Ergebnis meiner Unfähigkeit, es gut zu erziehen, ihm klarzumachen, wie wichtig die Schularbeiten sind oder wie es sich anderen gegenüber verhalten soll."

Wenn man diese Voraussetzungen wie Punkte miteinander verbindet, entsteht das Bild des „Visitenkartenkindes", eines recht weitverbreiteten Syndroms. Hier der Bericht einer Mutter, die daran leidet:

„Ich bin vollständig in sein Leben verstrickt, was ihm passiert, betrifft in exakt demselben Maß auch mich. Ich fühle mich, als würde ich nach seinen Leistungen und nach seinem Verhalten beurteilt. Seine Defizite spiegeln mein Scheitern als Erzieherin. Es ist, als könnten seine Fehler immer und unzweifelhaft mir angelastet werden, weil ich nicht in der Lage gewesen bin, sie zu verhindern, wie es andere Eltern wahrscheinlich tun, die tüchtiger sind als ich."

Eine solche Annahme kann man mit Recht als fatal bezeichnen, denn sie hat die Macht, eine Mutter zur Verzweiflung zu bringen.

Normalerweise läßt ein Kind sich nicht als die Verlängerung seiner Mutter behandeln, denn mit zunehmendem Alter handelt es immer freier und beweist seiner Mutter, daß sie mit ihm nicht tun kann, was sie will, wie viele Kinder es unmißverständlich ausdrücken.

Je mehr die Mutter sich „verbeißt", desto machtloser fühlt sie sich. Sie schneidet Zeitungsartikel aus, die sie für lehrreich hält, und das Kind sagt: „Das interessiert mich nicht." Sie gibt ihrem Sohn zu bedenken: „Dieser Freund da paßt doch gar nicht zu dir." Darauf er: „Pah, was weißt denn du schon!" „Man kann ihm nicht einmal Hausarrest aufbrummen", so der hilflose Kommentar einer Mutter, „damit er ihn nicht mehr trifft, denn die beiden gehen in dieselbe Klasse."

Ergebnis: Ein ohnmächtiger und aggressiver Zorn, der sich in Äußerungen Luft macht wie: „Ich würde ihm am liebsten den Kopf aufmachen, um zu sehen, was darin ist …", oder: „Jemand müßte ihm einmal eine Lektion erteilen" (das Militär müßte ihm Disziplin beibringen, die Lehrer müßten ihn sitzenbleiben lassen, er müßte in einer Fabrik mal lernen, was arbeiten heißt …); bis hin zu dem Gefühl, ihn zu hassen, oder dem Wunsch, ihm wehzutun. Müßig zu sagen, daß solche Gefühle auch deshalb kontraproduktiv sind, weil die betroffenen Eltern sich dann wie ein Monster vorkommen.

Der Zorn explodiert zyklisch in hysterischen Szenen, die nur kurzfristig Wirkung zeigen. Danach beginnt alles wieder von vorne.

Eine Mutter, die es gewohnt ist, das Leben ihres Kindes zu führen, als wäre es ihr eigenes, tut sich schwer damit, die Nabelschnur zu durchtrennen und so zu leben, als wäre es nicht ausschließlich und hauptsächlich ihre Aufgabe, ein vernünftiges, fleißiges und „braves" Kind zu haben. Unabhängig von dem, was das Kind selbst will und entscheidet.

Folgende Erwägungen fassen das mütterliche Empfinden gut zusammen:

> „Wenn bei dem Kind etwas schiefläuft, sage ich mir: ‚Was hätte ich mehr tun und besser machen müssen, um diesen Mißerfolg zu verhindern?' Als ob es meine Aufgabe wäre, seine Fehler zu verhindern, und meine Schuld, daß ich ihn nicht überzeugen und dazu bringen konnte, das Richtige zu tun.
> Die anderen erwarten das von mir, aber ich schaffe es nicht. Ich breche zusammen."

Die Kinder haben eine ganz reale Macht, die sie in ihrem Leben auch ausüben – proportional zu ihrem Alter und entsprechend ihrem Charakter.

Die mütterliche Sensibilität wehrt sich instinktiv dagegen, die Freiheit des Kindes anzuerkennen, weil sie fürchtet, daß er ohne ihre Anleitung und ohne ihren Rat Fehler machen und somit leiden könnte.

Deshalb „übertreibt" es die Mutter mit ihrer Hilfestellung, sie reißt sich ein Bein aus, um ihm schlechte Noten zu ersparen oder ihm die grundlegenden Bildungsinhalte für eine erfolgreiche Schullaufbahn zu vermitteln, damit es sich den anderen nicht aus irgendeinem Grund unterlegen fühlt. Wie in diesem Bericht eines Vaters:

> „Meine Frau", so sagt er, „hat beschlossen, daß unser Sohn Skifahren lernen soll. Wir haben kein Geld für so etwas, aber er muß anscheinend um jeden Preis Skifahren lernen.
> Sie zwingt die Familie zu Fahrten und Ausgaben, die wir uns gar nicht leisten können.
> Dem Kleinen macht es Spaß, aber ihm würden auch viele andere Dinge Spaß machen.
> Ich habe sie nach dem Grund gefragt, und sie: ‚Wenn er groß ist und sieht, daß viele seiner Freunde Skifahren können, fühlt er sich vielleicht unterlegen und wird ausgegrenzt.'"

Was beweist, daß der Satz „Das Kind soll nicht leiden" wirklich das Leitmotiv des weiblichen Verhaltenskodex' ist.

Den Schutzschild wegzuziehen stellt das mütterliche Empfinden vor nicht geringe Schwierigkeiten, aber letztlich erreicht die Erschöpfung das, was der Logik niemals gelungen wäre: Sie zwingt die Mutter, einen Schritt zurückzutreten und die Nabelschnur zu durchtrennen. Für das mütterliche Erleben ist dieser Schritt emotional gleichbedeutend damit, das Kind im Stich zu lassen, oder zumindest mit der Angst, daß es sich im Stich gelassen fühlt; dabei geht es doch nur darum, ihm auf andere Weise nahe zu sein, weniger intensiv beteiligt – aber auch weniger aufdringlich.

Solange eine Mutter ihr Kind als eine Art Zeugnis für sich selbst betrachtet und solange das Verhalten des Kindes darüber entscheidet, ob sie sich für eine gute oder eine gescheiterte Mutter hält, solange bleibt ihr erzieherisches Handeln ein verbissener und verzweifelter Kampf. Nur wenn das Kind die gegenseitigen Verantwortlichkeiten (und eventuellen

Fehler) erkennt, wird es wirklich mit dem Ernst des Lebens konfrontiert. In vielen Fällen dürfen die Eltern und insbesondere die Mütter sich mit vollem Recht als gute Eltern und Mütter betrachten, obwohl ihre Kinder nicht besonders brav sind.

Wenn sie nicht verzweifeln will, muß die Mutter aus dem Wahn der Allmacht erwachen, das heißt aus der Illusion, ihr Kind ohne dessen Mitwirken und sogar gegen dessen Willen zu retten. Die Mutter eines 17jährigen Sohnes, der sie jahrelang zur Verzweiflung gebracht hat, berichtet:

> „Ich habe ihm gesagt, was ich von einigen seiner Verhaltensweisen halte, aber anders als sonst habe ich ihm keine Predigt gehalten, sondern gesagt: ‚Entscheide selbst, was für ein Mensch du sein und werden willst und auf welcher Seite du stehst.'"
> Ihr Fazit:
> „Ich habe verstanden, daß wir Eltern nicht mehr tun können. Es ist, als müßten wir ihnen sagen, wie wir sie uns vorstellen, und dann danebenstehen und zusehen.
> Ich klebe nicht mehr so an ihm, ich bin auf Distanz gegangen.
> Es geht mir besser, ich spüre, daß ich ihn jetzt anders liebhabe."

Eine ausgeglichene Mutter ist entspannter, nicht so anstrengend, weniger bereit, zu jener gutgemeinten, aber nervtötenden Beharrlichkeit zu greifen, die die Kinder ermüdet und blockiert. Hat sie einmal akzeptiert, daß sie verhältnismäßig machtlos ist, steht sie alle Probleme mit einer gewissen Leichtigkeit und „Distanziertheit" durch, die sie daran hindern, ihr eigenes Leben zu ruinieren. Sie findet sich damit ab, daß ihre Verantwortung eine Grenze hat, daß Eltern zwar raten und ermahnen sollen, aber nicht die Macht haben, zu überzeugen. Deshalb verzichtet sie darauf, das Kind um jeden Preis überzeugen, es gleichsam zwingen zu wollen, das Richtige zu tun, zu verhindern, daß es Fehler macht und es vor den negativen Folgen seines Verhaltens als Freund, Kind, Schüler, Bruder oder Schwester zu bewahren. Kurz, sie sieht ein, daß ihr Kind „Lehrgeld zahlen muß".

In emotionaler Hinsicht ist dieser Übergang reichlich komplex, denn die Mutter muß ihre Neigung überwinden, diese Lektionen in Sachen Verantwortungsübernahme falsch zu deuten. Immer wieder wird es ihr so vorkommen, als hätte sie ihr Kind scheitern lassen, als hätte sie ihm erlaubt, alles zu tun, was es will, und als hätte sie damit ihre mütterlichen Pflichten vernachlässigt. Eine Mutter schreibt:

> „Ich habe zwei Kinder im Alter von 13 und 14 Jahren und stelle mir oft die Hamlet-Frage: Bis zu welchem Punkt soll ich ihnen meine Sicht- und Handlungsweise aufzwingen?
> Als sie noch kleiner waren, wurden bestimmte Entscheidungen (wenn sie zum Beispiel keine Lust hatten, zum Sport zu gehen oder ihre Hausaufgaben zu machen) nicht ihnen überlassen, sondern ich entschied, was richtig war. Jetzt wird mir bewußt, daß das nicht mehr angebracht ist, und deshalb habe ich mit großer Überwindung begonnen, sie selbst entscheiden zu lassen. Ich sage ihnen immer, was ich denke, aber sie haben das letzte Wort. Dabei machen sie vieles falsch, und ich halte ihnen das vor Augen, aber sie geben ihre Fehler nicht zu, bringen die fadenscheinigsten Ausreden vor und geben immer anderen die Schuld.
> Der Punkt ist der, daß ich einfach nicht weiß, wie weit ich auf meiner Sichtweise bestehen soll. Müssen sie sich die Hörner abstoßen? Aber wenn ich mich zurückhalte, habe ich Angst, daß ich ihnen die Botschaft vermittle: Mach, was du willst, es wird schon gutgehen. Wenn ich aber zu hartnäckig bin und ihnen die Entscheidung abnehme, werden sie nie erwachsen werden und nie wissen, was richtig und was falsch ist."

In der Tat kann man seine großen Kinder nicht so behandeln, als wären sie noch klein: Diese Mutter lernt gerade, ihre Grenzen zu akzeptieren und anzuerkennen, daß ihr Kind auf ihre gutgemeinten Bedenken auch mit einem Nein reagieren kann. Vieles läßt sich verbieten, aber nicht verhindern.

Der besagte Übergang verlangt von der Mutter paradoxerweise, größeres Vertrauen in ihr Kind zu setzen: Sie muß davon ausgehen, daß es durchaus in der Lage ist, die Dinge zu verstehen und sich zu bessern, wenn es nur will, statt ihm von vorneherein nichts zuzutrauen – nach dem Motto: „Wenn ich ihm nicht helfe, macht es bestimmt etwas kaputt."

Eine Mutter will ihr Kind tendenziell daran hindern, Fehler zu begehen, während ein Vater ihm helfen will, sein Verhalten zu korrigieren.

Sie versucht das Kind zu überzeugen, damit es das Richtige tut, er gibt Ratschläge.

Sie will seine Fehler ignorieren, der Vater macht sie ihm bewußt und läßt es selbst herausfinden, ob es sich ändern will.

Die eine zwingt und insistiert, der andere läßt das Kind Entscheidungen treffen.

Während das weibliche Empfinden die Freiheit des Kindes negiert, gibt die männliche Sensibilität dieser Freiheit Gelegenheit, sich zu bewähren, und klärt im Vorfeld, wer sich für das, was passieren könnte, verantwortlich zu fühlen hat.

Deswegen ziehen Kinder im Jugendalter den Vater der Mutter vor, weil er sie, wie sie sagen, „nicht so nervt".

Nach all ihren Mühen ein unrühmliches Ende für die Mütter.

Einem Vater fällt es weniger schwer zuzugeben, daß Kinder Macht haben: Sie können selbst entscheiden, was für eine Art von Kindern, Schülern oder Freunden sie sein wollen; und der Respekt vor der Freiheit des Kindes ist eine Vervollkommnung der Liebe. Die Macht, für sich selbst zu entscheiden, wird in der folgenden Erzählung deutlich:

> „Meine Tochter geht in die dritte Mittelschulklasse", erzählt eine Mutter. „Die Schule ist ihr völlig egal, sie ist ein intelligentes Mädchen, aber sie gibt sich einfach keine Mühe.
> Wenn ich mich zu ihr setze, damit sie ihre Hausaufgaben macht, blockiert sie völlig, plötzlich scheint sie nicht einmal mehr das Al-

phabet zu können, so hilflos ist sie. Sie wirkt regelrecht lernbehindert; wir haben uns sogar schon gefragt, ob sie das vielleicht wirklich ist.

Alle fünf Minuten steht sie auf, um sich etwas zu trinken zu holen, die Katze zu streicheln, etwas zu essen. Wenn sie dagegen mit ihren Freundinnen telefoniert, sprüht sie vor Intelligenz.

Kurz gesagt, sie bringt mich zur Verzweiflung.

Ich habe mir immer wieder vorgenommen, viel mit ihr zu reden, und das tue ich auch, ich rede und rede … ich erkläre ihr alles, aber sie schaltet ab und hört mir gar nicht zu.

Wenn ich sie frage: ‚Hast du deine Hausaufgaben gemacht?', antwortet sie mit ja und geht mit ihren Freundinnen aus, und dann entdecke ich, daß sie gar nichts gemacht hat.

Sie ist einfach so, sie entscheidet selbst, was sie tut, und duldet keine Einmischung.

Ich würde ihr gerne sagen: ‚Ich schaffe es nicht mehr, sieh zu, wie du zurechtkommst', aber ihre Psychologin hat mir gesagt, daß sie, weil sie als kleines Kind verlassen worden ist (wir haben sie adoptiert), sich erneut verlassen fühlen könnte, deshalb sollen wir immer in ihrer Nähe bleiben …

Ich habe zu der Psychologin gesagt: ‚Vielleicht möchten Sie einmal vorbeikommen und das ausprobieren … zwei Stunden mit meiner Tochter zu verbringen …'

Ich weiß nicht mehr, was ich tun soll …"

Es gilt also die einfache Feststellung, daß die Eltern nicht Herr über das Leben ihrer Kinder sind.

Wenn sie sich über eine gewisse Grenze hinaus durchzusetzen versuchen, geht dies zu Lasten der Beziehung und es entstehen unerträgliche Spannungen. Gewiß sind eindringliche Appelle, Standpauken, angemessene Bestrafungen, wiederholte Begründungen und alle Arten von Impulsen notwendig, die ihnen helfen sollen, das Richtige zu tun – doch nie über eine gewisse Grenze hinaus.

Ebenso notwendig aber ist es, anzuerkennen, daß die Kinder die Macht haben, die Hilfe ihrer Eltern zurückzuweisen. Sie haben die Macht, ihnen nicht zuzuhören.

Der den Kindern geschuldete Respekt verlangt nicht, daß die Eltern so tun, als seien sie mit ihren falschen Entscheidungen einverstanden, aber er speist sich aus dem Vertrauen in ihre Fähigkeit, den Irrtum einzusehen und wiedergutzumachen, wenn sie das wollen.

Der elterliche Seelenfrieden ist von dem erzielten Ergebnis weitgehend unabhängig, weil er auf dem Bewußtsein beruht, alles Menschenmögliche getan zu haben – ob dies nun erfolgreich war oder nicht. Väter oder Mütter können zutiefst unzufrieden sein, ohne sich deswegen schuldig zu fühlen; sie sorgen sich um ihre Kinder, verzweifeln aber nicht ihretwegen.

Wenn man wegen der Nichtversetzung des Kindes (das sich von diesem unerfreulichen Ereignis nicht im mindesten beeindrucken läßt) keinen Nervenzusammenbruch erleidet, bedeutet das nicht, daß man gleichgültig ist – aber der Kummer, den man empfindet, ist ein gesünderer Kummer.

Das Skalpell, das die Nabelschnur durchtrennt und das Kind für sein Leben verantwortlich macht, besteht aus vier Wörtern: „Das ist deine Sache!"

Es ist deine Sache, auf dich aufzupassen und dir zu überlegen, wie du dich selbst verwirklichen willst. Ich kann dir nur bis zu einem bestimmten Punkt helfen.

Und genau dieser Punkt, der das Maß der Hingabe und Fürsorge definiert, rettet die Mütter vor der Verzweiflung, hält die Beziehung im Gleichgewicht und schützt die Authentizität der Liebe.

Eine Mutter hat dies ihrem Sohn gegenüber, der überhaupt nicht zur Vernunft kommen wollte, einmal so ausgedrückt: „Was du von mir nicht lernen willst, wirst du irgendwann vom Leben lernen."

Es ist deine Sache

Wenn Mütter „aufwachen", sind sie zu spektakulären Auftritten in der Lage. Wenn sie nicht verzaubert sind, besitzen sie einen untrüglichen Instinkt: Mit dem rechten Maß an Entschlossenheit sagen sie, was gesagt, und tun sie, was getan werden muß. Bei manchen ist es eine natürliche Begabung, andere haben einen mühsamen Weg zurückgelegt, der sie mitten durch die Verzweiflung geführt hat. Hier einige Beispiele:

> „Mein Sohn ist 13 Jahre alt", erzählt eine Mutter, „ich habe ihn sehr lieb, aber es ist wirklich nicht einfach mit ihm.
> Wenn ich von der Arbeit komme, bin ich immer sehr müde; er redet dann ununterbrochen, er hört einfach nicht auf und treibt es so weit, daß ich ihn kaum ertrage.
> Er will immer, daß ich ihn ansehe, ihm zuhöre, ihn in den Arm nehme. Er sagt zu mir: ‚Wenn du mich liebhast, dann nimm mich in den Arm, gib mir einen Kuß', und er fragt mich tausendmal: ‚Hast du mich lieb?' …
> Allein der Gedanke, daß ich mit jemandem ausgehen könnte (ich bin Single), macht ihn völlig fertig. Dann sagt er zu mir: ‚Bin ich dir nicht genug?', und gerät in eine Krise.
> Auch wenn ich mit einer Freundin Kaffeetrinken gehe, paßt ihm das nicht.
> Erst seit kurzem schläft er in seinem eigenen Zimmer."

Und hier die Version des Jungen:

> „Ich hänge sehr an ihr, bei dem Gedanken, sie könnte einen Partner haben, wird mir schlecht.
> Sie kommt immer sehr nervös von der Arbeit nach Hause, und ich habe Lust, ihr von meinem Tag zu erzählen, ich habe doch nur sie, und wenn nicht einmal sie mir mehr zuhört …

Sie spricht manchmal mit mir über ihre Probleme, aber ich will nicht, daß sie das bei mir ablädt."

Und wieder die Mutter:

„Ich sage das nur ungern, aber er ist eine Art ‚Blutsauger'. Mein Leben ist auch so schon schwer genug, ich kann einfach nicht mehr. Gestern hat er zu mir gesagt: ‚Mama, ich habe keinen Radiergummi mehr.' Und ich: ‚Dann geh und kauf dir einen.' Darauf er: ‚Nein, du sollst gehen.' ‚Nein', antworte ich ihm, ‚du kannst das sehr gut alleine.' ‚Nein', sagt er, ‚du sollst gehen.'
'Warum?', frage ich ihn. ‚Weil du meine Mama bist und ich dein Kind', sagt er zu mir. Manchmal habe ich wirklich das Gefühl, ich hätte ein dreijähriges Kind zu Hause!
Wenn er sich bei mir beklagt und ich sage: ‚Genug jetzt, ich halte es nicht mehr aus!', antwortet er mir: ‚Da siehst du es, sogar für meine Mutter bin ich nur eine Last', und bei dem Gedanken, daß er sich nicht akzeptiert fühlt, wird mir sterbenselend.
Ich habe eine befristete Arbeit, die mir überhaupt nicht gefällt, aber ich habe keine Wahl. Wenn ich abends nach Hause komme, bin ich müde und nervös, und ich fühle mich schuldig, weil ich denke, daß ich eine schlechte Mutter bin, die einfach nicht genug Kraft und gute Laune mehr für ihr Kind aufbringt. Ich habe den Eindruck, daß ich ihn vernachlässige, aber mehr schaffe ich einfach nicht."

Auch in diesem Fall ist die kombinierte Wirkung zweier Verweigerungshaltungen zu sehen: vor den Grenzen der Wirklichkeit (ein typisches Symptom der Unreife, erkennbar an der Weigerung, groß zu werden) und vor der Gegenseitigkeit. Der Sohn wünscht sich eine immer verfügbare, gutgelaunte und ruhige Mutter, die weder nervös noch müde sein darf.

Und was tut er? Statt ihre Situation zu „verstehen", macht er eine Schuld daraus. Grausam traktiert er seine ohnehin schon vom Leben verletzte Mutter mit dem Dolch des „Du hast mich nicht lieb" und zerstört sie nun auch noch moralisch.

Sein fortwährendes Gejammer bewirkt, daß sie sich schuldig fühlt („Wenn ich unglücklich bin, ist das deine Schuld, gib dir mehr Mühe mit mir …". Natürlich braucht das Kind Aufmerksamkeit, aber auch die Mutter hat ein Bedürfnis, ab und zu über ihren Tag zu reden (was der Sohn jedoch nicht zuläßt). Die Voraussetzung lautet: Du mußt für mich dasein, aber ich nicht für dich. Du mußt mich „lieben", und ich muß gar nichts (du brauchst weder mein Verständnis noch meine Geduld noch meine Hilfe …).

Er ist einsam, aber auch die Mutter ist einsam. Es gibt auch ihren Kummer und nicht nur den des Kindes. Das Kind verlangt von ihr, so zu tun, als ob nichts wäre, fröhlich zu sein, weil es ihm so gefällt und weil er nicht auf das verzichten will, was er gerne hätte.

Sie hat sich lange schuldig gefühlt und geglaubt, sie habe es an jener Heiterkeit und Sanftmut fehlen lassen, die man zu Recht von ihr verlangen könnte; und genau das hat sie daran gehindert, ihrem Sohn Gegenseitigkeit abzuverlangen und ihn groß werden zu lassen. Ihr Bericht geht folgendermaßen weiter:

> „Eines Abends war ich so am Ende, daß ich drauf und dran war, ihm wehzutun. Je öfter ich ihn sagen hörte: ‚Ich fühle mich einsam, du fehlst mir', desto wütender wurde ich: Ich konnte wirklich nicht mehr! Bis er schließlich sagte: ‚Ich bringe mich um!'
> Und ich, außer mir: ‚Dann spring wenigstens aus dem Badezimmerfenster, das ist das höchste. Ich gehe jetzt aus dem Haus, und wenn du klug bist, bist du schon tot, wenn ich zurückkomme, denn sonst bringe ich dich eigenhändig um. Wenn du beschlossen hast, dich umzubringen, dann mach es sofort, damit wir uns wenigstens darum nicht mehr zu kümmern brauchen.' Ich war wirklich außer mir.
> ‚Aber würde dir das denn nichts ausmachen?', fragt er mich verwirrt. ‚Wenn du sterben würdest, würde mir das sehr viel ausmachen, aber nicht, wenn du dich umbringst.'

Seither ist etwas Merkwürdiges vor sich gegangen: Ich sage ihm dieselben Dinge wie vorher, aber ich bin dabei innerlich ruhig. Gestern habe ich zu ihm gesagt: ‚Ich bin immer für dich dagewesen, das weißt du, und ich habe dich nie alleingelassen.
Außerdem hast du deine Onkels und Tanten, Cousins und Cousinen und deine Schwester, die dich liebhaben. Wenn dir das nicht reicht, weiß ich auch nicht, was ich tun soll. Das ist dein Problem. Such dir Freunde, ich kann nicht mehr für dich tun.'"

Die Verzweiflung enthält häufig mehr Klugheit als alle sorgfältigen Überlegungen, die das erzieherische Handeln bestimmen. Sie gibt der Mutter eine instinktive Antwort ein, die nur dem Anschein nach irrational ist. Der Sohn spielt den Trumpf der Unreife aus und treibt dies bis zum Äußersten: Wenn das Leben nicht so ist, wie ich es gerne hätte, dann lehne ich es ab, dann will ich lieber sterben. An diesem Punkt befreit die Mutter sich endgültig von der emotionalen Zwangsjacke des „Es ist deine Aufgabe, mich glücklich zu machen" und führt mit einigen wenigen Sätzen eine entscheidende Wende in ihrer Beziehung herbei.

Zunächst einmal verweist sie den Sohn auf die Wirklichkeit (ich habe dich nie alleingelassen), erklärt sich dann in einem zweiten Schritt für schlichtweg unfähig, dafür zu sorgen, daß er sich so geliebt fühlt, wie er es offenbar braucht (mehr kann ich nicht tun), und fordert ihn schließlich auf, sein Problem selbst zu lösen (wenn dir die Liebe deiner Familie nicht ausreicht, dann such dir eben Freunde). Damit appelliert sie an ihn, nicht immer nur zu jammern, sondern endlich erwachsen zu werden, die Wirklichkeit zu akzeptieren und sich selbst etwas einfallen zu lassen, um sein Leben zu verbessern. Und hilft ihm so, seine Einstellung zu ändern – weg von der Haltung des „Die Mama wird's schon richten" (wie ein kleines Kind: Mach, daß der Hunger weggeht!) hin zu der Auseinandersetzung mit seinen Problemen, die ihm die Chance gibt, seine eigenen Ressourcen zu entdecken.

Die Mutter hat „den Vater in sich" herausgelassen und gesagt: Sorge selber dafür, daß du glücklich bist, hör auf, dich ständig bei mir darüber zu beklagen, daß dein Leben nicht perfekt ist.

Kurz darauf hat sich in den Überlegungen des Sohnes ein beträchtlicher Reifesprung vollzogen – hier seine eigenen Worte: „Ich verstehe, daß sie tut, was sie kann, auch wenn es nicht alles ist, was ich gerne hätte. Ich nehme das, was sie mir gibt, und verzichte auf das, was ich nicht haben kann." Perfekt! Er nimmt nicht mehr nur seine eigenen Probleme („Es gibt nur mich!"), sondern auch die seiner Mutter wahr, und er hat eingesehen, daß ihre Fähigkeit, ihm nahe zu sein, Grenzen hat, ohne daß er deswegen grundsätzlich an ihrer Liebe zu ihm zweifeln müßte.

Er hat sogar begonnen, das, was er schon immer hatte, zu würdigen und sich daran zu freuen. Er läßt sich sozusagen nicht mehr von seiner Mutter auf dem Arm halten, sondern läuft nun neben ihr her und nimmt seine Situation in die Hand. Er hat auf das verzichtet, was er nicht haben kann, er hat sich angepaßt, und durch diesen seinen Verzicht wird das Verhältnis zwischen ihm und seiner Mutter endlich erträglich. Er ist in der Lage, seine Mutter auf eine substantielle Art zu lieben – ohne zweifelhaftes Getue, Geküsse oder Geschmuse.

Auch Mütter haben ein Recht darauf, verstanden und gewürdigt zu werden. Das sollte so seltsam eigentlich nicht sein.

Eine Mutter erzählt:

> „Meine 18jährige Tochter verliert die Beherrschung, wenn ich ihr etwas verbieten will. Beim letzten Mal hat sie zwei Handys kaputtgemacht, weil sie sie vor Wut auf den Boden geknallt hat. Wenn ich ihr etwas wegnehme, reagiert sie gereizt.
> Schon als sie noch klein war, mußte man ihr nur sagen: ‚Mal dieses Bild noch einmal neu', oder ‚Iß das nicht', und schon brüllte und schrie sie und wälzte sich wie eine Verrückte auf dem Boden.
> Ihr gefällt das schöne Leben: Sie will erst den Führerschein machen, wenn sicher ist, daß wir ihr den neuesten Sportwagen kaufen, und alle naselang sagt sie zu uns: „Ihr habt wirklich Pech, daß ihr arbeiten müßt."

Neulich abends hat sie mich um sechs Uhr angerufen und zu mir gesagt: ‚Komm mich abholen, ich habe den Bus verpaßt.' Ich weiß, daß sie ihn nicht verpaßt hätte, wenn sie nicht gewußt hätte, daß ich sie wie üblich abholen kommen würde.
Zum ersten Mal habe ich geantwortet: ‚Tut mir leid, ich habe zu tun, ich komme dich abholen, wenn ich kann und Lust habe.' Wir haben zu Abend gegessen, und danach bin ich in aller Ruhe losgefahren, um sie abzuholen. Sie hat zwei Stunden gewartet. Was für ein Streß: Sie war hin- und hergerissen, gehe ich zu Fuß, gehe ich nicht, gehe ich, gehe ich nicht …
Als wir sie dann abholen kamen, war sie ganz zahm, sie hat sogar danke gesagt (ein Wort, das ich vorher noch nie von ihr gehört hatte).
Sie haben mich in die Schule bestellt, um mir zu sagen, daß sie wie üblich nicht lernt. Und ich: ‚Rufen Sie mich bitte nicht mehr an. Ich weiß genau, wie die Dinge stehen, aber es ist ihre Entscheidung; ich muß die Sache jetzt ihr überlassen.'
Dann bin ich nach Hause gegangen, habe ihr die Telefonnummern der Nachhilfelehrer gegeben und zu ihr gesagt: ‚Wenn du willst, dann ruf sie an, ich tue es jedenfalls nicht mehr. Und ich sage dir noch etwas: Ich will nichts mehr von deiner Schule hören, laß mich da raus. Wenn du zum zweiten Mal sitzenbleibst, wiederholst du die Klasse eben noch einmal oder suchst dir eine Arbeit, das ist dein Problem.' Es ist unglaublich, aber danach habe ich sie vor ihren Büchern sitzen und arbeiten sehen. Hoffen wir, daß es hält.
Dann sagt sie zu mir: ‚Ruf beim Zahnarzt an und sag den Termin ab', und ich antworte: ‚Nein, Liebes, ruf du an, ich bin es satt, immer den Kopf für dich hinzuhalten.'
Ich bin es satt, immer zu ihrer Verfügung zu stehen und daß ihre Bedürfnisse immer vor meinen eigenen kommen. Ab sofort stehen meine Angelegenheiten für mich an erster Stelle.
Dieses Wochenende werde ich mit meinem Mann verbringen, nur wir beide; sie kann machen, was sie will, das tut sie ja sowieso. Ich

habe ihr gesagt: ‚Ruf mich nur an, wenn du in der Notaufnahme bist.' So etwas habe ich noch nie gemacht.
Ich bin es leid, sie immer zu ‚zwingen' und mir dadurch ihre Feindschaft zuzuziehen.
Inzwischen behandle ich sie wie die Tochter von jemand anderem und sage mir: ‚Wenn sie sich nicht aus eigenem Antrieb ändert und sich damit schadet, dann kann ich nichts dafür.'
Ehrlich gesagt, mir fällt das sehr schwer, aber langsam finde ich Gefallen daran. Ich fühle mich leichter, lebendig, wie neugeboren.
Ich fühle mich weniger schwer, als hätte ich entbunden."

Ein Bericht wie aus dem Schulbuch über „das erste Mal", über einen spektakulären Registerwechsel dieser Mutter. Zum ersten Mal hat sie den Mut, ihrer Tochter zu sagen: Ich bin auch noch da (ich habe zu tun), ich fühle mich nicht verpflichtet, dir die kleinen Unannehmlichkeiten des Lebens abzunehmen (ruf deinen Zahnarzt selber an), und für deine schulischen Leistungen bist du auch selbst verantwortlich (ich halte mich da raus).

Und da sie schon einmal dabei ist, befreit sie sich auch gleich von ihrem Gejammer über Nichtigkeiten (ruf mich nur an, wenn du in der Notaufnahme bist).

Die Botschaft ist unmißverständlich: Ich bin es leid, dir hinterherzulaufen, um zu verhindern, daß dir ein Unglück passiert, das du selber offenbar gar nicht vermeiden willst. Jetzt ist es genug, jetzt bist du an der Reihe, paß auf dich auf und denk über dein Leben nach.

Nach so vielen Sorgen und Kämpfen endlich ein neues Leben: Die Mutter fühlt sich leichter, lebendig und – wie sie bezeichnenderweise hinzufügt – *so, als hätte sie entbunden*.

Nach 18 Jahren ist die Nabelschnur durchtrennt und damit die Geburt endlich abgeschlossen.

Was sich geändert hat, ist natürlich nicht die Liebe zur Tochter, sondern nur die Art, mit ihr umzugehen. Daß die Mutter sich hat ausnutzen lassen, hat die Tochter nicht zu einem besseren, sondern lediglich zu einem anmaßenden und tyrannischen Menschen gemacht. Mit ihrem Satz: „Ich bin es satt, immer zu ihrer Verfügung zu stehen und daß ihre Bedürfnisse immer vor meinen eigenen kommen", schafft die Mutter die Voraussetzungen dafür, daß die Tochter wachsen und das, was sie bekommt, schätzenlernen kann. Daß sie reif werden kann.

Das der Tochter geschenkte Leben wird ihr nun endgültig übergeben und in ihre Hände gelegt.

Ein tröstlicher Gedanke, der diesen Übergang erleichtern kann, ist der, daß auch die Kinder in Wirklichkeit nicht Herr über ihr Leben sind. Sie sind wie wir alle nur delegierte Verwalter.

Wenn Eltern die innere Gewißheit haben, daß Jemand – unabhängig davon, ob sie das wissen oder wollen – ihr Leben lenkt, fällt ihnen die Abnabelung weniger schwer.

Zu wissen, daß sie nie wirklich allein sein werden, macht es leichter, das Unvermeidliche und Richtige zu tun.

Das Wissen, daß jemand sie wie wir und noch mehr als wir in seinem Herzen trägt, hilft den Eltern, sich weniger unersetzlich zu fühlen. Es ist keine Kleinigkeit, zu wissen, daß da jemand ist, dem man sie anvertrauen kann. Glücklicherweise liegt ihr Leben nicht nur in ihren Händen.

Wer eine solche spirituelle Sicht der Dinge teilt, verfügt über eine entscheidende Motivation, das psychologische Problem der Abnabelung zu lösen. Eine Motivation, die hilft, die Abnabelung wirklich zu akzeptieren und sich nicht einfach nur in das Unvermeidliche zu schicken.

Das Herz einer Mutter und das Herz aller Eltern kann nur ruhig sein, wenn es die Kinder in guten Händen weiß.

Zweite Bedingung: mehr verlangen

Unausgewogene familiäre Verhältnisse, die von dem Anspruch gekennzeichnet sind, zu nehmen, ohne zu geben, und die anstrengenden Seiten des Zusammenlebens immer den anderen zu überlassen, sind unverkennbar ungesund und stellen für die Kinder eine ernsthafte Gefahr dar. Sie werden in ihrem kindlichen Anspruchsdenken steckenbleiben, immer nur Aufmerksamkeit, Zuwendung und Hilfe erwarten und dabei glauben, sie seien die einzigen, denen dieses Recht zustehe. Sie werden von der natürlichen Bereitschaft ihrer Eltern profitieren, die Schwachpunkte ihres Charakters ausnutzen und sie zu Gefangenen ihrer Ansprüche machen.

Für den menschlichen Reifungsprozeß der Kinder ist es mithin wesentlich, daß man von ihnen verlangt, ihrerseits ihre Eltern zu lieben. Es ist legitim, wenn Eltern sich nicht damit begnügen, Gratisdienstleister zu sein, für ihre Kinder nur dann zu existieren, „wenn sie etwas brauchen", oder „einfach nicht zu zählen, weil es in ihrer Welt nur sie gibt." Es ist vernünftig, wenn sie mehr wollen als einen Kuß hier und da, und daß sie es ablehnen, mit der einen oder anderen Drei in der Schule bei Laune gehalten zu werden.

Eltern haben ein Recht darauf, daß ihre Kinder sie lieben, wie es ihnen nach Maßgabe ihres Alters und ihres Charakters möglich ist, und daß sie nach und nach auch Verantwortung für die Beziehung übernehmen. Daß ihre Kinder sie mit Respekt behandeln und nicht von ihnen verlangen, ihnen unbegrenzt mit ihrer Energie, ihrer Zeit und ihrem Geld zur Verfügung zu stehen. Und daß ihre Kinder ihnen helfen, wenn sie müde sind.

Viele Kinder verspüren einen lobenswerten Impuls, die Erde vor der ökologischen Katastrophe zu bewahren oder die letzten Pinguine der Antarktis zu retten, aber sie denken nicht einmal daran, ihrer Mutter beim Geschirrspülen zu helfen. Dabei ist auch sie vom Aussterben bedroht. Muß denn die Mutter wirklich unbedingt erst krank werden, bevor die Kinder das Geschirr spülen?

Wenn ein Elternteil Kopfschmerzen hat, sollte es nicht zuviel verlangt sein, daß die Kinder die Stereoanlage leiser stellen. Wenn die Mutter müde ist, sollte es nicht normal sein, daß sie sich ihre Hilfsbedürftigkeit nicht anmerken läßt. All das setzt bei den Eltern eine Fähigkeit voraus: mehr zu verlangen.

„Ich bin es gewohnt, das Mädchen für alles zu sein“, erzählt eine Mutter, „es als ganz normal zu empfinden, daß die anderen von mir nehmen, was sie brauchen, meiner Verfügbarkeit keine Grenzen zu setzen, nicht zu protestieren, wenn mich jemand ausnutzt oder übertriebene Ansprüche und Forderungen an mich stellt. Wenn das Kind etwas braucht, dann kümmere ich mich darum, ohne mich zu fragen, ob das wirklich richtig und notwendig ist.“

Wenn es – wie in diesem Fall – zur eigentlichen Identität einer Mutter geworden ist, nur noch für die Bedürfnisse der anderen zu leben, dann wird sie sich zwangsläufig in allem vollständig auf die Forderungen ihrer Kinder einstellen, ohne ihren Ansprüchen Grenzen zu setzen.

Auch Eltern haben Rechte, die sich von dem Recht ableiten lassen, geliebt zu werden.

Wenn Eltern Gegenseitigkeit einfordern, dürfen sie sich auf eine unerschütterliche Gewißheit stützen: Ihren Kindern muß bewußt sein, daß sie geliebt werden und daß der Versuch, jemand anderen – angefangen bei den eigenen Eltern – glücklich zu machen, die Mühe lohnt, denn nur dann werden sie selbst in ihrem Leben das Glück finden. Einfacher ausgedrückt: Auch die Kinder müssen lernen, jemanden zu lieben, und wenn sie Charaktereigenschaften haben, die dem im Wege stehen, dann müssen sie daran arbeiten und sich ändern.

Auch Kinder können sich weigern, ihre Eltern zu lieben, und diese Weigerung mit vielen scheinbar banalen Gesten zum Ausdruck bringen: wenn sie den Müllsack nicht zur Tonne tragen, sondern vor sich herkikken; wenn sie es zulassen, daß der Vater oder die Mutter selber hinunter in die Küche gehen, um sich ein Glas Wasser zu holen, weil er oder sie nicht schon wieder vergeblich um einen Gefallen bitten will … Doch durch ein derartiges Verhalten töten sie in sich selbst die Möglichkeit, jemanden gerne zu haben.

Der Vater oder die Mutter wird vor lauter Unzufriedenheit immer verschlossener, immer enttäuschter und müder werden. Doch die schwerwiegendsten Konsequenzen betreffen die Kinder selbst. Ihre emotionale

Konfiguration wird, gerade weil sie nicht richtig gefordert worden sind, nur noch das Programm „Egoismus" unterstützen und ihre Fähigkeit zu lieben an der Wurzel untergraben. Es ist eine unbestreitbare Tatsache, daß ein Mensch, der immer nur nimmt, eine „Gewohnheit" entwickelt, die ihn daran hindert, das zu würdigen, was andere für ihn tun.

So werden zum Beispiel Eltern, die nichts für sich verlangen und deren Hilfsbereitschaft keine Grenzen kennt, nie einen Dank für ihre Hingabe erhalten, sondern sich mit immer größeren Ansprüchen und zunehmendem Unverständnis von seiten ihrer Kindern konfrontiert sehen.

Wiederholte und beständige Erfahrungen dieser Art – wie die des Kindes, das „sie alle unter Kontrolle hat und alles bekommt, was es will" – sind nicht geeignet, die Strukturen herauszubilden, die erforderlich sind, damit ein Mensch die Liebe der anderen wahrnehmen und erwidern kann. Er bleibt unsensibel und unfähig zu geben.

Viele Kinder sind überrascht von der Vorstellung, daß auch ihre Eltern „etwas brauchen" könnten: Aufmerksamkeit, Wertschätzung, Zuwendung oder irgendeine andere berechtigte Befriedigung. Der Wunsch, „die Eltern zufriedenzustellen", fristet in ihnen nur mehr ein verborgenes Dasein. Die heutige erzieherische Kultur betrachtet diesen Wunsch nicht als eine positive Motivation, sondern verdächtigt ihn der mangelnden Authentizität und einer Willfährigkeit, die die Identität des Kindes verfälscht.

Auf diese Weise nimmt man dem Kind die Möglichkeit, zu entdecken, „was es geben kann", um einen anderen Menschen froh zu machen, und begünstigt in den zwischenmenschlichen Beziehungen eine rein utilitaristische Haltung.

Vielen Kindern geht die befriedigende emotionale Erfahrung, einen anderen Menschen glücklich zu machen – und dafür vielleicht auch die eine oder andere Mühe in Kauf zu nehmen –, völlig ab. Wenn Eltern auf alles verzichten und nichts verlangen, hindern sie ihre Kinder daran, ihre Gebefähigkeit zu erproben und jemand anderen glücklich zu machen. Sie hindern sie daran, das zutiefst Positive in sich selbst zu erfahren.

Eine Mutter schreibt mir:

„Ich habe über Ihre Anregungen nachgedacht, und das, was mir jetzt am dringendsten zu sein scheint, ist, daß ich ‚die Sklavin in mir in Rente schicke' und verlange, daß in der Familie jeder seinen Teil beiträgt – und das mit mehr Entschlossenheit und Nachdruck als in der Vergangenheit. Wahrscheinlich werden wir den Wert der Familie dann alle deutlicher spüren, weil wir uns alle die Hände schmutzig machen, um sie zu bauen und zu leben, statt nur ein Familienmitglied dafür sorgen zu lassen, daß sie perfekt und gebrauchsfertig ist."

Dürfen Eltern sich beklagen, daß ihre Kinder sie nicht liebhaben?

Die Gebefähigkeit ist ein grundlegender Bestandteil der Kindererziehung und vielleicht sogar ihr eigentliches Ziel. Sie setzt Eltern voraus, die selbst an diesen Wert glauben und ihr Kind in seiner Fähigkeit, andere zu lieben, unterstützen und bestärken. Wie? Durch die Kommentierung alltäglicher Begebenheiten – wie wir es weiter oben schon erläutert haben –, die ihre natürliche Sensibilität und Initiative hervorheben; zum Beispiel:

„Ich habe gesehen, daß du deinem Bruder dein Spielzeug geliehen hast, obwohl dir das nicht leichtgefallen ist ...";
„Da hast du dich wirklich wie ein echter Freund verhalten";
„Ich habe beobachtet, daß du gerne gibst, wenn andere dich darum bitten ...";
„Du bist bei den Großeltern sehr lieb gewesen, auch wenn sie manchmal ...";
„Hast du das Problem wirklich gelöst, ohne dich zu streiten? Wie hast du das geschafft?";

„Du hast deine Spielsachen aufgeräumt; damit hast du mir sehr geholfen, ich freue mich darüber";
„Es hat mich sehr gefreut, daß du mit dem Abendessen auf mich gewartet hast".

Es genügt nicht, das Kind auf seine Fähigkeiten und Qualitäten aufmerksam zu machen, man muß ihm auch beibringen, sie zugunsten der anderen zu nutzen und sich darüber zu freuen, daß er damit zum Glück der anderen beigetragen hat. Auf diese Weise machen wir dem Kind seine eigene Liebesfähigkeit bewußt. In der Phase der Kindheit verfestigen sich somit Gewohnheiten und Dispositionen, aus denen nach und nach die Möglichkeit erwächst, sich für die Liebe zu entscheiden. Aus innerster und persönlicher Überzeugung.

Je mehr ein Kind für andere „tut", desto deutlicher wird ihm bewußt, was die anderen für es tun und getan haben. Je deutlicher ihm bewußt wird, was es bekommt, desto eher ist es bereit zu geben – nicht aus Treue zu einem abstrakten moralistischen Prinzip („Man muß das so machen") und auch nicht aus Spießigkeit („Das gehört zur guten Erziehung"), sondern als eine von ganzem Herzen gegebene Antwort auf die Güte der anderen, die einem bereits zuteilgeworden ist, und weil man es als befriedigend empfindet, jemanden glücklich gemacht zu haben.

Wenn ein Kind sich der Gegenseitigkeit der Beziehung entzieht (das heißt von den Eltern alles verlangt, ohne selbst etwas zu geben), macht es sich de facto schuldig, denn es entschließt sich, ihre Bedürfnisse nicht zu berücksichtigen, und lehnt die Bedingungen ab, die ihnen helfen könnten, sich geliebt zu fühlen. Im Grunde besteht jede Schuld wesentlich in einer Verweigerung der Gegenseitigkeit. Schuld ist nicht in erster Linie ein „Schuldgefühl", sondern ein Verhalten, eine begangene oder unterlassene Tat, die einer anderen Person einen ungerechten Schmerz zufügt, indem sie sein Bedürfnis, sich geliebt (verstanden, respektiert, nicht ausgenutzt, geschätzt) zu fühlen, ignoriert.

Echtes „Schuldgefühl" ist das Bedauern darüber, Leid verursacht zu haben – und ein solches Bedauern wäre in diesem Fall durchaus angemessen.

Wenn die instinktive Aversion dagegen, einem anderen Schmerz zuzufügen, überwunden wird, überschreitet man die Schwelle zur Unmenschlichkeit. Die Psychopathie (anderen mit absoluter Gleichgültigkeit Schmerz zufügen) ist nicht umsonst ein typisches Krankheitsbild unserer Zeit, wie es viele aktuelle literarische Werke und Filme beweisen.

Es ist ratsam, zwei Dinge voneinander zu unterscheiden: einerseits „das Kind Schuld empfinden zu lassen" und andererseits, das Kind für schuldig zu halten. Es ist falsch, wenn Eltern ihrem Kind Schuldgefühle vermitteln und ihm einzureden versuchen, sie seien Opfer eines Unrechts, das in Wirklichkeit gar nicht existiert; wenn sie ihm einen Mangel an Liebe anlasten, hinter dem sich in Wirklichkeit nur die Nichtbefriedigung eines unangemessenen Bedürfnisses verbirgt (etwa für den wichtigsten Menschen gehalten zu werden, unentbehrlich zu sein, das Kind an sich zu binden). Solche Forderungen, die scheinbar von einem Bedürfnis nach Liebe motiviert sind, werden in der Regel mit den Mitteln der Täuschung und psychologischen Konditionierung durchgesetzt, weil sie nicht „frei" und direkt erhoben werden können.

Eine Mutter, die schon älter ist, kann ihren verheirateten Sohn nicht unumwunden bitten, seine Familie zu vernachlässigen und sich um ihre Bedürfnisse zu kümmern, obwohl es in Wirklichkeit genau das ist, was sie will: daß er „für sie und nur für sie" da ist. Wenn er sich scheiden ließe und wieder bei ihr einziehen würde, wäre sie noch nicht einmal in der Lage, Bedauern zu heucheln. Sie wird sich seine Verfügbarkeit mit heimtückischen Manövern erschleichen müssen – indem sie zum Beispiel ihre Wehwehchen vervielfältigt, ihm sagt, daß sie sich nur sicher fühlt, wenn er in der Nähe ist, ihre Mißbilligung gegenüber anderen Söhnen zum Ausdruck bringen, die sich nicht um ihre Eltern kümmern, kurz: indem sie ihm Schuldgefühle einredet (im eigentlichen Sinne).

Im folgenden Fall ist ein solcher mütterlicher Zauber (die Mutter ist eine ältere Frau) sehr gut gelungen:

„Mein Mann", erzählt eine Ehefrau, „hat jede Menge Schuldgefühle gegenüber seiner Mutter, er hat noch nicht verstanden, daß es nicht seine Schuld ist, daß sie Witwe ist.

Manchmal kommt er mir von ihr wie ferngesteuert vor, aber er will das nicht zugeben. Wenn das Gespräch auf seine Mutter kommt, wird er böse, obwohl er eigentlich ein lieber und ruhiger Mensch ist.

Er will nicht darüber reden und beendet das Gespräch immer mit demselben Satz: ‚Nach allem, was passiert ist …' Er ist durch eine Schuld an sie gebunden, die er niemals wird tilgen können, und sie erinnert ihn ständig daran, indem sie die Märtyrerin spielt und die unglücklichste Frau auf der ganzen Welt. Sie könnte sich eine Pflegerin leisten, sie hat keine finanziellen Probleme, aber sie will immer, daß ihr Sohn ihr die Medikamente verabreicht, die sie genausogut selber einnehmen könnte.

Er streicht ihr die Wohnung (sie ist reich!), und das, was bei uns zu Hause gemacht werden müßte, schiebt er ständig auf.

Wenn ich ihm vorschlagen würde, umzuziehen und woanders zu wohnen, würde er sich nicht darauf einlassen. Oder er würde mich mein Leben lang dafür büßen lassen."

Anders liegt der Fall, wenn ein Elternteil sich von seinem Kind nicht unterstützt und respektiert fühlt und sich wünscht, daß das dem Kind „bewußt wird", daß es „seine Schuld einsieht", daß es ihm leid tut und es sich bessert. In diesem Fall ist die Beziehung wirklich geschädigt – es geht nicht darum, dem Kind etwas „einzureden", um es zu konditionieren und den eigenen Willen durchzusetzen, sondern es mit seiner Verantwortung zu konfrontieren und es offen darum zu bitten, daß es sich ändert. Denn das ist die notwendige Voraussetzung für die Wiederherstellung einer „guten Beziehung".

Auch das elterliche Leid hat einen charakteristischen Stil: Es steht den Eltern frei, zu sagen, durch welche Verhaltensweisen des Kindes sie sich gedemütigt und verletzt fühlen, aber sie treten ihren Schmerz nicht breit und stellen ihn nicht weinerlich zur Schau … Und sie betteln auch nicht um das Verständnis des Kindes, flehen es nicht an, demütigen sich nicht vor ihm. Man könnte sagen, sie leiden mit Würde. Denn sie können auch ohne seine Liebe leben, sie sind weder von der Wertschätzung noch von der Liebe ihres Kindes abhängig.

Sie wollen, daß es liebenlernt – zu seinem eigenen Besten und nicht, damit sie als Eltern emotional auf ihre Kosten kommen. Sie warten „mit bangem Herzen" darauf, daß die Vorsehung ihnen von neuem die Gelegenheit gibt, ihrem Kind verstehen zu helfen, daß es sich ändern muß, wenn es sich wieder einmal dazu herabläßt, sich ihrer zu bedienen. Es ist viel Liebe in diesem Warten.

Dritte Bedingung: das Leiden des Kindes nicht um jeden Preis verhindern wollen

Wenn es „dem Kind schlechtgeht", dann ist das nicht immer ein Drama, sondern oft die unvermeidliche Voraussetzung dafür, daß es dazulernt und reifer wird. Schmerz ist nicht immer nur schädlich, könnte man sagen.

Um das Richtige zu tun, genügt es nicht zu wissen, was das Richtige ist. So ist der Mensch nun einmal. Auch wenn man einen Wert als solchen erkennt, ist seine Sogwirkung nicht so groß, daß unser Wollen und Handeln unwiderstehlich davon angezogen werden.

Viele unreife Verhaltensweisen hängen damit zusammen, daß Eltern ihrem Kind auch heilsame Schmerzerfahrungen erspart, vorenthalten, sie um jeden Preis verhindert haben. Sie haben sich immer zwischen seine Fehler und den Preis gestellt, den es eigentlich dafür hätte bezahlen müssen. Die Schmerzerfahrung, um die es hier geht, kann eine schlechte Note sein, ein bewußt nicht verhinderter schulischer Mißerfolg, das Ende einer Freundschaft, der emotionale Rückzug eines nicht respektierten Elternteils.

Die Logik der Konsequenzen, der Lauf des Lebens selbst lehrt die Kinder mehr als alle klugen Ermahnungen ihrer Eltern. Wenn es sein monatliches Taschengeld innerhalb weniger Tage ausgegeben hat, wird es den finanziellen Engpaß eben eine Zeitlang aushalten müssen; wenn es seine Freundschaften nicht pflegt, wird es allein bleiben; wenn es keine Ordnung hält, wird es sein Mathematikbuch morgen eben nicht finden; wenn es nicht lernt, wird es keine guten Noten bekommen.

Oft ist es nur der Schmerz, der uns das Gesetz des Lebens – mit anderen Worten: Engagement und Opfer – lehrt. Ein Gesetz, das man mit großer Sorgfalt vor den Kindern zu verbergen sucht, indem man ihnen alles leichter und weniger anstrengend macht. Das beweist das Aussterben einer so atavistischen Empfindung wie des Stolzes.

Mit der Anstrengung ist auch das Gefühl für den eigenen, persönlichen Wert verschwunden, die befriedigende Erfahrung der eigenen Kraft und Fähigkeit, Schwierigkeiten zu überwinden, statt sich immer nur zu beklagen. Geblieben ist nur eine degenerierte und gefährliche Fälschung: die Gewaltbereitschaft. Ein inakzeptabler Versuch, auf das unstillbare Bedürfnis nach einem Grund zu reagieren, sich stark, furchtlos und groß zu fühlen: stolz auf sich zu sein.

Wahre Geistesstärke besteht darin, sich bewußtzumachen, daß das Leben den eigenen Wünschen zwar nicht auf magische Weise entgegenkommt, daß man daraus aber auch kein Drama machen muß und daß das Leben dennoch lebenswert ist.

Das Leben ist lebenswert, und es kann das Glücksversprechen, das es uns zu Anfang gibt, sogar im wesentlichen halten – nicht durch Zauberei, sondern durch Anstrengung, Arbeit, Engagement. Auch in Beziehungen.

Der notwendige Schmerz

Zuweilen ist es einzig und allein der Schmerz, der in die Mauer der falschen Überzeugungen der Kinder eine Bresche schlägt, ihre irrigen Grundannahmen offenlegt und die Schutzhülle reißen läßt, die sie bisher vom wirklichen Leben getrennt hat. In vielen Fällen ist dies ihre einzige Chance, das zu verstehen, was sie anders nicht haben lernen wollen – wie im folgenden Beispiel:

> Innerhalb von nur einer Woche ist es einem Jugendlichen, der gerade seinen Führerschein gemacht hatte, gelungen, sein Auto zu demolieren und zwölf Minuspunkte auf seinem Führerschein zu kassieren. „Beim ersten Mal", erzählt er, „dachte ich, die Polizei stünde ganz sicher nicht an dieser Kreuzung, aber sie stand da. Zwei Tage später wollte ich rückwärts ausparken und dachte, das herannahende Auto wäre noch weit genug weg, aber es war näher, als ich dachte, und es gab einen heftigen Zusammenstoß."

Nur diese Erfahrungen konnten ihn aufrütteln und ihn endgültig aus der Illusion herausreißen, daß er etwas „nur denken muß, damit es wahr ist ..." Der Wagen, mit dem er zusammengestoßen ist, war näher, als er dachte, und hat ihm die Lektion nicht erspart, daß er sich die Wahrheit nicht einfach so in seinem Kopf zurechtdenken kann, wie er sie gerne hätte (denn dann wäre es ... eine virtuelle Wahrheit!). Müßig zu sagen, welche schwerwiegenden Probleme eine solche Haltung in der Beziehung zu seiner Familie verursacht hat.

> „Ich habe meine Lektion gelernt", fährt er fort. „Ich habe immer alles getan, ohne nachzudenken, ich habe die Meinungen der anderen nie berücksichtigt. Ich habe immer gedacht, die Dinge wären so, wie ich sie mir vorstelle. Zum ersten Mal habe ich mir gesagt: ‚Es war meine Schuld, ich muß besser aufpassen. Es ist nicht immer nur das wahr, was ich mir vorstelle ...'"

Was seine Eltern ihm mit ihren guten Ratschlägen, Ermahnungen und Bestrafungen jahrelang nicht hatten beibringen können, das lehrt ihn nun sein verbeultes Auto.

Ein anderer 18jähriger Junge erzählt:

> „Ich war in einer Situation, in der ich Hilfe brauchte, und meine Freunde haben sich zurückgezogen. Erst in dem Moment ist mir klargeworden, daß das, was ich immer geglaubt hatte, einfach nicht zutraf: daß sie für mich dasselbe tun würden wie ich für sie, wenn sie in Not wären."

Die Bitterkeit der Enttäuschung hat ihm einen ganz anderen und realistischeren Interpretationsschlüssel für diese „Freundschaft" an die Hand gegeben: „Erst jetzt wird mir bewußt", fügt er hinzu, „daß ich ein Angeber war, ich habe immer bezahlt, um als ‚wichtig und reich' dazustehen (mit dem Geld seiner Familie, *Anm. d. A.*), und ich habe die für Freunde gehalten, die mir das Gefühl gaben, der zu sein, der ich gerne sein wollte: der Wichtigste und der Reichste. Auf diese Weise habe ich mich mit Schmarotzern umgeben statt mit echten Freunden." An diesem Punkt finden auch die Hinweise der Eltern plötzlich einen neuen Widerhall und werden endlich als klug und vernünftig akzeptiert.

Eine Mutter läßt nichts unversucht und fleht ihren 13jährigen Sohn buchstäblich an, sich zu waschen und mehr auf seine persönliche Hygiene zu achten, aber er will nichts davon wissen:

> „Ich kann ihn doch nicht unter die Dusche tragen und waschen wie ein Kleinkind", sagt die Mutter. „Also dränge ich ihn, aber er will einfach nicht, und ich muß ihn ungewaschen in die Schule gehenlassen.
> In der letzten Woche hat seine Banknachbarin zum ersten Mal zu ihm gesagt: ‚Du stinkst!' Von diesem Augenblick an hat er begonnen sich zu waschen, ohne sich bitten zu lassen."

Der Junge hat entdeckt, daß die Welt nicht nach den Bedingungen funktioniert, die die Mutter ihm garantiert: Die anderen fühlen sich keineswegs verpflichtet, die unangenehmen Seiten seiner Person (hier durch den schlechten Geruch symbolisiert) zu ertragen. Er kann nicht erwarten, um jeden Preis akzeptiert zu werden. Er muß selbst dafür sorgen, daß man ihn akzeptiert, und darf nicht verlangen, daß das gute Verhältnis (oder auch nur die physische Nähe) ihn nichts kostet. Ein einziger Satz der Banknachbarin wiegt schwerer als alle Ermahnungen der Mutter. Er sieht sich plötzlich mit der realen Möglichkeit konfrontiert, die Sympathie des Mädchens zu verlieren, die sich nicht im geringsten darum schert, daß er ein Trennungskind ist, daß er nicht bis zum achten Monat gestillt worden ist und daß sie umgezogen sind, als er erst vier Jahre alt war ... Kurz: sie hat einfach keinen Grund dazu, ihn zu entschuldigen und als den „armen Kleinen" zu behandeln.

Ein anderer Junge bittet am Ende der ersten Oberstufenklasse um ein Gutachten für einen Schulwechsel, obwohl er versetzt worden wäre. Er erzählt:

> „Ich habe mir eine Schule ausgesucht, wo ich wenig lernen muß, weil ich lieber ausgehen und mit meinen Freunden Spaß haben wollte. In meiner Schule muß man einfach nur anwesend sein, um versetzt zu werden.
> Dann aber ist mir aufgefallen, daß meine ehemaligen Mitschüler, die auf andere Schulen gehen, kultivierter sind, mehr wissen und sich besser ausdrücken. Die Sache fängt an, mich etwas zu belasten, nein, sie belastet mich sogar sehr.
> Ich frage mich, ob es sich lohnt, hier weiterzumachen, oder ob ich lieber auf eine bessere Schule gehen soll."

Der wirksame Schmerz des Unterlegenheitsgefühls. Eine Verletzung, die ihn mehr ans Grübeln gebracht hat als Tausende mütterlicher Ermahnungen, die, wie er selbst zugibt, „zum einen Ohr hinein- und zum anderen wieder hinausgingen".

Und schließlich der Fall eines 13jährigen Mädchens, das so unordentlich ist, daß die Putzfrau sich weigert, ihr Zimmer zu betreten. Eines Tages, so erzählt die Mutter, kommt unerwartet ein Freund zu Besuch, betritt ihr Zimmer und „sieht“ die Unordnung. Er sagt nichts, aber sein Gesicht spricht Bände, und ihr ist das sehr, sehr unangenehm. Die „Grimasse“ und die Angst, sich die Sympathie eines netten Jungen zu verscherzen, haben sie mehr berührt als alle Ermahnungen und Drohungen der Mutter. Der Junge weiß das nicht, aber sie (die Mutter, nicht die Tochter) wird ihm dafür ewig dankbar sein.

Fazit: Wir hindern unsere Kinder häufig daran, Erfahrungen zu machen, die sie dringend brauchen. Eine schmerzliche Erfahrung läßt die Schutzhülle der Unreife platzen und macht Dinge verständlich, die die Kinder sonst niemals begreifen würden.

Es ist nicht notwendig, ein Leben lang mit dem Löffel Flugzeug zu spielen oder dem Kind jahrelang durchs ganze Haus hinterherzulaufen, „damit es mir überhaupt etwas ißt“. Die gesunde und natürliche Erfahrung des Hungers ist sehr viel lehrreicher als viele gute Ermahnungen.

Es ist unsere Pflicht, leidenden Kindern immer zu helfen, aber nicht, immer zu verhindern, daß sie leiden.

Das Kind sieht seine Schuld ein

Der notwendige Schmerz meint vor allem die Notwendigkeit, den Kindern den moralischen Schmerz der Schuld zu ermöglichen. Zuweilen muß man in aller Einfachheit und Entschlossenheit sagen können: Das ist deine Schuld.

Ein Kind, das diesen Schmerz nie empfunden hat, kann keine Verantwortung für sich selbst übernehmen: Es wird immer tausend Ausflüchte suchen, von Lügen leben, die Wahrheit mystifizieren und eben deshalb nie erwachsen werden.

Ein Kind, das seine Schuld eingesteht, ist in der Lage, der Wahrheit die Ehre zu geben, statt sie zu fürchten und vor ihr zu fliehen. Es ist in der Lage, dem Virus „Der arme Kleine, er tut das nur, weil er leidet" Paroli zu bieten. Ein Beispiel: Eine Mutter holt ihren zwölfjährigen Sohn mit dem Auto am Schwimmbad ab und nimmt seinen kleineren Bruder – er ist sechs Jahre alt – mit, weil sie ihn nicht alleine zu Hause lassen kann. Er sitzt auf dem Kindersitz neben ihr. Der Große öffnet die Autotür und herrscht den Kleinen in arrogantem Ton an: „Weg da, setz dich nach hinten!" Die vom Virus infizierte Mutter denkt: „Er behandelt sein Brüderchen so schlecht, weil er eifersüchtig ist." In der Tat ist er auf seinen kleinen Bruder eifersüchtig, aber nur weil man die Gründe für sein Verhalten kennt, heißt das noch lange nicht, daß man es rechtfertigen muß. Hinzu kommt, daß niemand danach fragt, wie der kleine Bruder sich dabei fühlt. Der Eifersüchtige hat Anspruch auf Verständnis, aber der, der sich aus Eifersucht schlecht behandelt fühlt, hat dieses Recht nicht.

Später sagt der jüngere Sohn zu seiner Mutter: „Mein Bruder hat mich nicht lieb", und sie antwortet: „Doch, natürlich hat er dich lieb!" Damit begeht sie einen zweiten Fehler, weil sie den Kleinen daran hindert, der Wahrheit ins Auge zu sehen. Ohne zu zögern, stellt sie seine Wahrnehmung der Wirklichkeit in Frage, um auf Kosten der Wahrheit den Ruf des älteren Jungen zu retten.

Sie schadet dem Älteren, weil sie zuläßt, daß das Unkraut der Anmaßung ungehindert wuchert, und sie verunsichert den Jüngeren dadurch, daß sie seine Intuition und sein Urteil in die Irre führt. Einer solchen vom Virus infizierten Logik lassen sich drei Einwände entgegen halten.

Erstens: Man kann die psychologische Motivation eines Verhaltens begreifen und Verständnis dafür aufbringen, aber deshalb muß man sie weder für vernünftig noch für moralisch wertvoll halten. Wer Steine von der Autobahnbrücke wirft, hat auch seine Gründe, aber der Prüfung des moralischen Urteils halten solche Taten dennoch nicht stand.

Zweitens: Wer leidet, hat deshalb nicht automatisch recht. Leid kann, was seine Natur, seine Dichte und seine Würde betrifft, sehr unterschiedlich sein. Manche Arten des Leids erschüttern, andere irritieren oder erzürnen. Man kann aus ganz und gar inakzeptablen Gründen sehr leiden. Ein Kind kann leiden, weil der Vater oder die Mutter gestorben ist, ein anderes, weil es ebendies nicht wahrhaben will. Der erstgenannte Schmerz ist gesund, der zweite ist krank. Der Unterschied ist nicht der Schmerz, sondern die Akzeptanz oder Ablehnung desselben. Die Akzeptanz macht die Menschen besser, verständnisvoller und hilfsbereiter; die Ablehnung des Schmerzes verhärtet sie gegen das Leben und gegen die anderen. Wenn ein Mädchen nicht akzeptiert, daß es keine Modelmaße hat, wird sie früher oder später enttäuscht werden, weil sie ihre Illusion nicht aufrechterhalten kann. Man kann sich selbst betrügen, aber die Wahrheit ist hartnäckig. Es ist besser zu leiden, weil man die Wirklichkeit akzeptiert, als zu leiden, weil man sie nicht länger mystifizieren kann.

Drittens: Auch wenn das Leid real ist, ist es nicht immer die Ursache falscher Verhaltensweisen. Der Drang, alles psychologisch zu rechtfertigen, führt uns nicht selten in die Irre. Er geht von einer Voraussetzung aus, die zu den heiligen Kühen unserer Kultur gehört: Kinder haben ein Recht darauf, verstanden zu werden. So weit, so gut. Aus diesem Grund werden ihre psychologischen Motivationen analysiert und rekonstruiert, und dabei stöbert man vorzugsweise in den Leiden, die das Leben ihnen zugefügt hat. Das ist nicht schwierig, denn kein Leben verläuft völlig problemlos. Die emotionale Argumentation funktioniert also folgendermaßen: Sein Fehlverhalten ist Ausdruck seines Unbehagens. Wenn er etwas falsch gemacht hat, dann deshalb, weil er leidet. Also kann man ihn nicht wirklich verantwortlich machen. Der arme Kleine hat gelitten.

Da man es dabei in der Regel vermeidet, nach dem (zuweilen unauffindbaren) zwingenden Kausalzusammenhang zwischen dem Schmerz auf der einen und dem fraglichen Fehlverhalten auf der anderen Seite zu forschen, unterscheidet sich das (nötige) Verständnis de facto nicht von einer Rechtfertigung. Die noch radikalere philosophische Voraussetzung besagt, daß das Böse vom Schmerz hervorgebracht wird, daß es aus dem Leiden und nicht aus der Verweigerung des Leidens entspringt –

obwohl letzteres die realistischere Vermutung ist. Viele Menschen, die das Leid akzeptiert haben, sind zu strahlenden Vorbildern der Humanität geworden. Derartige Voraussetzungen scheinen dem mütterlichen Empfinden, das von Natur aus zu dem Satz neigt: „Das ist nicht seine Schuld“, gute Argumente zu liefern.

Eine solche Tendenz wird unbewußt auch auf die Beziehung zum Partner übertragen: Frauen, die zu sehr lieben, neigen dazu, auch ihren Partner zu sehr zu lieben. Vor allem unreife Männer fühlen sich von diesem Typus Frau angezogen, die ihnen das Privileg der Unangreifbarkeit auch weiterhin garantieren. Ein durchaus wünschenswerter Umstand, denn Gefühle der Schuld oder der Verantwortung sind eine unangenehme Sache. Die Partnerin entdeckt, daß man sie betrogen hat? Also richtet sich ihre Wut gegen „die andere“: Sie hat Schuld, denn sie hat ihn natürlich verführt. Und während sie am Telefon „Amok läuft“, spielt das „Muttersöhnchen“ seelenruhig mit seiner Playstation. Es ist ja nicht seine Schuld, daß er den Reizen seiner attraktiven Kollegin erlegen ist.

Eine Frau berichtet:

> „Mein Verlobter hat mich schlecht behandelt, und ich habe gedacht: Er ist so, weil er Probleme gehabt hat.
> Ich habe immer gedacht, es wäre nicht seine Schuld: Er kam aus einer kaputten Familie, die Eltern verstanden sich nicht mehr und stritten ununterbrochen; ich dagegen hatte eine heile Familie und eine glückliche Kindheit. Ich dachte, ich müsse ihm das geben, was er selbst nicht gehabt hat.
> Erst jetzt wird mir bewußt, daß er zu sehr und falsch geliebt worden ist; tatsächlich ist ihm nie jemand begegnet, der ihm klargemacht hat, daß er nicht so ist, wie er zu sein glaubt. Er ist ein anmaßender und egozentrischer Mensch, aber es hat ihn nie jemand darauf aufmerksam gemacht, und deshalb ändert er sich nicht.
> Ich muß die Hoffnung aufgeben, daß es nicht so ist, ich kann nur hoffen, daß er beschließt, sich zu ändern, wenn er will.“

Tatsächlich: Der Umstand, daß er unter den Streitigkeiten in seiner Familie gelitten hat, steht in keinem zwingenden Kausalzusammenhang mit seiner anmaßenden Art (die folglich nicht darauf zurückzuführen ist). Seine Egozentrik ist vielmehr auf dem fruchtbaren Boden der Beziehung zu einer Mutter gewachsen, die ihn immer dem Vater gegenüber in Schutz genommen hat, weil dieser im Unterschied zu ihr die Grenzen seines Sohnes sehr wohl erkannte und ihn dazu bringen wollte, an sich zu arbeiten. Interessant ist die Anmerkung, daß die verfehlte Liebe der Eltern „an der Wahrheit vorbeigegangen" ist (niemand hat den Sohn mit seinen Grenzen konfrontiert).

Die Frau selbst muß sich mit der Wahrheit abfinden: Der Schmerz des Zusammenlebens hat den Zauber des „armen Kleinen" gebrochen, mit dem sie ihn bisher immer noch entschuldigt hatte, um sich nicht eingestehen zu müssen, daß er einen denkbar schlechten Charakter hat, der das gemeinsame Leben schwierig macht. Der Gegenbeweis: Obwohl sie den vermeintlichen Liebesentzug ausgeglichen und ihm all ihre Liebe geschenkt hat, hat er sich nicht gebessert. Die Wirkungslosigkeit der Medizin deutet auf eine Fehldiagnose hin.

Interessant ist auch die Bemerkung über die Hoffnung: Man darf sich ihrer nicht bedienen, um die Wirklichkeit zu leugnen (ich muß aufhören zu hoffen, daß es nicht so ist). Die wahre Hoffnung, die auch gegen alle Evidenz das Wohl des anderen im Blick hat, verzichtet nicht auf den Wunsch, daß der andere die Situation begreift und sich ändert.

Die Hoffnung lebt trotz der Enttäuschung (der Feststellung des gegenwärtigen Übels) und trotz der Tragik (daß nämlich der Wunsch vielleicht nicht in Erfüllung geht). Das unterscheidet sie von der Illusion.

Zur Bestätigung dessen, was sie bereits ahnt, sagt sie abschließend: „Ich habe jemanden kennengelernt, der ebenfalls seine Erfahrungen mit einer Problemfamilie gemacht hat, und ich muß zugeben, daß diese Person überdurchschnittlich ausgeglichen, gut und verständnisvoll ist."

Eine Mutter erzählt:

„Mein 21jähriger Sohn will sich einfach keine Arbeit suchen. Er ist den ganzen Tag zu Hause, sieht fern und spielt, aber von Arbeit will er nichts wissen. Ich frage mich, ob das etwas damit zu tun hat, daß sein Vater in seinem Beruf sehr anerkannt ist und eine brillante Karriere gemacht hat.
Vielleicht fühlt er sich dem nicht gewachsen und hat eine Blockade, was die Arbeitswelt angeht."

Müßte man also dem Vater ein berufliches Scheitern nahelegen, damit der Vergleich mit ihm weniger frustrierend ausfällt und der Sohn wieder Mut faßt? Dann müßten alle Söhne gescheiterter Väter hervorragende Leistungen zeigen. Statt den Sohn anzuspornen, damit er dem Vater nacheifert (und die Mühen auf sich nimmt, die dem Vater auch nicht erspart geblieben sind), will die vom Virus infizierte Logik die Meßlatte des Risikos und der Anstrengung einfach niedriger legen.

Nicht der Vater muß sich schuldig fühlen, weil er sich selbst verwirklicht hat; die Schuld liegt beim Sohn, wenn er der Neigung nachgibt, vor den anstrengenden Aspekten des Lebens Reißaus zu nehmen.

Dornröschen

In dieser Hinsicht lehrt uns das bekannte Märchen der Gebrüder Grimm eine großartige Lektion.

Hier die Erzählung:

„Vorzeiten war ein König und eine Königin, die sprachen jeden Tag: ‚Ach, wenn wir doch ein Kind hätten!' und kriegten immer keins. Da trug sich zu, als die Königin einmal im Bade saß, daß ein Frosch aus dem Wasser ans Land kroch und zu ihr sprach: ‚Dein Wunsch wird erfüllt werden, ehe ein Jahr vergeht, wirst du eine Tochter zur Welt bringen.' Was der Frosch gesagt hatte, das geschah, und die Königin gebar ein Mädchen, das war so schön, daß der König vor Freude sich nicht zu lassen wußte und ein großes Fest anstellte. Er lud nicht bloß seine Verwandten, Freunde und Bekannten, sondern auch die weisen Frauen dazu ein, damit sie dem Kind hold und gewogen wären. Es waren ihrer dreizehn in seinem Reiche, weil er aber nur zwölf goldene Teller hatte, von welchen sie essen sollten, so mußte eine von ihnen daheim bleiben. Das Fest ward mit aller Pracht gefeiert, und als es zu Ende war, beschenkten die weisen Frauen das Kind mit ihren Wundergaben: die eine mit Tugend, die andere mit Schönheit, die dritte mit Reichtum, und so mit allem, was auf der Welt zu wünschen ist.

Als elfe ihre Sprüche eben getan hatten, trat plötzlich die dreizehnte herein. Sie wollte sich dafür rächen, daß sie nicht eingeladen war, und ohne jemand zu grüßen oder nur anzusehen, rief sie mit lauter Stimme: ‚Die Königstochter soll sich in ihrem fünfzehnten Jahr an einer Spindel stechen und tot hinfallen.' Und ohne ein Wort weiter zu sprechen, kehrte sie sich um und verließ den Saal. Alle waren erschrocken, da trat die zwölfte hervor, die ihren Wunsch noch übrig hatte, und weil sie den bösen Spruch nicht aufheben, sondern nur ihn mildern konnte, so sagte sie: ‚Es soll aber kein Tod sein, sondern ein hundertjähriger tiefer Schlaf, in welchen die Königstochter fällt.' Der König, der sein liebes Kind vor dem Unglück gern bewahren wollte, ließ den Befehl ausgehen, daß alle Spindeln im ganzen Königreiche verbrannt werden. An dem Mädchen aber wurden die Gaben der weisen Frauen sämtlich erfüllt, denn es war so schön, sittsam, freundlich und verständig, daß es jedermann, der es ansah, liebhaben mußte.

Es geschah, daß an dem Tage, wo es gerade fünfzehn Jahr alt ward, der König und die Königin nicht zu Haus waren, und das Mädchen ganz allein im Schloß zurückblieb. Da ging es allerorten herum, besah Stuben und Kammern, wie es Lust hatte, und kam endlich auch an einen alten Turm. Es stieg die enge Wendeltreppe hinauf, und gelangte zu einer kleinen Türe. In dem Schloß steckte ein verrosteter Schlüssel, und als es ihn umdrehte, sprang die Türe auf, und saß da in einem kleinen Stübchen eine alte Frau mit einer Spindel und spann emsig ihren Flachs. ‚Guten Tag, du altes Mütterchen', sprach die Königstochter, ‚was machst du da?' ‚Ich spinne', sagte die Alte und nickte mit dem Kopf. ‚Was ist das für ein Ding, das so lustig herumspringt?', sprach das Mädchen, nahm die Spindel und wollte auch spinnen. Kaum hatte sie aber die Spindel angerührt, so ging der Zauberspruch in Erfüllung, und sie stach sich damit in den Finger. In dem Augenblick aber, wo sie den Stich empfand, fiel sie auf das Bett nieder, das da stand, und lag in einem tiefen Schlaf. Und dieser Schlaf verbreitete sich über das ganze Schloß: der König und die Königin, die eben heimgekommen waren und in den Saal getreten waren, fingen an einzuschlafen und der ganze Hofstaat mit ihnen. Da schliefen auch die Pferde im Stall, die Hunde im Hofe, die Tauben auf dem Dache, die Fliegen an der Wand, ja, das Feuer, das auf dem Herde flackerte, ward still und schlief ein, und der Braten hörte auf zu brutzeln, und der Koch, der den Küchenjungen, weil er etwas versehen hatte, in den Haaren ziehen wollte, ließ ihn los und schlief. Und der Wind legte sich, und auf den Bäumen vor dem Schloß regte sich kein Blättchen mehr. Rings um das Schloß aber begann eine Dornenhecke zu wachsen, die jedes Jahr höher ward, und endlich das ganze Schloß umzog und darüber hinauswuchs, daß gar nichts davon zu sehen war, selbst nicht die Fahne auf dem Dach."

Dornröschens Eltern hatten viel Mühe auf die Erziehung ihrer Tochter verwandt und dafür gesorgt, daß sich alle Tugenden in ihr entfalteten (wie es die Sprüche der guten Feen oder weisen Frauen symbolisieren). Sie war ein Musterbild von einer Tochter, wie man heute sagen würde. Doch ihr fehlte der Segen der dreizehnten Fee, die von dem Fest ausgeschlossen worden war, und das war ihr Verderben. Die Eltern hatten einen für das Leben des Mädchens entscheidenden Aspekt vernachlässigt.

Die dreizehnte der weisen Frauen sagte ihr voraus, daß sie den Stich mit einer Spindel nicht überleben würde, das heißt, sie prophezeite ihr einen Schrecken, von dem sie sich nie wieder erholen würde.

Und so entdeckte sie eines Tages, mit 15, als sie allein im Schloß war (dieses Detail ist aufschlußreich, denn es spielt darauf an, daß sie zum ersten Mal Erfahrungen außerhalb des von ihren Eltern errichteten Schutzschilds macht; sie ist sozusagen groß geworden und geht ihrer ersten Begegnung mit dem wirklichen Leben entgegen), einen Aspekt des Lebens, den sie bis dato nicht kennengelernt hatte. Der alte Turm, der verrostete Schlüssel, die alte Frau, all das suggeriert, daß es sich nur um die Begegnung mit etwas sehr „Altehrwürdigem" handeln kann – zum Beispiel mit der Arbeit.

Was tut die alte Frau da nur? Ganz einfach: sie spinnt, sie arbeitet, sie geht einer Tätigkeit nach, von der Dornröschen nichts wissen konnte.

Auf diese Weise entdeckt die Prinzessin den „schmerzhaften" Aspekt des Lebens, den der Stich der Spindel meisterhaft versinnbildlicht. Die spinnende alte Frau stellt mithin die erste Berührung mit der Arbeitswelt, ihre Notwendigkeit und ihre Mühe dar – einen „harten" Aspekt der Wirklichkeit, der „verletzt".

Das Mädchen erschrickt und fällt in einen tiefen Schlaf – ihr Leben wird gleichsam angehalten, wir würden sagen: Sie ist blockiert. Ihr fehlt die nötige Kraft, um sich mit diesem Aspekt der Wirklichkeit auseinanderzusetzen.

Sie war natürlich nicht an die Arbeit und Mühe des Lebens (die Gabe der dreizehnten Fee) gewöhnt. Alle Tugenden hatte sie kennengelernt, aber diese eine nicht.

Dieses Märchen veranschaulicht auf tadellose Weise die Weigerung, erwachsen zu werden, die heute so weitverbreitet ist, oder die Neigung, angesichts der ersten ernsthaften Schwierigkeit, der man in seinem Leben begegnet, gleich den Kopf in den Sand zu stecken.

Die Prinzessin wird von ihrer psychologischen Blockade befreit werden – durch den Kuß eines Prinzen, der zuvor größte Mühen auf sich genommen hat. Aber es ist nicht gesagt, daß immer ein Prinz in der Nähe ist.

XI. Die Entscheidung, man selbst zu sein

Du kannst uns nicht helfen, vielmehr ist es an uns, dir zu helfen, dein Haus in uns bis zum Letzten zu verteidigen

Hetty Hillesum

Der Sinn jeder Veränderung, jeder positiven Umgestaltung besteht darin, daß man den Mut wiederfindet, erfüllter und tiefer man selbst zu sein. Daß man die Ängste überwindet, die das eigene Denken verzerren, die ihm die Freiheit nehmen, die Wirklichkeit richtig zu bewerten und so zu handeln, wie man es für richtig hält.

Man kann sich nur lieben, wie man ist – mit allen Grenzen und Möglichkeiten, die in unseren Charakter und in unsere Gefühlswelt hineingeschrieben sind.

Der Charakter ist wie ein Prisma, das das weiße Licht der Liebe zerlegt und ein ganz persönliches Farbspektrum sichtbar werden läßt: die unverwechselbare Fähigkeit eines jeden, die Liebe zu verstehen und zu leben.

Der Charakter ist eine Farbpalette, die die Fähigkeit eines jeden, die Liebe zu seinen Kindern zu interpretieren, benennt: mit ihren Chancen, ihren Schönheiten und auch mit ihren Grenzen.

Man kann nur lieben, wenn man sich selbst treu bleibt und der eigenen Art, Situationen zu verstehen und darauf zu reagieren, vertraut.

Deshalb entspricht jedem Erziehungsfehler eine unbewußte Selbstverleugnung, die sich in einer Art Mißtrauen gegenüber der eigenen Intuition äußert, einer Verunsicherung, was die instinktive Interpretation zum Beispiel des Verhaltens der eigenen Kinder betrifft.

Wenn wir unsere Art des Denkens und vor allem des Fühlens unterdrücken, werden wir Feinde unserer selbst und lassen zu, daß andere genau dort eine Bresche schlagen, wo unsere Widerstandskraft am schwächsten ist.

Es ist überraschend, daß man nach Abschluß der Diagnose von den Betroffenen oft zu hören bekommt: „Ich habe das immer gewußt, mein Kind hat diese ungute Neigung, wir wollten es nur nie wahrhaben, ich habe versucht, allen die Schuld zu geben, auch mir selbst, nur nicht ihm."

Hier der Bericht einer Frau, deren Mann sie mit völlig absurden Vorwürfen konfrontiert:

> „Er sagt immer, es sei meine Schuld und daß er sich nur so schlecht benimmt, weil ich nicht nett genug und immer so nervös bin.
> Er nimmt Kokain, und ich habe kein Geld, um den Kindern Medizin zu kaufen, aber das ist für ihn nur ein nebensächliches Detail.
> Er sagt, daß er sich scheiden läßt, wenn ich mich nicht ändere.
> Er schiebt mir den Schwarzen Peter zu und verlangt von mir, ihm zu beweisen, daß ich ‚ihm guttue'.
> In all den Jahren habe ich mich ihm angepaßt, bin ihm in allem immer nur entgegengekommen. Aber mir wird klar, daß ich mich selbst dabei verloren habe."

Fazit: Sich selbst zu verlieren trägt nicht dazu bei, daß man mehr liebt. Etwas in uns kennt immer die Wahrheit, und die Liebe schreibt uns nicht vor, diese Wahrheit mit unseren Ängsten oder Bequemlichkeiten zu überschreiben.

Kinder, die ihre Mütter schlecht behandeln oder ihre Güte und Hilfsbereitschaft ausnutzen, tun dies mit deren stillem Einverständnis, weil sie in ihnen eine bereits vorhandene Saite des Zweifels oder der Angst zum Klingen bringen. Der Feind schlägt uns immer mit der Waffe, die wir selbst ihm in die Hand geben.

„Vielleicht habe ich unrecht, wahrscheinlich bin ich zu streng, es ist nicht seine Schuld."

Zaubersprüche, die die Wachen an der Zugbrücke in Schlaf versetzen, während die Burg vom Feind belagert wird. Sie zerstreuen die Intelligenz und lenken das Radar des moralischen Urteils ab, damit der Feind passieren kann und das Küken in eine wilde Bestie verwandelt.

Lieben kann man nur, wenn man sich selbst treu bleibt.

Sich selbst zu sein, der eigenen Persönlichkeit Raum zu geben heißt, daß man den Mut hat, seine eigenen Maßstäbe anzulegen, und keine Angst, die Wirklichkeit ohne Scheu auf seine eigene Art zu begreifen und zu bewerten.

Das hat nichts mit Arroganz oder Anmaßung zu tun: Wer sich selbst treu bleibt, ist immer auch bereit, dazuzulernen und sich zu hinterfragen – er ist nur nicht bereit, die Stimme der Intuition von vorneherein zum Schweigen zu bringen.

Man muß Gedanken denken und sie dann erproben, statt sie zu unterdrücken, ehe man sie überhaupt formuliert hat.

In jedem von uns gibt es einen hochentwickelten inneren Sensor, der uns signalisiert: „Das hier ist zuviel, das geht nicht." Wenn man diesen Sensor ausschaltet, deckt sich das nicht mit den Absichten dessen, der ihn eingebaut hat.

Wer seinem Denk- und Urteilsvermögen entsagt, läßt zu, daß sein eigenes Reich vom Feind überrannt wird, wie es die Eltern, die von ihren Kindern in Beinahe-Sklaverei gehalten, und die Mütter, die von Depressionen geplagt werden, beweisen.

Genau das nämlich ist der Verlust all dessen, was zählt: der eigenen Identität, des kostbarsten und zugleich lebenswichtigsten Guts. Die Identität wird als „Gottes Haus in uns" betrachtet und als Ort der Gottähnlichkeit respektiert. Sie muß behütet werden.

Dieser Akt des Behütens bringt exakt jene liebevolle Fürsorge zum Ausdruck, mit der man seine Identität umgeben muß, damit sie leben und als positiv wahrgenommen werden kann. Man muß auch an sich selber Freude haben können.

Man kann seine Identität ignorieren (sich selbst verleugnen), aber man kann sie nicht willkürlich verändern, denn sie ist bereits gegeben. Man kann sie nur entdecken und akzeptieren.

Eine Frau schreibt:

„Endlich fühle ich, daß ich so bin, wie ich schon immer sein wollte. Es ist so, als hätte ich plötzlich ein Recht, nicht mehr zu leiden. Nach Jahren des immer gleichen Trotts fühle ich mich lebendiger und echter. Ich bin es leid, alle und alles verstehen zu müssen, weil ich um jeden Preis akzeptiert werden will, und jetzt passiert mir etwas Wunderbares: Es ist mir egal, wenn ich unsympathisch wirke, ja, es gefällt mir sogar und macht mir Spaß.
Ich habe das Gefühl, daß mich nichts erschüttern kann, weil ich auf Distanz gegangen bin. ich lasse mich nicht mehr immer und auf jeden Fall in die Emotionen der anderen hineinziehen, und ich fühle mich leichter, lebendig.
Benutze ich meinen Kopf weniger? Vielleicht, aber vielleicht denkt er jetzt auch einfach in eine andere Richtung. Eine Sache hat mich wachgerüttelt: die Werte! Sie sind jetzt meine Grundlage, auf der ich einen neuen Menschen schaffen will: furchtlos, weil sie mich tragen; mutig genug, die Wahrheit zu sagen; sanft, weil ich liebe; glücklich, weil ich so bin, wie ich bin: einfach ein Mensch."

Interessant ist der eingeschlagene Kurs: sich weniger von den Ängsten und mehr von den Werten leiten zu lassen. Die Orientierung an den Werten korrigiert die Unvollkommenheiten unseres Empfindens und die Windungen unserer emotionalen Dynamik. Dem treu zu bleiben, was unserer Intelligenz wahr und unserem Gewissen richtig zu sein scheint, ist vermutlich das beste Mittel gegen die Gefahr der Selbstverleugnung.

Auch die Eigenliebe ist notwendig, der Respekt vor sich selbst, der sich darin äußert, daß man dem eigenen Wissen vertraut, wie diese Mutter:

„Ich habe verstanden, daß meine Tochter mich glauben machen will, daß ich die Böse bin, aber das stimmt nicht.
Natürlich habe ich auch Fehler, aber ich habe sie lieb und opfere ihr mein ganzes Leben. Das ist die Wahrheit.

Ich muß die Freiheit wiedererlangen, auf meine Art und Weise, nach meinen Überzeugungen Mutter zu sein, und ich darf mich nicht von der Angst beherrschen lassen, daß sie schlecht von mir denken könnte.

Ich habe bemerkt, daß ich mich auf diesem Weg selbst verliere.

Wenn ich schon Fehler machen muß, dann lieber deshalb, weil ich so bin, wie ich bin.

Besser, ich entscheide, was für eine Mutter ich bin, als daß ich so werde, wie sie mich haben will."

Ein Satz ist entscheidend: Das ist die Wahrheit, ich weiß ganz sicher, daß ich sie liebhabe.

Sich in dieser Wahrheit zu verankern ist das Mittel gegen das Gift des Zweifels, ob man sein Kind denn wirklich liebt – eines Zweifels, der Eltern oft von den Kindern selbst ganz gezielt eingeträufelt wird.

Es ist ein lähmender Zweifel, der sie in die Hände des Feindes fallen läßt.

Der Vorsatz, „sich nicht selbst zu verlieren", setzt der Darbietung der „ungeliebten Tochter" ein Ende. Diese Darbietung ist ein alter und alles andere als unschuldiger Trick, um in der Mutter den mächtigsten aller Schrecken zu entfesseln: die Angst, daß das Kind sich ungeliebt fühlt. Die Macht dieses Gefühls ist so groß, daß sie jede rationale Überlegung und allen gesunden Menschenverstand unterbindet und zum „Ich tue alles, nur damit es das nicht denkt" mutiert. An diesem Punkt stellt das Kind die Bedingungen – was vermutlich eher zur bedingungslosen Kapitulation des Elternteils als zur Wiederherstellung guter Beziehungen führt.

Man kann sein eigenes Leben nicht ohne sich selbst leben.

Schluß

Jeder Erziehungsfehler kann als eine Leugnung der Wahrheit (im Gegensatz zu dem, was die Tugend der Klugheit uns raten würde), als fehlender Respekt vor der Gerechtigkeit (und der gleichnamigen Tugend), ein Zurückweichen vor dem Preis des Guten (den die Tapferkeit von uns verlangt) und als ein Mangel an Maß und Gleichgewicht (wie die Mäßigung es uns nahelegt) gedeutet werden.

Lieben können wir nur, wenn wir uns an die Wahrheit halten und uns nicht selbst belügen, um unseren Kindern Verletzungen zu ersparen.

Und wir können nur hoffen, daß sie ihr Glück machen werden, wenn wir ihnen einen Sinn für die Gerechtigkeit vermitteln.

Wenn gerade die Frauen die innerste Überzeugung verlieren, daß die Liebe das Wichtigste ist, und wenn gerade die Mütter ihren Kindern nicht mehr beibringen, ohne Angst zu lieben, dann ist alles verloren.

Das schönste Geschenk, das sie der Welt machen können, ist ein Kind, das imstande ist zu lieben.

Wer wird gerettet werden, wenn die Frauen das Geheimnis ihrer Größe aus den Augen verlieren und nicht mehr für diese Wahrheit Zeugnis ablegen?

Die Welt von morgen wird zynischer, kälter und liebloser sein.

Deshalb dürfen sie nicht nachgeben, wenn ihre emotionalen Schwächen sie dazu verleiten wollen, auf die Gegenseitigkeit zu verzichten, die eine Voraussetzung der Gerechtigkeit und guter Beziehungen ist.

Die Welt braucht echte, freie und lebendige Frauen.

Und die Kinder brauchen sanfte und starke Mütter.

Anhang

1 Das ist die italienische Vodafone-Werbung; im deutschen Sprachraum gab es 2004 bei Euromaster den Slogan: „Alles dreht sich nur um Sie" und 1991 bei Ford: „Bei uns dreht sich alles um Sie".

2 Einige Charaktertypen aus der psychoanalytischen Arbeit, in: Imago, Zeitschrift für Anwendung der Psychoanalyse auf die Geisteswissenschaften, IV, 6, 1916, S. 320

3 Eigentlich: Der Schlaf der Vernunft gebiert Ungeheuer. Nach einer Radierung des spanischen Künstlers Franciso de Goya (1746–1828).

4 Solfège ist eine Gesangsschule, die durch Ausbildung in Musiktheorie, Notenlehre, Gehörbildung und Gesang dazu befähigen soll, eine Partitur zu spielen oder zu singen.

5 Klugheit, wie in der Einleitung schon angemerkt, im ursprünglichen Sinne des klassischen griechischen Begriffs der Phrónesis, das heißt der Fähigkeit, das Richtige zu erkennen und sich dafür zu entscheiden.

6 In italienischen Karussells können die Kinder eine Freifahrt gewinnen, wenn es ihnen im Vorbeifahren gelingt, ein im Gestänge des Karussells aufgehängtes Stofftier zu fangen.

7 Populärer neapolitanischer Sänger und Schauspieler (1934–2006)

8 Jacob und Wilhelm Grimm: Kinder- und Hausmärchen Nr. 53, Fassung von 1857: http://www.maerchenlexikon.de/Grimm/khm-texte/khm053.htm

9 Es gibt zwei deutsche Nachdichtungen dieses Liedes: http://naturundlesen.npage.de/l_e_b_e_n_22083844.html (von Heinz Kahlau) und http://www.buschfunk.com/site/kuenstler/liedtexte/1_Gerhard_Schoene/1223_Liebes_Leben_Danke (von Gerhard Schöne). Die italienische Fassung ist so unähnlich, daß sie neu übersetzt wurde.

10 Jacob und Wilhelm Grimm, Kinder- und Hausmärchen Nr. 89, in der Fassung von 1857: http://www.maerchenlexikon.de/Grimm/khm-texte/khm089.htm